그 누구보다 '조급증'을 잘 아는 사람으로서 이 책이 절실히 필요했다.

스캇 해리슨_ 《채리티: 워터》 저자

존 마크 코머는 매우 탁월한 재능을 갖춘 리더이자 강연자이며 저자다.
이 책에서 지혜로운 조언을 한아름 얻어 갈 것이다.

니키 검블_ 런던 홀리트리니티브롬튼교회(Holy Trinity Brompton) 목사

꼭 필요한 책. 자유를 선사한다.

애니 F. 다운스_ *100 Days to Brave*(용감하게 맞서는 100일) 저자

이 시대에 꼭 필요한 책이다.
존 마크 코머가 과로로 지친 영혼들에게 꼭 필요한 아름다운 치료제다.

제리미 · 오드리 롤로프_ *A Love Letter Life*(사랑의 편지의 삶) 저자

위대한 사람 그리고 그보다 더 위대한 책!

밥 고프_ 《모두들, 언제나》 저자

새로운 힘이 솟아나게 만드는 동시에 현대인의 삶에 일침을 가하는 책이다.
우리 시대를 위한 선지자적 메시지로,
매우 설득력이 있으면서 아름답기까지 하다.

피트 그레이그_ 24-7프레이어인터내셔널(24-7 Prayer International) 설립자

이 시대를 사는 우리가 갖고 있는 바쁨과 서두름이라는 문제에 관해
이 책보다 더 좋은 대화 내지 해독제를 본 적이 없다.
단순히 유익하고 힘이 되는 차원 이상이다!

알리사 · 제퍼슨 베스키_ *Love That Lasts*(오래 가는 사랑) 저자

존 마크 코머가 교회에 아주 귀한 선물을 선사했다.
이 책은 선지자적이고 실용적이며 풍성한 생명을 주는 책이다.
저자는 극심한 정서적·관계적 트라우마를 낳는 속도의 우상을 지적하고,
아름다운 삶에 대한 소망과 갈망과 비전으로 이어지는 길을 제시한다.

존 타이슨_ 뉴욕시티교회(Church of the City New York) **담임목사**

이 투명한 책은 우리 삶에서 바쁨을 제거하지 않으면
바쁨이 우리의 영혼을 제거하게 될지도 모른다고 단도직입적으로 말함으로써
우리가 삶을 돌아보도록 만든다.
이 책을 읽고 나면, 힘들지만 인생의 궤적을 좋은 쪽으로 완전히 돌릴
중요한 선택들을 하게 될 것이다.

게이브 라이언스_ 큐아이디어스(Q Ideas) **회장**

전자기기에 중독되고 스케줄에 쫓기며 사는 이 시대에
영적·정신적으로 건강한 예수님의 제자로 살아가기란 여간 어려운 일이 아니다.
이 책에서 존 마크 코머는 예수님을 닮아 갈 수 있는 새로운 방식을
생각하라고 촉구하고, 구체적인 실천 방안까지 제시한다.

팀 매키_ 바이블 프로젝트(Bible Project) **공동 창립자**

달라스 윌라드에게

감사를 표하며

슬로우 영성

지은이 | 존 마크 코머
옮긴이 | 정성묵
초판 발행 | 2021. 8. 18.
10쇄 발행 | 2024. 12. 26.
등록번호 | 제1988-000080호
등록된 곳 | 서울특별시 용산구 서빙고로65길 38
발행처 | 사단법인 두란노서원
영업부 | 02)2078-3333 FAX | 080-749-3705
출판부 | 02)2078-3330

책값은 뒤표지에 있습니다.
ISBN 978-89-531-4045-5 03230

독자의 의견을 기다립니다.
tpress@duranno.com www.duranno.com

두란노서원은 바울 사도가 3차 전도 여행 때 에베소에서 성령 받은 제자들을 따로 세워 하나님의 말씀으로 양육
하던 장소입니다. 사도행전 19장 8-20절의 정신에 따라 첫째 목회자를 돕는 사역과 평신도를 훈련시키는 사역,
둘째 세계선교TIM와 문서선교단행본·잡지 사역, 셋째 예수문화 및 경배와 찬양 사역, 그리고 가정·상담 사역 등을 감
당하고 있습니다. 1980년 12월 22일에 창립된 두란노서원은 주님 오실 때까지 이 사역들을 계속할 것입니다.

영적 무감각에 빠뜨리는
바쁨을 제거하라

슬 로 우 영 성

존 마크 코머 지음
정성묵 옮김

두란노

9

Part 3

이 시대를 위한 전인적 '슬로우 영성' 훈련

(인생의 무게를 지는 전혀 새로운 방식)

수고하고 무거운 짐 진 자들아

다 내게로 오라

내가 너희를 쉬게 하리라

나는 마음이 온유하고 겸손하니

나의 멍에를 메고 내게 배우라

그리하면 너희 마음이 쉼을 얻으리니

이는 내 멍에는 쉽고

내 짐은 가벼움이라.

– 예수님, 마태복음 11장 28–30절

자유는
값없이 찾아오지
않는다

내가 아는 가장 현명하고 훌륭한 사람이 '바쁨'에 관한 생각 몇 가지를 메모해 두었다. 잘 보이는 생활 공간에 붙여 두고 그가 세상을 떠나기 직전까지 늘 되새겼을 법한 메시지들이다.

"바쁨hurry은 너무 급하게 서두르거나 늘 긴박한 상태에 있는 것이다. 그것은 돌진hurl이나 장애물 뛰어넘기hurdle, 야단법석hurly-burly, 허리케인hurricane 같은 단어와 관련이 있다."

그는 바쁨을 "열등감, 두려움, 죄책감에 반응해 미친 듯이 노력하는 상태"라고 정의했다. 바쁨의 핵심은 '할 일이 너무 많은 것'이다. 바쁨에서 벗어나면 좋은 점은 단순히 즐거운 수준이 아니라, 정말 중요한 것을 침착하고 효과적으로 또한 강력하고도 기쁘게 할 수 있다는 것이다. 또한 그는 이렇게 적었다. "조금의 바쁨도 없이 사는 삶을 목표로 삼아야 한다. 바쁘게 살지 않겠다는 분명한 의도를 품어야 한다. 한 번에 하루씩 살기로, 오늘을 살기로."

　세상 속에서 우리 자신의 자리를 생각할 때 무엇보다도 하나님 앞에서 생각해야 한다. 그래야 전혀 다른 배경 속에서 자신을 볼 수 있다. 시편 23편은 "여호와는 나의 목자시니 내가 더 빨리 달리리로다"라고 말하지 않는다. 목자들은 좀처럼 달리는 법이 없다. 최소한 좋은 목자들은 그렇다. 코머는 '해야 할' 일들을 목록에서 차례대로 하나씩 빼 버려야 한다고 말한다. '아무것도 하지 않는 것'을 두려워하지 않는 것이 중요하다고 말한다. 할 일이 아무것도 없을 때를 계획하라고 말한다. 바쁘지 않을 때 찾아오는 두려움을 다루는 것이 중요하다고 말한다. 그 두려움에 쫓겨 허둥지둥 뭘 하려고 하지 말고 그냥 그 두려움을 느끼라고 말한다.

　존 마크 코머가 우리 시대를 위해 선지자적인 책을 썼다. 이 책은 매력적이고 솔직하고 신학적 깊이가 있으며 재미있고 겸손하다. 그는 우리를 일생일대의 갈림길로 안내한다. 우리 시대에 바쁘지 않은 삶을 선택하는 것은 이전 시대에 청빈을 맹세하는 것과 견줄 만한 일이다. 그만큼 두려운 일이며 믿음이 필요하다. 하지만 이 길로 가면 더 깊은 풍요가 있다. 바쁨이 공연을 끝내고 공연장을 떠나 버리면 전혀 다른 종류의 삶이 펼쳐진다.

책 곳곳에서 지혜로운 글을 발견할 때마다 감탄이 절로 나왔다. "내 인생 최악의 순간들은 하나같이 바쁜 순간들이었다." "사랑과 기쁨과 평안은 바쁨과 양립할 수 없다." "스마트폰 사용자들은 하루에 평균 2,617번 자신의 스마트폰을 만진다"(반면 시편 16편 8절에서 시편 기자는 "내가 여호와를 항상 내 앞에 모심이여"라고 말했다). 내가 휴대폰을 만지는 것만큼 자주 하나님이 내 마음을 만져 주시면 어떻게 될까?

자유는 값없이 찾아오지 않는다. 존 마크 코머는 값을 따질 수 없는 생명을 얻기 위해 값을 치르는 선택을 한 사람이다. 그는 그 선택의 대가와 선물을 모두 알기에 굶주리고 목마른 우리에게 말할 자격이 있다.

2천 년 전에 또 다른 지혜자는 이렇게 말했다. "세월을 아끼라 때가 악하니라"(엡 5:16). 예전에는 이 말씀이 시대가 음란과 육체적 유혹으로 가득하다는 뜻이라고만 생각했다. 물론 그런 의미도 있다. 하지만 그보다는 현재 속에서 살아야 한다는 뜻이라고 생각한다. 우리는 영적으로 추락한 시대(짜증과 두려움, 자기 집착, 분노 속에서 사는 시대)에 살다 보니 정신없이 바쁘게 살면서 삶을 허비하고 있다.

이 책은 위대한 초대장이다. 숨을 깊이 들이마시라. 휴대폰을 한쪽으로 치우고 마음을 가라앉히라. 세상은 하나님이 돌보시게 놔두고 느긋하게, 천천히 읽으라.

'바쁨'이라는 유행병을 씻어 낸

환자의 고백록

어느 일요일 밤 10시. 똑바로 앉을 힘도 없을 만큼 지쳐서 고개를 택시 차창에 기대고 있다. 오늘 설교를 여섯 번이나 했다. 그렇다. 여섯 번. 내가 사역하는 교회는 얼마 전에 '또 한 번의' 예배를 추가했다. 다들 그러지 않는가. 사람들과 교제할 시간을 내라고? 네번째 예배에 관한 이야기가 나오기 전까지만 해도 그럴 시간이 있었다. 그런데 그 후로는 아무것도 기억이 나질 않는다. 감정적으로, 정신적으로, 심지어 영적으로도 지칠 대로 지쳐서 정신이 멍하다.

우리 교회가 처음 여섯 번째 예배를 시작했을 무렵 나는 한동안 하루 여섯 번의 예배를 드렸던 캘리포니아의 한 대형 교회 목사에게 전화를 걸었다.

"도대체 이걸 어떻게 해내시나요?"

"어렵지 않아요. 그냥 일주일에 한 번씩 마라톤을 뛴다고 생각하세요."

"아, 그렇군요. 감사합니다."

뚝.

잠깐만, 마라톤은 죽도록 힘든 것 아닌가?

그렇다. 나는 마라톤을 하고 있다.

그 목사는 결국 불륜이 들통 나서 교회에서 쫓겨났다.

갑자기 내 미래도 암담해 보인다.

이제 집, 늦은 저녁 식사를 마친다. 자리에 누워 눈을 감아 보지만 잠이 오지 않는다. 몸은 천근만근 무거운데 정신은 왜 이렇게 말똥말똥한지. 결국 소파에 앉아 웬만한 사람들은 이름도 들어 보지 못한 쿵푸 영화를 튼다. 이래 봬도 키아누 리브스가 악당으로 나오는 영화다.[1] 내가 사랑하는 키아누 리브스. 갑자기 한숨이 터져 나온다. 최근 거의 매일 밤을 이런 식으로 마무리하고 있다. 온 가족이 잠자리에 든 지 한참이 지난 시각, 소파에서 홀로. 전에는 쿵푸 영화에 이렇게 심취해 본 적이 없다. 문득, 걱정이 된다. 혹시 정신 질환의 전조인가?

"인디 무술 영화에 집착하다가 이 지경이 되었습니다……."

마치 유령이 된 기분이다. 반은 살아 있고 반은 죽은 상태. 무감각한 상태. 맥 빠진 상태. 깊이 생각할 수 없고 시야가 좁은 상태. 감정적으로 내 삶의 밑바닥에는 끝없는 불안과 슬픔의 물줄기가 흐르고 있다. 하지만 무엇보다도 영적 공허함이 심하다. 영혼이 텅 빈 것만 같다.

내 삶은 지독히 빠르다. 그리고 나는 빠른 것을 좋아한다. 워낙 급한 성격이다. 무엇을 하든 불도저처럼 밀어붙인다. 목표를 정했으면 최대한 빨리 달성해야 직성이 풀린다. 하지만 도를 지나쳐도 한참 지나쳐 있다. 일주일에 6일이나 일을 한다. 그것도 꼭두새벽부터 늦은 밤까지. 그렇게 하고도 할 일을 다 끝내기에는 시간이 '여전히' 충분하지 않다. 더 심각한 사실은 늘 쫓기듯 '바쁘다는' 것이다. 잠시 앉아 있을 틈도 없이 이리저리 뛰어다닌다. 삶이 너무 분주해서 소중한 사람들과의 소중한 순간을 놓치고 산다. 과연 이런 삶을 삶이라고 말할 수 있을까?

나 같은 사람이 또 있는가? 나만 이럴 리가 없다.

월요일 아침. 새벽같이 눈을 떠서 부산을 떤다. 사무실에 늦게 도착하지 않으려고 허둥지둥 뛰어다닌다. 항상 서두른다. 또다시 회의가 꼬리를 무는 날이 시작된다. 나는 회의가 너무 싫다. 나는 내향적이고, 창의적이며, 동시에 여느 밀레니얼 세대처럼 따분한 건 참지 못한다. 회의가 줄지어 기다린다는 것은 생각만 해도 끔찍하다.

하지만 우리 교회는 정말 빛과 같은 속도로 성장했다. 이것이 나한테는 문제다. 사실 이 말을 하기 참 민망하다. 우리 교회는 7년 연속으로 한 해에 천 명씩 성도수가 불어났다. 나는 이것이 내가 바라던 상황이라고 생각했다. 사실 급성장하는 교회는 모든 목사의 꿈이지 않은가. 하지만 어떤 교훈들은 실패를 통해서만 배울 수 있다. 지금 와서 보니 나는 비영리 단체 대표나 인사 전문가, 전략 전문가, 리더들의 리더들의 리더 따위가 되는 것을 전혀 '바라지' 않는다.

내가 이런 것을 추구한 까닭은 그저 사람들에게 예수님의 길을 가르치기 위해서였다. 하지만 과연 '이런 것'이 예수님의 길인가?

이 질문을 떠올릴수록 한 가지 생각이 계속해서 머릿속을 맴돈다. '나는 어떤 사람이 되어 가고 있는가?'

나는 막 30대에 접어들었다. 그래서 나름대로 몇십 년 뒤를 헤아려 볼 만한 경륜은 쌓였다고 생각한다.

하던 일을 멈추고,

숨을 깊이 들이쉬고,

마흔 살의 나를 상상해 본다. 쉰. 예순.

썩 좋아 보이지 않는다.

성공했지만 죄다 엉뚱한 기준에서 '성공한' 남자가 보인다. 교회 크기, 책 판매 부수, 강연회 일정, 사회적 지위 등등. 하나 더, 새로운 아메리칸 드림인 내 위키피디아 페이지까지. 하나같이 그릇된 성공 기준들이다. 내내 예수님에 관해 설교해 왔건만 감정적으로 건강하지 못하고 영적으로는 겉모습만 번지르르한 남자가 보인다.

여전히 가정은 지키고 있지만 가족과의 시간은 더 이상 기쁨이 아니라 의무일 뿐인 남자. 그의 자녀들은 교회와 상종도 하기 싫어한다. 그 아이들에게 교회는 자기 아버지가 지난 상처의 고통에서 도망치기 위해 찾아간 불륜 상대처럼 보일 뿐이다. '미래의 나'는 기본적으로 '오늘의 나'와 같지만 더 늙고 상태가 더 나빠졌다. 스트레스가 쌓일 대로 쌓여서는 성격이 극도로 예민해져 있다. 툭하면 사랑하는 가족들에게 쏘아붙인다. 불행이 얼굴에 가득하다. 전혀 자신이 설교하는 대로 살지 못하는 목사.

아! 늘 쫓기듯 바쁜 삶.

왜 나는 내가 원하지도 않는 사람이 되기 위해 이토록 바삐 달려가고 있는가?

망치로 뒤통수를 얻어맞은 기분이다. 미국에서는 목사로서 성공하고도 예수님의 도제apprentice로서는 실패할 수 있다. 교회를 얼고도 자기 영혼은 잃을 수 있다.

나는 그렇게 되고 싶지 않다.

<hr />

3개월 뒤. 영국 런던에서 집으로 돌아오는 비행기 안. 일주일 동안 은사주의 계열의 성공회 친구들에게서 성령 충만한 삶이 무엇인지 배우고 돌아오는 길이다. 내가 내내 놓쳤던 전혀 다른 차원의 현실을 발견한 기분이다. 하지만 비행기가 동쪽으로 갈수록 두려운 삶으로 점점 돌아간다.

떠나기 전날 밤, 켄이라는 친구가 멋진 영국식 억양으로 나를 위해 기도해 주었다. 그리고 갈림길에 관한 이야기를 해 주었다. 한 길은 잘 닦인 포장도로인데 휘황찬란한 도시로 이어진다. 또 다른 길은 숲으로 이어지는 흙길이다. 어두운 미지의 세계로 이어지는 길이다. 나라면 이 비포장도로를 선택할 것이다.

이것이 무슨 의미인지는 전혀 모르겠다. 하지만 '뭔가'를 의미하는 것만큼은 분명하다. 그에게 이 이야기를 들으면서 나는 영혼의 전율을 느꼈다. 도대체 하나님은 내게 무슨 말씀을 하시려는 것일까?

이메일을 확인하기 시작한다. 기내는 그 일을 하기에 제격이다. 늘 그렇듯이 확인하지 않은 이메일이 수북이 쌓여 있다. 이번에도 역시 좋지 않은 소식들로 가득하다. 많은 교역자들이 내게 단단히 화가 나 있다. 나는 대형 교회라는 것에 의문이 생기기 시작했다. 크기 자체보다는 대형 교회의 방식이 문제다.[2] 정말 이렇게 해야 하는 것인가? 일주일에 한 번씩 설교를 듣기 위해 찾아왔다가 이내 눈 코 뜰 새 없이 바쁜 삶으로 돌아가는 사람들. 내가 제기한 의문들이 다른 교역자들에게는 분노와 교만으로 비춰지고 있다. 다들 나를 감정적으로 건강하지 못하다는 듯 바라본다. 내가 불쌍한 교역자들에게 화학 폐기물을 누출시키고 있단다.

혹시 리더십에 관한 이런 말을 들어 봤는가?

"교회는 리더가 하는 대로 따라간다."[3]

저런! 우리 교회가 나처럼 되는 것은 절대 바라지 않는다.

통로 쪽 21C 좌석에 앉아 또 다른 신랄한 이메일에 어떻게 답할까 고민하던 중에 새로운 생각이 툭 튀어나왔다. 지상에서 1킬로미터 떨어진 상공이라 공기가 희박한 탓일까? 그것은 아닌 듯하다. 그것은 몇 년은 아니더라도 몇 달 동안 내 안에서 튀어나오려고 요동쳤던 생각이다. 너무도 위험한 생각. 현재 상태에 큰 위협이 되는 생각. 하지만 이제 그 생각이 자유롭게 풀려나올 때다.

바로 이 생각이다.

'내 삶을 완전히 바꾸면 어떨까?'

이후 3개월 동안 내 인생에서 가장 중요한 결정의 소용돌이로 여러 목사와 멘토, 친구, 가족들을 끌어들인 끝에 나는 장로 모임에 앉아 있다. 저녁 식사는 끝났고, 나와 핵심 리더들만 자리에 남았다. 중요한 순간이다. 이 순간을 기점으로 내 인생은 '전'과 '후'로 나뉠 것이다.

"사임하겠습니다."

정확히 말하면 사임은 아니다. 나는 사역을 그만두려는 것이 아니다. 우리 교회는 멀티사이트 교회다(예전에는 나 같은 사람에게 교회 하나는 성에 차지 않는다고 생각했다). 우리 교회 가운데 가장 큰 규모의 교회는 교외에 있다. 나는 지난 10년간 그곳에서 사역했지만 내 마음은 언제나 도시 쪽으로 향해 있었다. 고교 시절 77년식 폭스바겐 버스를 몰고 23번가를 오르내리며 도심 교회 개척을 꿈꾸던 기억이 난다.[4] 도심에 있는 우리 교회는 작다. 훨씬 더 작다. 사역하기도 훨씬 더 어렵다. 포틀랜드는 철저히 세속적인 도시이기 때문이다. 사역을 펼치기에는 하나부터 열까지 걸림돌투성이인 지역이다. 하지만 성령께서 계속 나를 그곳으로 이끄시는 것을 느낀다.

그러니 사임이 아니다. 그냥 자발적 강등이라고 해야 할까? 한 번에 하나의 교회를 이끌고 싶다. 신선하지 않은가? 내 꿈은 삶의 속도를 늦추는 것이다. '그리스도 안에 거하기abiding'를 중심으로 내 삶을 단순화하는 것이다. 일터까지 걸어서 가고 싶다. 성공의 기준을 조정하고 싶다. 예수님의 도제로서 내가 어떤 사람이 되어 가고 있는지에 더 초점을 맞추고 싶다. 내가 그렇게 할 수 있을까?

교회 리더들은 그럴 수 있다고 말한다(십중팔구 다들 내심 내 입에서 사임이라는 말이 나오기를 기다렸을 것이다).

사람들은 수군거릴 것이다. 사람들은 항상 그러니까 말이다.

"능력이 부족하군"(사실이다). "똑똑하지 못하군"(사실이 아니다). "강인하지 못하군"(인정한다. 거의 맞는 말이다). 하나님의 부르심에 등을 돌렸다거나 하나님이 주신 은사를 엉뚱한 곳에서 썩히려고 한다는 식의 말을 적어도 몇 개월 동안 귀에 못이 박이도록 들을 것이다.

수군거릴 테면 얼마든지 수군거리라 하라. 이제 내 성공 기준은 이전과 완전히 다르니.

이제 10년간 달려온 질주를 멈춘다. 가족과 함께 안식년을 가진다. 안식년은 순전히 은혜의 행위다. 절반은 멍한 상태로 보낸다. 하지만 그 후로 내 영혼이 서서히 다시 깨어난다. 훨씬 더 작은 교회로 간다. 도시로 이사한다. 이제 걸어서 출근한다. 필요한 치료들도 받기 시작한다. 뚜껑을 열어 보니 치료받을 부분이 정말 많다! 이제 정서적 건강에 초점을 맞춘다. 일하는 시간을 줄인다. 아내와 자주 데이트를 한다. 아이들과 레고 만들기를 한다(이건 어디까지나 내가 좋아서가 아니라 아이들과 놀아 주는 것이다. 정말이다). 안식일을 지킨다. 텔레비전 중독을 치료한다. 고등학교 시절 이후 처음으로 소설을 읽기 시작한다. 잠자기 전에 개와 산책을 한다. 한마디로 삶다운 삶을 살고 있다.

좋아 보이는가? 유토피아처럼 들리는가? 전혀 그렇지 않다. 그보다는 각성제의 마수에서 헤어 나오는 중독자처럼 느껴진다. 대형 교회 없는 나는 상상하기 어려웠다. 나를 만나겠다고 장사진을 이룬 사람들, 밤늦게까지 쇄도하는 이메일……. 속도감 있는 삶은 벗어나기가 쉽지 않다. 하지만 점점 해독되고 있다. 내 영혼이 열리는 것을 느낀다. 물론 하루아침에 모든 것이 정리되지는 않았다. 변화의 속도는 느리다. 어떤 날은 썩 만족스럽지만 어떤 날은 도로 바쁜 삶으로 돌아간다. 하지만 수년 만에 처음으로 성숙을 향해 가고 있다. 한 번에 한 걸음씩. 날마다 예수님을 더욱 닮아 가고 있다. 날마다 더 온전한 모습으로 자라 가고 있다.

무엇보다도 하나님이 다시 느껴진다.

내 영혼이 느껴진다.

나는 비포장도로에 서 있다. 이 길이 어디로 이어질지는 모르겠지만 상관없다. 더 좋은 방향으로 변해 가고 있다는 사실 자체가 중요하다. 나는 수년 만에 처음으로 지평선을 향해 미소를 짓고 있다.

\\\\\\\\\\\\\\\\\\\\\\

택시 차창에 머리를 기대고 집으로 돌아와 키아누 리브스 영화에 빠져 지내던 시절은 벌써 5년 전이다. 그동안 정말 많은 것이 변했다. 이 책은 그 짧고도 그리 파란만장하지 않은 시간 속에서 탄생했다. 바쁜 삶을 떠나 뭔가 다른 삶으로 가는 여정에서 탄생했다.

어떤 면에서 나는 바쁨에 관한 글을 쓰기에 가장 부적합한 사람이다. 나는 운전 중에 정지 신호등 앞에서 차 세 대가 있는 차선이 아니라 두 대가 있는 차선에 서는 남자다. 1등으로 출근했다가 꼴등으로 퇴근하는 것을 자랑 삼아 떠드는 사람이다. 걷는 속도도 빠르고 말하는 속도도 빠르다. (단순한 스피드 중독자가 아니라) 만성 멀티태스킹 스피드 중독자다. 적어도 예전에는 그랬다. 하지만 더는 그렇지 않다. 그런 삶에서 벗어날 출구를 찾았다. 그래서 어쩌면 나야말로 바쁨에 관한 책을 쓰기에 가장 적격이 아닐까? 판단은 당신에게 맡기겠다.

당신이 어떤 사람인지는 모르지만 십중팔구 서른세 살 나이에 삶에 지쳐 위기를 맞은 전직 대형 교회 목사는 아닐 것이다. 샌디에이고대학 학생이거나 시카고에 사는 20대 도시 남자이거나 멜버른에 사는 전업주부이거나 미네소타에 사는 중년의 보험설계사일 수도 있다. 사회에 막 발을 들여놓았거나 아등바등 살아가고 있거나.

한국 태생의 독일 철학자 한병철은 《피로사회*The Burnout Society*》라는 책을 대다수 서구인들에 관한 날카로운 통찰로 마무리한다. "그들은 죽기에는 너무 살아 있고 살기에는 너무 죽어 있다."[5]

바로 내가 그랬다.

당신도 그렇지 않은가?

스마트폰과 와이파이, 24시간 이어지는 뉴스, 도시화, 지독히 막히는 10차선 고속도로, 끊임없는 소음, 시속 100킬로미터로 미친 듯이 달리는 이 시대에 우리 모두는 정신 줄을 놓지 않기 위해 발버둥을 쳐 본 경험이 있다.

이 책을 읽는 시간을 나와 커피 한잔하며 대화하는 시간으로 생각하라(나는 맛 좋은 케냐산 커피를 즐긴다). 프랑스 철학자 질 리포베츠키가 "하이퍼모던hypermodern" 세상이라고 부른 위험천만한 강을 헤쳐 나가는 법에 관해 내가 지난 몇 년 동안 배운 것을 다 털어놓을 테니 한번 들어 보라.[6]

단, 솔직히 고백하자면 여기서 내가 제시하는 모든 것은 사실 나의 랍비, 아니 그 이상이신 나사렛 예수님의 삶과 가르침에서 얻은 것이다. 내가 가장 좋아하는 예수님의 초대는 마태복음을 통해 찾아온다.

> 수고하고 무거운 짐 진 자들아 다 내게로 오라 내가 너희를 쉬게 하리라 나는 마음이 온유하고 겸손하니 나의 멍에를 메고 내게 배우라 그리하면 너희 마음이 쉼을 얻으리니 이는 내 멍에는 쉽고 내 짐은 가벼움이라(마 11:28-30).

"수고"해서 피곤한가?

"무거운 짐"을 지고 힘에 겨운가?

몸과 마음만이 아니라 '영혼' 깊은 곳에서 지독한 고단함이 느껴지는가?

그렇다면 당신만 그런 것이 아니다.

예수님은 우리 모두를 "쉬운" 멍에로 초대하신다. 예수님은 사랑과 기쁨과 평안이라는 삼인조로 인생의 무게를 쉽게 질 방법을 갖고 계시며, 그 방법을 모든 사람에게 제시하신다. 유진 피터슨은 예수님의 이 유명한 말씀을 이렇게 번역한다. "자유롭고 가볍게 사는 법"(마 11:30, 메시지).

행복한 삶의 비밀. 그렇다. 비밀이다. 공개된 비밀이지만 엄연히 비밀은 비밀이다. 그런데 이 비밀이 '저 멀리 어딘가'에 있지 않고 훨씬 더 가까이 있다면? 그저 사방이 또렷이 보일 때까지, 정신없이 돌아가는 삶의 속도를 늦추기만 하면 된다면? 우리가 갈망하는 삶의 비밀이 사실은 '쉬운' 것이라면?

본격적으로 시작하기 전에 몇 가지 정확하게 짚고 넘어가고 싶다. 첫째, 나는 당신이 아니다. 너무도 당연한 사실이지만 짚고 넘어갈 필요성이 있다. 바쁨을 규탄하는 이 성명서가 귀에 거슬리는 사람도 있을 것이다. 나도 처음에는 그랬다. 이 성명서는 우리 모두의 내면에 있는 '지금과 다른 삶을 향한 깊은 갈망'을 건드린다. 하지만 내가 현실과 동떨어진 이야기를 한다고 코웃음을 치는 사람도 있을 것이다.

"빚을 갚고 매달 월세를 내기 위해 투잡을 뛰는 싱글맘의 상황을 전혀 모르고서 하는 얘기야."

맞는 말이다.

"약육강식이 판을 치는 시장에서 경영자로 사는 것이 얼마나 힘든지 몰라서 하는 소리지."

그럴지도.

"우리 도시, 우리 나라, 우리 세대의 사정을 전혀 모르고 있어."

그럴 수도 있다.

단지 끝까지 한번 들어 달라고 부탁하고 싶다.

둘째, 나는 예수님이 아니다. 한동안 예수님을 따라다닌 많은 도제 가운데 하나일 뿐이다. 역시나 너무도 당연한 사실이다. 내가 이 책을 쓴 목적은 내가 주님의 발치에 앉아서 배운 가장 중요한 것들 몇 가지를 전하는 것이다. 예수님은 가장 가까운 사람들에게서 그중 누구보다도 즐거움의 기름부음을 많이 받았다는 평을 들으셨다(히 1:9). 내 번역: 예수님은 역사상 가장 행복한 분이셨다.

우리 대부분은 행복해지는 법을 예수님께 물을 '생각조차' 하지 않는다. 기껏해야 달라이 라마의 명언집을 뒤적거리거나 하버드대학 탈 벤 샤하르의 긍정 심리학 강의 동영상을 찾아서 본다. 혹은 근처 명상 수련원에 등록한다. 이 모든 방법이 나름대로 효과가 있다고 생각한다. 하지만 예수님은 독보적이시다. 소크라테스에서 부처와 니체, 현대의 유명한 요가 스승까지 종교계나 세속, 고대나 현대를 막론한 그 어떤 선생이나 전통, 철학과도 차원이 다르시다. 내게 예수님은 언제나 역사상 가장 훌륭하고 가장 통찰력이 깊고 가장 심오한 선생이시다. 그리고 그분은 '느리게' 사셨다(잠시 후부터 이 이야기를 본격적으로 해 보자). 그러니 안전벨트를 매는 대신 편히 앉기를 바란다.

자, 마지막으로, 분명히 말하는데 '빨리, 더 빨리'를 원한다면 책을 잘못 골랐다. 그 정도면 책 읽을 시간도 없지 않은가? 첫 번째 장은 건너뛸 생각인가? 그렇다면 아무래도 지금 책을 덮는 편이 나을 듯하다.

즉시 효과가 나타나는 3단계 공식 같은 것을 원하는 사람에게도 이 책은 맞지 않다. 인생에 즉효약 따위는 없다. 영혼을 단번에 치유해 줄 수 있는 마법의 약 따위는 없다. 인생은 더없이 복잡하다. 변화는 더더욱 복잡하다. 누구든 아니라고 말하는 사람은 당신에게 뭔가를 팔려는 사람이다.

하지만……

고단하다면,

삶에 지쳤다면,

더 나은 삶의 길이 있을지 모른다는 생각이 자꾸 든다면,

자신이 무의미하게 살고 있는지 모른다는 생각……

우리 문화가 가르쳐 준 성공의 잣대들이 전혀 엉뚱한 잣대일지 모른다는 생각……

세상에서 가리키는 '성공'이 사실은 실패에 더 가까운 것일지

모른다는 생각을 하고 있다면,

무엇보다도 하나님 나라에서의 삶을 탐구하는 반직관적이고 '매우' 반문화적인 여행에 뛰어들 준비가 되었다면,

그렇다면 이 책을 즐기라. 길지도 않고 이해하기 어렵지도 않다. 하지만 이 안에 당신에게 전해 줄 중요한 비밀들이 있으니…….

Part 1

THE RUTHLESS ELIMINATION OF HURRY

'속도감 있는 삶'에 중독되다

덧없는 것에 정신을 파느라
영적으로 무뎌진 시대

1

만성적 바쁨,
이 시대 영성의
가장 거대한 적

지난주에 내 멘토 존 오트버그와 점심 식사를 했다. 맞다. 솔직히 고백하면 그는 사실 내 멘토가 아니다. 멘토라고 부를 수도 없을 만큼 그는 나와 차원이 한참 다른 사람이다. 하지만 우리는 자주 점심 식사를 하고, 그때마다 나는 수첩을 펴 놓고 질문 공세를 펼친다. 오트버그는 누구나 처음 보자마자 '나도 커서 저렇게 되고 싶다'라는 생각이 들 만한 사람이다. 그는 놀라우리만큼 똑똑하다. 그리고 무엇보다 지혜롭다. 그런데도 거만하게 잘난 체를 하는 법이 절대 없다. 언제나 기쁨이 넘치고 느긋하고 소탈하다. 성공했음에도 여느 유명인처럼 눈살을 찌푸리게 하지 않고, 친절하고 호기심 많고 언제나 눈앞의 사람들에게 집중한다. 쉽게 말해 그는 내가 상상하는 예수님의 모습을 아주 많이 닮았다.[1]

존 오트버그는 캘리포니아주에서 사역하는 목사이자 작가인데, 그는 또 한 명의 나의 영웅인 달라스 윌라드에게서 가르침을 받았다. 달라스 윌라드라는 이름을 처음 들어 봤다면 지금부터 잘 기억하기를 바란다.[2] 윌라드는 서던캘리포니아대학University of Southern California 철학 교수이지만 학계 밖에서는 예수님의 길을 가르치는 선생으로 잘 알려져 있다. 그의 저작들은 내가 예수님을 따르는 방식(그의 표현을 빌리자면, "예수님 밑에서 하는 도제 수업")에 성경 다음으로 가장 큰 영향을 미쳤다.[3] 오트버그는 2013년에 윌라드가 소천하기 전까지 20년 넘게 그에게 지도와 조언을 받았다.

나는 윌라드를 직접 만나 볼 기회가 없었다. 그래서 처음 오트버그와 함께 멘로 파크 어딘가에 자리를 잡자마자 윌라드에 관한 이야기를 해 달라고 졸랐고, 마침내 우리는 함께 이야기의 노다지를 캐냈다.

그중에서도 자꾸만 생각나는 이야기가 있다. 한번은 오트버그가 조언을 구하기 위해 윌라드에게 전화를 걸었다고 한다. 때는 1990년대 말이었다. 오트버그는 당시 세계적으로 영향력을 떨치던 교회인 시카고 윌로우크릭커뮤니티교회Willow Creek Community Church에서 사역하고 있었다. 그때는 이미 오트버그도 유명한 설교자이자 베스트셀러 저자로 자리 잡은 터라, 오트버그 정도라면 예수님의 제자로서 꽤 훈련이 된 사람이라고 누구나 생각했을 것이다. 하지만 그는 정신없이 달리는 대형 교회의 방식에 남모르게 회의를 느끼고 있었다.

바로 나처럼.

그래서 그는 윌라드에게 전화를 걸어 물었다. "제가 바라는 제가 되려면 무엇을 해야 할까요?"[4]

수화기 반대편에서 긴 침묵이 흘렀다(윌라드와 통화할 때면 항상 긴 침묵이 흐르는 시간이 있었다고 한다).

이윽고 윌라드의 목소리가 들려왔다. "삶에서 바쁨을 가차 없이 제거해야 하네."

잠시 읽기를 멈추고 함께 무릎을 한 번 쳐 주지 않겠는가?

고맙다……

오트버그는 이 말을 수첩에 빠르게 써 내려갔다. 안타깝게도 당시는 트위터가 없던 시대다. 그렇지 않았다면 이 말이 인터넷을 통해 삽시간에 퍼져 나갔을 텐데!

오트버그가 다시 물었다. "혹시 다른 건 없습니까?"

다시 긴 침묵이 흘렀다……

윌라드의 음성이 들려왔다. "다른 건 없어. 바쁨은 우리 시대에 영적 삶을 방해하는 큰 적이야. 삶에서 바쁨을 가차 없이 제거해야 하네."

이야기 끝.[5]

이 이야기를 처음 들었을 때 깊이 공감이 갔다. 바쁨은 이 시대를 괴롭히는 수많은 독한 증상들 이면에 숨어 있는 근본 문제다.

그럼에도 불구하고 윌라드의 대답은 내가 예상했던 것이 전혀 아니었다. 나는 미국에서 가장 세속적이고 진보적인 도시로 손꼽히는 지역에서 살고 있다. 하지만 당시 당신이 내게 이 포틀랜드에서의 영적 삶에 가장 큰 걸림돌은 무엇이냐고 물었다면 '바쁨'이라고 답하지는 않았을 것이다.

십중팔구 모더니즘이나 포스트모더니즘, 자유주의 신학, 번영 신학의 유행, 성(性)과 결혼에 관한 관념의 변화, 허물어진 성별 경계, 인터넷 포르노, 구약의 폭력성을 두고 벌이는 수많은 논쟁과 의문들, 유명 목회자의 몰락이나 도널드 트럼프를 지적했을 것이다.

당신은 뭐라고 대답하겠는가?

아마 조금의 망설임도 없이 '바쁨'이라고 답할 사람은 극소수일 것이다.

하지만 성경을 읽어 보라. 사탄은 쇠스랑을 들고 걸걸한 골초의 목소리를 가진 악마나 전자 기타와 불을 들고 〈새터데이 나이트 라이브Saturday Night Live〉에 출연한 윌 페럴의 모습으로 나타나지 않는다. 사탄은 우리가 생각하는 것보다 훨씬 더 영악하다. 오늘날 사탄은 성경책을 펴고도 휴대폰을 힐끗거리거나, 매일 밤 지친 몸을 소파에 누이고 밀린 넷플릭스 드라마를 따라잡거나, 인스타그램에 중독되거나, 주말에도 회사에 출근하거나, 축구 중계를 빠짐없이 챙겨 보느라 바쁜 삶의 형태로 나타난다.

코리 텐 붐은 사탄이 우리가 죄를 짓게 만들 수 없을 때는 바쁘게 만든다는 말을 했다. 꽤 일리가 있는 말이다. 죄와 바쁨은 완전히 똑같은 결과를 낳으니까 말이다. 둘 다 우리를 하나님, 다른 사람들, 심지어 우리 자신의 영혼과도 단절되게 만든다.

유명한 심리학자 칼 융은 이런 말을 했다.

바쁨은 악마의 것이 아니라 악마 자체다.

융은 내향성과 외향성 성격 유형 틀을 마련한 심리학자다. 그의 연구는 나중에 MBTIMyers-Briggs Type Indicator 테스트의 기초가 되었다(누구 INTJ 유형 없는가). 이 정도만 소개해도 충분할 듯하다. 즉 그는 뭘 모르고서 말을 하는 무지렁이가 아니었다.

최근 예수님을 사랑하는 엄청 똑똑한 박사인 내 치료사에게 우리 교회의 비전을 자랑한 적이 있다. 우리 교회의 비전은 예수님의 제자도를 중심으로 우리 공동체들을 다시 세우는 것이었다(솔직히 여기에 쓰기도 민망한 비전이다. 교회가 이것이 아니면 뭘 하겠는가). 치료사는 좋은 비전이라고 인정하면서도 똑같은 말을 되풀이했다. "가장 큰 문제는 '시간'이에요. 정서적으로 건강하고 영적으로 풍성한 삶을 살기에는 사람들이 너무 바쁘거든요."

"잘 지내시죠?"라고 물으면 사람들이 대개 어떻게 대답하는가?

"네, 바쁘게 잘 지내고 있습니다."

관심을 갖고서 보면, 인종, 성별, 인생의 시기, 사회 계층을 막론하고 모든 사람들이 거의 이렇게 대답한다. 대학생들은 바쁘다. 젊은 부모들도 바쁘다. 골프를 즐기는 은퇴자들도 바쁘다. 사장들도 바쁘다. 바리스타와 시간제 아이 돌보미들도 바쁘다. 미국인도 뉴질랜드인도 독일인도 바쁘다. 한마디로 우리 모두는 다 바쁘다.

물론 건강한 종류의 바쁨도 있다. 공허한 여가 활동이나 쓸데없는 일에 시간을 낭비하는 것이 아니라 정말 중요한 일에 전념할 수도 있다. 그런 의미에서 예수님은 바쁘셨다. 문제는 해야 할 일이 많은 것이 아니다. 해야 할 일이 '너무' 많아서 바삐 서둘러야만 할당량을 채울 수 있는 상황이 문제다.

이런 종류의 바쁨은 우리를 휘청거리게 만든다.

찰스턴서던대학교Charleston Southern University 경영학 교수 마이클 지가렐리는 전 세계 2만 명 이상의 그리스도인들을 대상으로 '성장을 방해하는 걸림돌'이 무엇인지 조사한 결과, 바쁨이 영적 성장을 방해하는 주된 걸림돌이라는 결론을 내렸다. 그가 내린 진단을 주의 깊게 보라.

이럴 가능성이 있다. (1) 그리스도인들이 바쁨과 서두름과 과로의 문화에 동화되고 있다. 그로 인해 (2) 그리스도인들의 삶에서 하나님이 점점 주변으로 밀려난다. 그로 인해 (3) 하나님과의 관계가 악화된다. 그로 인해 (4) 그리스도인들이 삶에 관한 세상의 가정들을 점점 더 쉽게 받아들인다. (5) 바쁨과 서두름과 과로의 문화에 더 동화된다. 이런 악순환이 반복된다.[6]

그런데 뜻밖에도 이 부분에서 목사들이 최악이다. 지가렐리는 목사들의 바쁨을 변호사 및 의사들과 동급으로 진단했다.

그러니까 나 말고 '다른' 목사들…….

한 핀란드 격언이 생각난다. "하나님은 바쁨을 창조하시지 않았다."

이 새로운 삶의 속도는 전혀 기독교적이지 않다. 오히려 적그리스도적이다. 생각해 보라. 그리스도의 나라에서 가장 귀한 것은 무엇인가? 답은 쉽다. 바로, 사랑이다. 예수님은 이 점을 더없이 분명히 밝히셨다. 즉 그분은 토라 전체에서 가장 큰 계명이 "네 마음을 다하고 목숨을 다하고 뜻을 다하고 힘을 다하여 주 너의 하나님을 사랑"하는 것이라고 말씀하셨다. 두 번째로 큰 계명은 "네 이웃을 네 자신과 같이 사랑하라"다.[7] 그런데 사랑은 정말 많은 시간을 잡아먹는다. 이것은 세상 모든 부모가 다 아는 사실이다. 세상의 모든 연인들과 오래 우정을 나눈 친구들도 이 점을 잘 안다.

바쁨과 사랑은 양립할 수 없다. 아버지, 남편, 목사, 나아가서 인간으로서 내 인생 최악의 순간들은 하나같이 바쁜 순간들이었다. 약속에 늦고, 비현실적인 일정에 쫓기고, 하루에 너무 많은 것을 하려고 할 때마다 내게서 분노와 짜증, 비판, 불평이 일었다. 이 모두는 사랑의 반대다. 내 말을 믿지 못하겠다면, 성격이 느긋한 아내와 도무지 집중할 줄 모르는 어린 세 자녀를 데리고 다급하게 외출 준비를 해 보라. 그리고 그때 자신이 어떤 모습을 보이는지 유심히 살펴보라(나는 그 방면으로 경험이 풍부하다). 그 모습이 사랑을 닮았는가? 홍분하거나 쉽게 짜증을 내고 독한 말을 서슴없이 내뱉거나 무섭게 노려보는가? 바쁨과 사랑은 물과 기름처럼 섞일 수 없다.

그래서 사도 바울은 사랑을 정의 내리면서 그 첫 번째 요소로 "오래 참고"를 이야기했다(고전 13:4).

우리가 하나님과 함께 '달린다'고 말하지 않고 함께 '걷는다'고 말하는 데는 다 이유가 있다. 그것은 하나님이 사랑이시기 때문이다.

작고한 일본 신학자 고스케 고야마는 *Three Mile an Hour God*(시

^속 3마일의 하나님)이라는 책에서 이것을 다음과 같이 표현했다.

하나님은 사랑이시기에 '천천히' 걸으신다. 하나님이 사랑이
아니시라면 훨씬 빨리 가실 것이다. 사랑에는 나름의 속도가 있다.
그것은 내적 속도다. 그것은 영적 속도다. 그것은 우리에게 이미
익숙한 첨단 기술의 속도와는 다른 종류의 속도다. 이 속도는
'느리지만' 사랑의 속도이기 때문에 다른 모든 속도를 추월한다.[8]

우리 문화에서는 "느리다slow"가 경멸의 표현으로 쓰인다. 우리
는 아이큐가 낮은 사람을 느리고 둔하다고 놀린다. 웨이터가 느리
면 서비스가 엉망이라고 불평하고, 영화 전개 속도가 느리면 지루하
다고 불평한다. 그래서 메리엄 웹스터 사전은 "슬로우slow"(느리다)라
는 영단어를 이렇게 정의한다. "정신적으로 굼뜨다. 어리석다. 천성
적으로 활동력이 없거나 게으르다. 재빠르지 못하거나 의지가 부족
하다."[9]

우리 문화가 주는 메시지는 분명하다. 느린 것은 나쁜 것이고
빠른 것은 좋은 것이다.

하지만 그리스도의 거꾸로 나라에서는 가치 체계가 완전히 뒤
바뀐다. 바쁨은 사탄의 속성이고 느림은 예수님의 속성이다. 예수님
은 살과 피로 이루어진 사랑 자체이시기 때문이다.

그리스도 나라의 다른 두 핵심 속성인 기쁨과 평안도 마찬가지

다. 예수님 나라 비전의 중심에는 사랑과 기쁨과 평안이 자리하고 있다. 이 세 가지는 모두 단순한 감정이 아니다. 이는 마음의 전반적인 상태다. 이는 단순히 좋은 감정 정도가 아니라, 이 세 가지를 완벽하게 구현하신 예수님을 따를 때 닮아 가는 내면의 상태다.

그리고 이 세 가지는 모두 바쁨과 양립할 수 없다.

기쁨을 생각해 보라. 기독교만이 아니라 다른 모든 종교의 대가들(세속 분야의 심리학자나 명상 전문가 등도 마찬가지)은 행복의 비밀이 현재에 집중하는 것이라는 데 동의한다. 현재에 집중할수록 더 많은 기쁨을 누릴 수 있다.

평안은 어떤가? 굳이 설명할 필요가 있을까? 뭔가에 늦어서 바삐 서두를 때 기분이 어떤가? 하나님의 깊은 평강이 느껴지는가? 마음이 잔잔하고 행복감이 느껴지는가?

다시 말하지만, 사랑과 기쁨과 평안은 예수님이 우리 삶에 불어넣으시려는 모든 것의 핵심이다. 그리고 이 세 가지는 모두 바쁨과 양립할 수 없다.

아직도 믿지 못하겠는가? 그렇다면 가족들을 데리고 바삐 외출 준비를 할 때 당신의 마음 상태를 돌아보라. 사랑과 기쁨과 평안이 느껴지는가? 당연히 아닐 것이다.

한번은 존 오트버그가 점심 식사 자리에서 이런 말을 했다. "바삐 서두르는 영혼으로는 하나님 나라에서 살 수 없어요."

아무도 그럴 수 없다.

바쁨은 하나님 나라의 사랑과 기쁨과 평안(모든 인간이 갈망하는 것의 핵심)에서 멀어지게 만들 뿐 아니라 하나님에게서 멀어지게 만든다. 바쁨이 우리의 관심을 빼앗아 가기 때문이다. 서두르면 언제나 얻는 것보다 잃는 것이 많다.

C. S. 루이스의 영적 스승 월터 애덤스는 다음과 같은 말을 했다.

예수님과 동행하는 것은 서두르지 않고 느린 속도로 걷는 것이다. 바쁨은 곧 기도의 죽음이며, 우리의 일을 저해하고 망칠 뿐이다. 절대 우리의 일을 진척시키지 않는다.[10]

바빠 서둘러서 되는 일은 거의 없다는 뜻이다. 하나님과 동행하는 삶에서 특히 그렇다. 심지어 하나님을 '위한' 일도 서두른다고 되지 않는다.

내가 가장 좋아하는 가톨릭교도 저자인 로널드 롤하이저는 강력한 어조로 다음과 같이 말한다.

오늘날 많은 역사적 상황들이 맹목적이고도 우연히 하나로 합쳐져 하나님에 관해 생각하거나 기도하는 것은 물론이고 그 어떤 내적 깊이도 갖추기 힘든 환경을 만들어 내고 있다. 우리는 좋고 나쁜 온갖 것에 정신을 파느라 영적 무의식oblivion 상태에 빠져들고 있다. 우리가 하나님, 깊음, 영에 반대하는 것은 아니다. 오히려 우리는 이런 것을 좋아한다. 단지 습관적으로 다른 것들에 정신이 팔려 이런 것이 우리의 레이더망에 들어오지 않을 뿐이다. 우리는 나쁘다기보다는 너무 바쁘다. 영적이지 않다기보다는 다른 것에 정신이 팔려 있다. 교회보다 영화관, 스타디움, 쇼핑몰, 그리고 그것들이 우리 안에 만들어 내는 공상에 더 관심을 갖는다. 오늘날 병적인 바쁨, 정신 팔림, 쉴 새 없는 활동이 영적 삶을 방해하는 주된 걸림돌이다.[11]

"병적인 바쁨"이라는 표현이 특히 마음에 와닿는다.

다시 말하지만, 어느 정도의 바쁨은 괜찮다. 최소한, 불가피하다. 심지어 바삐 서둘러야 할 시간과 장소도 있다. 만삭인 아내의 양수가 터지거나 어린 자녀가 도로로 뛰어들면 119 응급대원에 버금갈 만큼 전광석화처럼 움직여야 한다.

하지만 솔직히 그런 상황은 극히 드물다. 우리 대부분이 습관적으로 보이는 병적인 바쁨, 우리가 정상으로 여기는 만성적인 바쁨은 말 그대로 병이다. 바쁨의 병원균이 온 세상으로 퍼져 극심한 질병과 죽음을 낳고 있다.

"잘 지내고 있어요. 그냥 바쁠 뿐이에요." 이런 말을 하도 많이 들 하다 보니 우리는 바쁨이 병이 아니라 정상 상태라고 착각한다. 하긴, 요즘 너무 바쁘지 않은 사람이 어디 있는가. 하지만 바쁨이 건강한 상태가 아니라면? 바쁨이 공기 중으로 퍼져 인류의 영혼을 망가뜨리는 지독한 병원균이라면?

최근 시 읽기에 재미가 들렸다. 내게는 아직 생소한 장르이지만 느린 속도가 매력적이다. 생각해 보라. 좋은 시는 속도를 내서 읽을 수가 없다. 지난밤에는 그리스도인이면서 유명한 석학이자 문학계의 태두인 T. S. 엘리엇의 시를 골랐다. 심지어 약간은 이해되는 대목도 있었다. 예를 들어 사람들이 "'정신을 앗아 가는 것' 덕분에 '정신을 앗아 가는 또 다른 것'에 정신을 빼앗기지 못하게 되는" "이 정신없는 세상" 같은 대목이 그렇다.[12] 상처를 잊을 만큼의 산란함은 우리를 치유와 생명으로 이끌어 줄 수 있다는 뜻이리라.

다시 말하지만 우리는 엉뚱한 것들에 "정신을 파느라 영적 무의식 상태에 빠져들고 있다."

오트버그의 말을 들어 보자.

많은 사람들이 처한 큰 위험은 믿음을 버리는 것이 아니다. 엉뚱한
것들에 너무 정신이 팔리고 바빠서 평범한 믿음에 머무는 것이
위험이다. 그럴 때 삶을 진정으로 살지 않고 그저 삶을 스쳐 지나갈
뿐이다.[13]

얼마나 심각한 상황인지 알겠는가? 우리의 정서적 삶만 위험에 빠진 것이 아니다. 물론 그것만으로도 충분히 위험하다. 우리는 너무 빨리 사는 나머지 스트레스를 받아 배우자와 자녀에게 쉽게 짜증을

낸다. 하지만 더 두려운 사실은 우리의 영적 삶이 위험에 처해 있다는 것이다.

월라드의 말이 맞지 않을까? 온갖 첨단 기술의 산물에 정신이 팔린 이 바쁘고도 빠른 현대의 삶이 영적 삶에 가장 큰 위협이지 않을까?

예수님이 마르다에게 하셨던 말씀을 지금 온 세상을 향해 하고 계시지 않을까 하는 생각이 든다. "네가 많은 일로 염려하고 근심하나 몇 가지만 하든지 혹은 한 가지만이라도 족하니라"(눅 10:41-42).

이 시대에 필요한 것은 바로 속도를 늦추는 슬로우 영성slowdown spirituality이다.[14]

우리는 언제부터
시간에 쪼들리게
되었을까?

세상이 미친 속도로 돌아가고 있다는 것은 다 아는 사실이다. 우리는 이 속도를 고속도로에서는 물론이고 다른 일상에서도 뼛속 깊이 느끼고 있다. 하지만 처음부터 이러했던 것은 아니다.

어쩌다 이 지경이 되었는지 보여 주기 위해 좀 지루할 수도 있는 이야기를 잠시 해 보겠다. 이제부터 로마의 해시계, 성 베네딕트, 토머스 에디슨, 당신 집에 있는 토스터 기계, 1960년대 공상 과학 소설, 세븐 일레븐에 관한 이야기를 할 것이다. 물론 스티브 잡스에 관한 이야기도 빼놓을 수 없다.

먼저, 최초의 시계인 해시계 이야기다. 약 BC 200년경으로 거슬러 올라가 보자.[1] 당시 사람들은 이 "새로운" 기술이 사회에 끼친 영향에 불만을 토로했다. 로마 극작가 플라우투스는 이 분노를 시로 표현했다.

신들이여, 처음 시간을 구별할 줄 알게 된 자를
저주하라!
이 장소에 해시계를 처음 설치한 자도
저주하라!
감히 내 시간을 잘게 난도질한 자들이니![2]

앞으로 시간에 쪼들릴 때마다 이 시를 인용하라.
"신들이여, 이 자들을 저주하라!"

시간을 뒤로 감아 수사들의 시대로 가 보자. 우리의 영적 선조들인 수사들은 비록 나쁜 의도로 그런 것은 아니지만 서구 사회를 가속화하는 데 핵심 역할을 했다. 6세기에 성 베네딕트는 하루 일곱 번의 기도 시간을 중심으로 수도원의 삶을 편성했다. 12세기 수사들은 기도에 집중하기 위해 기계적인 시계를 발명했다.

하지만 대부분의 역사학자들은 서구 사회와 시간의 관계에서 전환점을 1370년으로 꼽는다. 그해에 독일 쾰른에 첫 공공 시계탑이 세워졌다.³ 그전에는 시간이 자연적이었다. 시간은 지구의 자전 및 사계절과 연결되어 있었다. 달이 뜨면 잠자리에 들고 해가 뜨면 눈을 떴다. 여름에는 낮이 길고 활기찼으며 겨울에는 날이 짧고 느렸다. 하루와 한 해에 리듬이 있었다. 프랑스 중세 연구가 자크 르 고프의 말을 빌리자면, 삶은 "바쁘지 않고 정확성과 생산성에 연연하지 않고 그저 농경 리듬에 따라 이루어졌다."⁴

하지만 시계는 이 모든 것을 바꿔 놓았다. 시계는 인공적인 시간을 만들어 냈다. 시계는 1년 내내 아침 9시부터 저녁 5시까지 우리를 혹사시켰다. 이제 우리는 몸의 소리를 듣지 않는다. 몸이 휴식을 마칠 때가 아니라 알람시계가 억압적인 사이렌을 울릴 때 눈을 뜨기 시작했다. 물론 효율성은 좋아졌지만 이제 우리는 인간보다 기계에 가까워졌다.

한 역사학자는 이 중요한 순간을 다음과 같이 정리했다.

이는 인간이 태양으로부터 독립을 선언한 순간이었다. 이는 인간이 자신과 주변 환경을 지배하게 되었다는 새로운 증거였다. 하지만 그 지배가 온갖 버거운 요구들을 하는 기계의 지배 아래로 스스로 들어간 대가였다는 사실을 나중에서야 깨달았다.[5]

태양이 일과 쉼의 리듬을 통제할 때는 어디까지나 하나님의 통제 아래서 그렇게 한 것이었다. 하지만 시계는 하나님과 달리 우리를 혹사하는 주인인 고용주의 통제 아래에 있다.

그러다 1879년 에디슨이 전구를 발명하면서 해가 진 뒤에도 활동할 수 있게 되었다. 자, 이제부터 충격적인 통계를 소개한다. 에디슨 이전에는 사람들이 평균 11시간을 잤다.[6]

그렇다. 11시간이다.

새벽 4시에 일어나서 기도를 했다는 위대한 남녀들의 위인전을 읽은 기억이 난다. 아빌라의 성 테레사, 존 웨슬리, 찰스 스펄전 같은 위인들이 그러했다. 그런 위인전을 읽고서 '정말 나보다 신앙이 훨씬 좋은 사람들이구나' 하는 생각을 했다. 그런데 나중에 그들이 저녁 7시에 잠자리에 들었다는 사실을 알았다! 9시간을 푹 자고 일어나 새벽에 달리 무슨 할 일이 있었겠는가.

이제 최소한 미국에서는 평균 수면 시간이 약 7시간으로 줄어들었다. 불과 1세기 반 만에 수면 시간이 4시간 정도나 줄어든 것이다. 우리가 종일 피곤한 것도 무리는 아니다.

약 1세기 전, 기술은 우리와 시간의 관계를 다시 변화시키기 시작했다. 이번에는 소위 노동 절감 기기들이 전면에 나섰다. 예를 들어, 예전에는 겨울에 산짐승에게 잡혀먹힐 각오를 하고 숲에 가서 맨손으로 도끼를 휘둘러 나무를 벤 다음 집까지 끌고 와서 다시 도끼로 팬 다음 이번에도 역시 맨손으로 불을 피워야 했다. 하지만 이제는 벽에 붙은 난방조절장치로 가서 버튼을 누르기만 하면 마법처럼 집 안이 따뜻해진다.

예를 들자면 끝이 없다. 예전에는 어디든 맨발로 걸어서 갔지만 지금은 어디든 차로 금방 갈 수 있다. 예전에는 식량을 직접 생산해야 했지만 지금은 코앞에 있는 상점에서 쉽게 사 올 수 있다. 예전에는 손으로 편지를 썼지만 요즈음은 손쉽게 이메일을 사용한다. 물론 요즘 우리의 가장 좋은 친구인 인공지능ᴬᴵ도 있다.

하지만 스마트폰에서 전기포트와 식기세척기, 세탁기, 토스터기까지 편리한 도구가 수두룩한데도 시간이 많기는커녕 오히려 '더 적게' 느껴진다. 도대체 어찌된 일인가?

노동 절감 기기들이 실제로 시간을 절감해 주기는 한다. 그렇다면 그 많은 시간은 다 어디로 간 것인가?

답: 우리는 그 시간을 다른 데 사용한다.

1960년대, 공상 과학 소설가에서 정치 이론가들까지 미래를 내다보던 전 세계 석학들은 인류가 일하는 시간이 '크게' 줄어들리라 예상했다. 1967년 미국 상원의 한 소위원회에서는 1985년이 되면 미국인들의 평균 노동 시간이 1년에 27주, 일주일에 22시간밖에 되지 않을 것이라고 예상했다. 다들 미래에는 남아도는 시간이 너무 많아서 걱정일 것이라고 생각했다.[7]

그런데 지금 어떤가?

방금 당신도 헛웃음을 터뜨리지 않았는가? 정말 웃기는 일이다.

프랑스를 제외하고(우리는 프랑스인들을 조롱하지만 사실 부러워서 그러는 것이다)[8] 전 세계에서 정반대 상황이 벌어졌다. 여유 시간은 오히려 줄어들었다. 미국인들의 평균 노동 시간은 1979년보다 1년에 거의 4주가 더 늘어났다.[9]

최근 〈하버드 비즈니스 리뷰_Harvard Business Review_〉는 미국 내 사회적 지위의 변화에 관한 연구를 시행했다. 그 연구 결과에 따르면, 과거에는 '여유 시간'이 부의 증거였다. 돈이 많은 사람들은 테니스나 항해를 즐기고, 점심 시간에는 골프 클럽에서 화이트와인 잔을 기울였다. 하지만 이제는 상황이 변했다. 이제는 '바쁨'이 부의 증거다. 광고에서 이런 문화적 변화를 똑똑히 확인할 수 있다. 과거에는 고급 세단이나 롤렉스 시계를 선전하는 텔레비전과 잡지 광고들이 프랑스 남부의 수영장에 앉아서 여유를 즐기는 부유층을 보여 주었다. 하지만 지금은 뉴욕이나 로스앤젤레스 도심에 있는 고층 건물에서 회의를 진행하다가 늦은 밤에서야 바에서 술을 즐기거나 혹은 전 세계를 부지런히 다니며 여행하는 부유층을 보여 준다.[10]

1세기 전에는 일을 적게 할수록 사회적 지위가 높았다. 지금은 정반대다. 가만히 앉아서 휴식을 취하는 사람일수록 지위가 낮다.

이 기간 동안 미국인들의 삶에서 안식일이 사라진 것은 너무도 당연하다. 1960년대(장소에 따라 1990년대)까지만 해도 청교도 법률에 따라 가게들이 안식일에는 문을 닫았다. 정부가 국민들의 삶의 속도를 강제로 제한했다. 이제 칠순을 바라보는 우리 아버지는 1950년대 베이 에리어에서 자라던 시절의 이야기를 해 주시곤 한다. 당시에는 온 도시가 평일에는 저녁 6시에 문을 닫고 일요일에는 종일 쉬었다고 한다. 일요일에는 교회 말고는 문을 연 곳이 하나도 없었다. 쇼핑은 물론이고 브런치를 사 먹거나 스포츠 경기를 보러 나가는 사람은 아무도 없었다. 하지만 지금 실리콘 밸리에서 이런 상황을 상상할 수 있는가? 나는 도무지 상상이 가질 않는다.

지금도 우리 아버지는 마을에 세븐 일레븐이 생긴 것이 얼마나 큰일이었는지 말씀하신다. 세븐 일레븐은 일주일에 7일 동안 문을 여는 최초의 체인 상점이었다. 그것도 무려 밤 11시까지 문을 열었으니 보통 큰일이 아니었을 것이다! 한 세대 만에 일요일은 '쉼과 예배의 날'에서 '필요하지도 않은 것들을 쇼핑하거나 밀린 볼일을 처리하거나 외식을 하거나 단순히 다음 주 근무를 위해 시동을 거는 날'로 변했다.

지금 우리는 "이 새로운 삶의 속도가 우리의 영혼에 어떤 영향을 미칠까?"라고 물을 시간도 없을 만큼 바쁘다.

앤드류 설리번은 〈뉴욕 타임스*New York Times*〉에 실린 "예전에 나는 인간이었다"라는 글에서 다음과 같은 충격적인 분석을 내놓았다.

유대 기독교 전통은 소음과 침묵, 하루를 버티는 것과 자신의
삶 전체를 통제하는 것 사이의 중요한 차이(와 긴장)를 인식했다.
기독교가 받아들인 유대의 안식일 제도는 …… 조용한 가운데
영원의 관점에서 우리 삶을 돌아보는 순간이었다. 수 세기 동안
안식일은 일주일에 한 번씩 서구의 공적 삶에 큰 영향을 미쳐 왔다.
하지만 지난 20년 사이 안식일은 조금의 후회감도 없이 상업적 소음
속으로 흩어져 버렸다. 안식일은 소음과 일에서 벗어나 쉬며 우리가
진정으로 누구인지를 기억하는 시간이 없으면 영적 삶을 계속해서
이어 갈 수 없다는 믿음을 반영하고 있다. 하지만 이제 이 믿음은
철저히 깨져 버렸다.[11]

우리가 잃어버린 것은 단순히 쉬는 날 그 이상이다. 우리는 하나님을 향해 우리의 영혼을 여는 날을 잃어버렸다.

이 모든 상황은 2007년에 정점에 이르렀다. 역사는 2007년을 1440년에 버금가는 전환점으로 기록할 것이다. 1440년은 요하네스 구텐베르크가 금속활자를 발명한 해다. 금속활자는 유럽을 넘어 전 세계를 크게 변화시킨 종교개혁과 계몽운동의 발판을 마련했다.

그럼 2007년은? 두구두구두구……

바로 스티브 잡스가 아이폰을 세상에 발표한 해다.

주: 페이스북이 이메일 계정을 가진 모든 사람에게 문을 연 지 몇 달이 지난 시점이기도 하고, 트위터라는 마이크로 블로깅 앱이 자체적인 플랫폼이 된 해이기도 하다. 클라우드와 앱 스토어가 탄생한 해이며, 인텔이 무어의 법칙을 유지시켜 계속 승승장구하기 위해 실리콘에서 금속 칩으로 넘어간 해이기도 하다. 이외에도 많은 기술 혁신이 2007년 전후로 나타났다. 그래서 2007년은 디지털 시대의 공식적인 원년이다.[12]

짧은 세월 동안 세상은 급격히 변했다. 얼마 전까지만 해도 스마트폰이나 와이파이 따위는 없었다. 우리 집 첫째아이가 태어날 당시만 해도 존재하지도 않았던 것들이지만, 이제는 그것들 없는 삶은 상상도 할 수 없다.

인터넷 하나만으로도 세상이 뒤집혔다. 그런데 꼭 좋은 쪽으로 바뀌었다고 말할 수 없다. 물론 사람에 따라 다르겠지만 인터넷은 우리의 지능을 떨어뜨리고 있다. 최소한 우리의 집중력을 떨어뜨리고 있다.

나온 지 꽤 되기는 했지만, 퓰리처상 후보에 올랐던 니콜라스 카의 책《생각하지 않는 사람들*The Shallows*》은 지금도 여전히 이 진화(혹은 퇴화)를 다룬 중요한 책으로 남아 있다. 그 책에 다음과 같은 대목이 있다.

인터넷은 내 집중하고 숙고하는 능력을 갉아먹는 듯하다.

온라인상에 있든 있지 않든 이제 내 머리는 인터넷이 정보를

분배하는 방식 그대로 그 정보를 흡수하려고 한다. 인터넷이 정보를

어떤 식으로 분배하는가? 조각들의 급속한 흐름으로써 분배한다.

예전에 나는 단어의 바닷속을 유영하는 스쿠버 다이버였다. 하지만

지금은 제트스키를 타는 남자처럼 표면을 아주 빨리 스치고

지나간다.[13]

설상가상으로 스마트폰은 인터넷을 우리 호주머니 안으로 가져왔다. 최근 연구에 따르면 스마트폰 사용자들은 평균 하루에 2,617번 자신의 스마트폰을 만진다고 한다. 그리고 스마트폰으로 하루 평균 76번 작업을 하며 하루 중 2시간 반을 사용한다.[14]

'모든' 스마트폰 사용자들이 그렇다. 밀레니얼 세대를 대상으로 한 또 다른 연구에서는 이 수치가 두 배로 높게 나왔다.[15] 내가 읽은 모든 연구에서 대다수 설문 대상자들은 자신들이 스마트폰에 실제로 얼마나 많은 시간을 빼앗기는지 전혀 몰랐다.[16]

비슷한 연구 결과, 스마트폰과 같은 공간에 있는 것만으로도(심지어 휴대폰이 꺼져 있어도) "작업 기억과 문제 해결 기술이 줄어든다." 해석하자면 이렇다. 스마트폰은 우리를 멍청하게 만든다. 한 연구 보고서는 이런 결론을 내렸다. "우리가 스마트폰에 의존할수록 그것이 우리의 뇌를 향해 끊임없이 우리의 이름을 부르며 어서 오라고 속삭

인다."[17]

스마트폰만 해도 이렇게 상황이 심각하다. 우리는 쉴 새 없이 스마트폰을 켜서 SNS에 글을 올리고 이메일을 열어 보고 날씨를 확인한다. 하지만 어디 스마트폰뿐인가. 인터넷도 있고, 넷플릭스라는 불을 뿜는 용도 있다. '첨단 기기들'의 블랙홀로 우리의 시간이 마구 빨려 들어간다.

실리콘 밸리 출신의 트리스탄 해리스라는 사람이 지금 정말 흥미로운 일을 하고 있다. 〈애틀랜틱*Atlantic*〉에서 "실리콘 밸리의 양심"이라고 칭한 해리스는, 슬롯머신이 한 번에 겨우 몇 푼을 거둬 갈 뿐이지만 연간 수익을 보면 영화 산업과 야구 산업을 합친 것보다도 많은 돈을 벌어들인다는 점을 지적한다. 슬롯머신은 중독성이 강하기 때문이다. 그리고 그 몇 푼이 당시에는 돈도 아닌 것처럼 느껴지기 때문이다. "겨우 몇 푼이잖아." 하지만 그 몇 푼이 쌓이고 쌓이면 큰돈이 된다. 마찬가지로 스마트폰도 중독성이 강하다. 그 짧은 순간들, 가끔씩 문자 한 번, 인스타그램 스크롤 한 번, 간단한 이메일 확인 한 번, 인터넷 검색 한 번이 쌓이고 쌓이면 어마하게 많은 시간이 된다.[18]

해리스는 구글에서 디자인 윤리학자이자 제품 철학자(그렇다. 이런 직책이 존재한다)로 일했다. 하지만 첨단 기술 산업에 환멸을 느끼던 그는 결국 그곳을 떠나 오로지 소프트웨어 개발자들을 위한 히포크라테스 선서를 추구한다는 목적으로 비영리 단체를 설립했다. 그는 첨단 기술 산업 분야에서 모든 것이 주의 산만과 중독을 일으킬 목적으로 설계된다고 말한다. 그렇게 해야 돈이 되기 때문이다.

또 다른 사례를 들어 보자. 페이스북 초대 사장인 숀 파커(영화에서 저스틴 팀버레이크가 열연했던)는 이제 자신을 소셜미디어의 "양심적 반대자"로 부른다. 액시오스^Axios와의 인터뷰에서 그는 침통한 얼굴로 다음과 같이 말했다.

> 그것이 우리 아이들의 뇌에 어떤 영향을 미치는지는 오직 하나님만 아십니다. 페이스북을 필두로 한 이런 프로그램들을 개발할 때 거친 사고의 과정은 …… "어떻게 하면 여러분의 시간과 주의 집중을 우리 서비스에 최대한 소비하게 할 수 있을까?"였습니다. 그렇게 하기 위해서는 여러분에게 가끔씩 작은 도파민 자극을 주어야 합니다. 누군가가 여러분의 사진이나 글 따위에 '좋아요'를 누르거나 댓글을 달 수 있게 하는 것이지요. 그러면 여러분은 더 많은 콘텐츠를 내놓고, 그럴수록 …… 더 많은 '좋아요'와 댓글이 달립니다. 그렇게 사회적 인정의 피드백 고리^feedback loop가 형성됩니다. …… 바로 이것이 저 같은 해커가 만들어 내는 것입니다. 인간 정신의 취약함을 이용하는 것이지요.[19]

이런 상황의 이면에는 내 친구 마크 세이어스가 "디지털 자본주의"라고 부르는 것이 있다. 경제학자들은 "관심 경제^attention economy"라는 표현을 사용한다. 그런가 하면 해리스는 "사람들의 관심을 얻기 위한 군비 확장 경쟁"이라는 말을 한다. 기업은 우리의 관심을 얻어야만 우리에게서 돈을 가져갈 수 있다.

그로 인해 끔찍한 일이 벌어지고 있다. 우리의 주의 집중 시간이 매년 뚝뚝 떨어지고 있다. 디지털 혁명 전인 2000년에는 주의 집중 시간이 12초였다. 이미 그리 좋은 상황이 아니었다. 하지만 그 뒤에는 무려 8초로 떨어졌다.

이것이 얼마나 심각한 상황인지 감이 잡히지 않는다면, 금붕어의 주의 집중 시간을 보라. 금붕어의 주의 집중 시간은 9초다.[20] 그렇다. 우리는 금붕어한테도 지고 있다. 하지만 여기서 끝이 아니다. 우리의 관심을 앗아 가기 위해 '계획적으로' 설계된 앱과 기기들이 말 그대로 수천, 수만 가지다. 이것들은 우리의 관심과 함께 우리의 돈을 노린다.

기억하라. 당신의 스마트폰은 사실 당신을 위해 일하지 않는다. 물론 휴대폰 요금은 당신이 낸다. 하지만 스마트폰은 당신이 아니라 수십억 달러 규모의 자산을 자랑하는 대기업을 위해 일한다. 당신은 고객이 아니라 제품일 뿐이다. 휴대폰이 당신의 관심을 사용하면서 마음의 평안을 앗아 가고 있다.[21]

첨단 기기를 거부하는 사람은 해리스만이 아니다. 그리고 경종을 울리는 목사는 나만이 아니다.[22] 자기 자식은 비싼 돈을 들여서 전자기기 사용이 금지된 사립학교에 보내는 실리콘 밸리 중역들 이야기가 계속해서 들린다.

제임스 윌리엄스는 첨단 산업을 "인류 역사상 가장 크고, 가장 표준화되고, 가장 중앙화된 형태의 관심 통제"로 불렀다.[23]

마이크로소프트 연구원 린다 스톤은 "지속적인 주의력 분산"이 우리의 새로운 정상 상태라고 말했다.[24]

공상 과학 소설가 코리 닥터로우는 우리가 휴대폰을 집어 들거나 인터넷에 접속할 때마다 "주의 산만 기술의 생태계" 속으로 빨려 들어간다고 말했다.[25]

이 모든 현상이 시작되기 전인 1936년 또 다른 작가 올더스 헉슬리는 "주의 산만을 향한 인간의 거의 무한대에 가까운 욕구"에 관한 글을 썼다.[26] 놀라운 선견지명을 보여 주는 소설 《멋진 신세계 Brave New World》에서 그는 독재는 없되 주의 산만이 가득한 미래의 디스토피아를 상상했다. 그는 섹스와 엔터테인먼트와 바쁨이 사회를 무너뜨리는 세상을 상상했다. 그 책에서 내놓은 예측 아닌 예측이 지금 너무도 정확히 맞아떨어지고 있다.

문제는 우리가 디지털 중독을 깨닫고 인정하더라도 우리는 여전히 중독된 상태라는 것이다. 우리의 의지로는 '좋아요'의 유혹을 뿌리치기 어렵다. 우리 스스로 문제를 인정해도 상황이 이렇게 심각하건만, 우리 대부분은 문제를 인정하지 않는다.

심리학자들은 대다수 현대인들이 최소한 '강박 충동' 상태에 빠져 스마트폰을 사용하고 있다고 말한다. 즉 우리는 문자를 확인하거나 인스타그램을 클릭하거나 이메일을 열어 보아야만 한다는 강박관념을 느낀다. 하지만 이 상태를 넘어 완전한 중독에 빠진 사람도 부지기수다.

토니 슈워츠는 〈뉴욕 타임스〉에 기고한 글에서 다음과 같이 말했다.

> 중독은 일상의 삶이 힘들어질 정도로 약물이나 활동에 지독하게
> 끌리는 것이다. 이 정의대로라면 내가 아는 거의 모든 사람이
> 인터넷에 어느 정도 중독되어 있다.[27]

모든 사람.

당신은 예외라고 생각하는가? 좋다. 그렇다면 증명해 보라. 24시간 내내 스마트폰을 끈 채로 지내 보라. 딱 하루만. 디지털 안식일을 가진다고 생각하라. 하루 동안 스마트폰을 다시 집고 싶은 충동에 굴복하지 않거나 금단현상으로 식은땀을 흘리며 손을 떨고 방바닥을 긁지 않는다면 인정해 주겠다.

러다이트(산업혁명에 반대하여 기계를 파괴했던 직공-옮긴이)처럼 디지털 이전 시대로의 회귀를 시도하자는 말이 아니다. 수십 년 동안 밭만 갈다가 통풍으로 죽어 가는 것? 생각만 해도 끔찍하다. 지도 없는 삶을 상상할 수 있는가? 나는 상상하지 못하겠다. 아무때나 내가 원하는 음악을 자유롭게 들을 수 있는 앱이 없는 세상? 몸서리가 쳐진

다. 내가 하려는 말은 우리가 현대 디지털 시대가 가져온 장점만 외치고 있다는 것이다. 물론 장점이 많기는 하다. 하지만 우리는 단점은 좀처럼 이야기하지 않는다. 하지만 세상에 모든 면에서 좋은 것이 존재하는가?

선견지명이 뛰어났던 또 다른 사상가 닐 포스트먼은 그 옛날, 우리 시대에 관해 다음과 같이 경고했다.

> 첨단 기술을 자연적인 상태의 일부로 받아들여서는 안 된다.
> …… 아이큐 테스트를 비롯해 자동차와 텔레비전, 컴퓨터까지
> 모든 기술은 특정한 경제적·정치적 배경에서 나온 결과물이며,
> 그 이면에는 삶에 도움이 될 수도 있고 되지 않을 수도 있는 특정
> 프로그램과 목적, 철학이 있다. 따라서 감시와 비판, 통제가
> 필요하다.[28]

나는 기술을 대할 때 건강한 의심을 품는 것이 현명하다고 생각한다. 기술 발전, 심지어 경제 발전이 꼭 인류의 발전을 의미하는 것은 아니다. (비상식적인 말처럼 들릴지 모르지만) 더 새롭고 더 빠르다고 해도 무조건 더 좋은 것은 아니다. 자본주의적 마케팅 책략에 놀아나지 말라. 발전처럼 보이는 것이 그릇된 목적으로 이루어진 퇴보일 때가 많다. 다른 사람만 부자가 되고 우리는 주의 산만과 중독에 빠질 수 있다. 그런 의미에서 간디의 말이 참으로 지혜롭다. "속도를

높이는 것만이 능사가 아니다."

우리는 아미시 공동체를 이상화하는데, 내가 볼 때는 좀 과한 면도 없지 않다. 하지만 그들이 문명의 이기를 모두 반대하지는 않는다는 점은 알아야 한다. 새로운 기술이 세상에 나타나면 그들은 사이드라인에서 그것을 관찰한다. 마치 새로운 약을 투입한 실험실 쥐를 관찰하는 과학자처럼 우리를 관찰한다. "이것이 우리를 더 건강하게 만들어 줄까? 우리를 병들게 만들까? 이익이 많은가? 손해가 많은가?" 그들은 우리가 인간 실험에 자원하도록 놔둔다. 그런 다음, 온 공동체가 심도 깊은 대화를 나눈다. 자동차의 경우, 그들은 소비주의로 인해 끈끈한 공동체가 사랑과 기쁨과 평안을 잃고 망가질 것이라는 판단에 따라 받아들이지 않기로 결정했다.

그들이 스마트폰에 관해서는 어떤 결론을 내렸을까?

나도 모른다. 하지만 한 가지만큼은 확실하다. 아미시를 비롯한 예수님의 진지한 도제들은 우리에게 삶이 훨씬 느렸던 시절이 있었음을 기억나게 해 준다. 자동차도, 비행기도, 카페인으로 버티는 밤샘 공부도, 끊임없이 울려 대는 스마트폰도, 우리를 유혹하는 엔터테인먼트의 끝없는 행렬도 없던 시절이 있었다.

현재 삶의 속도가 '정상'이라고 생각하기 쉽다. 하지만 전혀 그렇지 않다. 현재와 같은 '시간 기근time famine'은 비교적 최근에 나타난 현상이다. 인류는 아직 이 속도를 실험 중에 있다. 그런데 초기 결과들은 끔찍하다.

느리고 점진적인 가속화가 수천 년간 지속되다가 최근 몇십 년 사이에 세상은 가히 미친 속도에 도달했다.

내 질문은 간단하다. "이 주의 산만, 중독, 삶의 속도가 우리의 영혼에 어떤 영향을 미치는가?"

3

조급증,
'소중한 모든 것'을 죽이는
폭력적 맹수

영국 식민주의가 한창이던 시절에 있었던 이야기다. 아프리카 땅을 밟은 한 영국 여행자가 가능한 한 빨리 정글을 탐험하기로 마음을 먹었다. 먼저 그는 현지 정글 부족민을 짐을 날라 줄 짐꾼으로 고용했다. 여행을 시작하고 다음 날 아침, 종일 걷느라 힘든 데다 밤새 잠까지 설쳤는데도 그는 여행을 계속하기 위해 일어났다. 하지만 짐꾼들은 한사코 가기를 거부했다. 아무리 달래고 돈을 더 주겠다 애원을 해도 소용이 없었다. 짐꾼들은 꿈쩍도 하지 않았다. 이유를 묻는 그에게 돌아온 대답은?

짐꾼들은 "자신의 영혼이 자신의 몸을 따라오기를" 기다리고 있다는 것이었다.

레티 카우만은 이 이야기를 전하면서 다음과 같이 말했다.

많은 현대인들에게서 볼 수 있는 정신없이 내달리는 삶은 이 첫날의 행군이 이 정글 부족민들에게 미친 것과 같은 영향을 우리에게 미친다. 차이점은 그들은 삶의 균형을 회복하기 위해 무엇이 필요한지를 알았지만, 우리는 그렇지 못할 때가 너무도 많다는 것이다.[1]

우리 삶의 속도가 도를 지나쳐 위험한 상태에 빠졌다고 주장하는 것은 1세기 전의 영성 작가들만이 아니다. 점점 더 많은 전문가들이 경종을 울리고 있다. 오늘날 심리학자들과 정신 건강 전문가들은 현대 세상의 유행병인 "조급증hurry sickness"을 경고한다. 그들은 바쁨을 '질병'으로 규정한다. 조급증의 한 정의는 다음과 같다.

계속해서 급히 뛰어다니고 불안해하는 행동 패턴.

또 다른 정의를 보자.

만성적으로 시간이 부족하다고 느껴서 모든 일을 더 빨리 하려고 하고 뭐든 지체되면 허둥지둥하는 병.[2]

심장전문의 마이어 프리드먼은 만성적으로 화를 잘 내고 급한 A형 행동 양식의 사람들이 심장마비에 걸리기 쉽다는 사실을 밝혀내 유명해졌다. 그는 조급증을 이렇게 정의한다.

더 적은 시간에 더 많은 일을 이루거나 더 많은 행사에 참여하기 위해 끊임없이 시도하는 것.[3]

프리드먼은 가장 위험한 심혈관 환자들이 늘 "긴박감"을 갖고 사는 것을 관찰하고서 "조급증"이라는 용어를 처음 만들어 낸 사람이다.[4] 그런데 그가 조급증이라는 말을 한 것은 1950년대다.
이럴 수가!

어색한 침묵.

이 신종 질환에 당신이 걸렸는지 어떻게 알 수 있을까? 아주 간단하다. *The Time Cure*(시간이 약이다)의 저자 로즈마리 소드와 필립 짐바르도는 다음과 같은 것을 조급증 증상으로 꼽는다.

* 계산대에서 더 짧고 빠른 줄로 옮겨 간다.
* 운전 중에 앞에 있는 차들을 세어 차들이 가장 적거나 가장 빠르게 이동하는 차선을 탄다.
* 한 가지 일을 잊어버릴 정도로 멀티태스킹을 한다.[5]

누구 이런 사람 없는가? 당신은 어떤가? 내가 심리학자는 아니지만 우리 '모두' 어느 정도 조급증을 앓고 있다고 확신한다. 이런 바쁨은 영혼에 일종의 폭력을 가하는 것과 같다. 아직도 믿지 못하겠다면 잠시 자기 점검을 해 보자. 다음은 내가 찾아낸 조급증의 열 가지 증상이다. 당신에게 어떤 증상이 보이는지 확인해 보라.

1 성마름 너무 쉽게 화를 내거나 짜증을 낸다. 사소한 일에도 발끈한다. 당신이 화를 내지 않아도 늘 저기압이기 때문에 당신 곁을 지날 때는 모두가 발끝으로 살금살금 걷는다. 같은 성마른 사람으로서 조언 한마디를 하자면, 자기 진단을 위해서 당신이 동료나 이웃을 어떻게 대하는지를 보지 말고 가장 가까운 사람들,

즉 배우자나 자녀, 룸메이트 등을 어떻게 대하는지 보라.

2 과민성   감정을 건드리는 사소한 말이나 기분 나쁜 이메일 한 통, 작은 사건 하나에 기분이 확 상해서 하루를 망쳐 버린다. 작은 일이 감정적으로 큰 파장을 일으킨다. 성격에 따라 분노나 사소한 흠 잡기, 근심, 우울증, 단순한 피로 등 다양한 모습으로 나타난다. 삶에서 흔히 일어나는 사소한 일에 감정적으로, 관계적으로 과도한 영향을 받는다. 작은 일도 쉽게 넘기지 못한다.

3 쉬지 못함   삶의 속도를 낮춰 쉬려고 해도 쉬지를 못한다. 안식일을 시도해 보지만 잘 되지 않는다. 성경을 읽어 보지만 따분할 뿐이다. 하나님과 단둘이 시간을 가져 보지만 집중하지 못한다. 일찍 잠자리에 들어도 불안감에 밤새 뒤척인다. 텔레비전을 보면서도 수시로 휴대폰을 확인하고 빨래를 개고 트위터를 하고 이메일에 답장을 한다. 몸과 마음이 '속도'라는 마약에 철저히 중독되어 있다. 그래서 계속해서 도파민 자극을 받지 않으면 안절부절못한다.

4 일중독(혹은 단순한 연속된 활동 중독)   언제 멈춰야 할지 모른다. 더 심한 경우, 아예 멈출 줄 모른다. 매시간, 매일, 매주 계속해서 일을 한다. 성취와 축적이라는 마약에 중독되어 있다. 출세를 향해 쉼 없이 달리는 사람도 있고, 단순하게는 청소를 비롯한 집안일을 강박적으로 하는 사람도 있다. 그 결과, '일몰 피로'에 시달린다. 즉 하루가 끝나면 배우자나 자녀를 비롯한 사랑하는 사람들에게

쏟을 힘이 전혀 남아 있지 않다. 너무 지쳐서 가족들에게 퉁명스럽게 군다.

5 감정적 마비 다른 사람의 고통을 느낄 능력이 없다. 혹은 자신의 고통을 느끼지 못한다. 좀처럼 공감이라는 것을 경험하지 못한다. 그럴 시간이 없다. 항상 이렇게 몽롱한 상태에서 산다.

6 그릇된 우선순위 자신의 정체성과 소명에서 단절되었다는 느낌을 받는다. 중요한 것 대신 시급한 것을 처리하느라 늘 바쁘다. 삶이 주도적이지 않고 수동적이다. 전에 없이 바삐 뛰어다니지만 정작 진정 중요한 것을 할 시간이 없다. 인생에서 가장 중요한 것들을 하겠다고 말한 지 몇 달 혹은 몇 년, 심지어 몇십 년이 지났지만 아직도 하지 못하고 있다.

7 몸을 돌보지 않는다 밤에 여덟 시간을 자고, 매일 운동하고, 몸에 좋은 집밥을 해 먹고, 몸에 최소한의 자극을 주고, 충분한 쉼을 갖는 것 같은 기본적인 것들을 챙길 시간이 없다. 1년에 몇 차례씩 병치레를 한다. 아침에 상쾌한 기분으로 눈을 뜨는 일이 별로 없다. 잠을 잘 자지 못한다. 계시록에 나오는 "네 말"에 비할 만한 네 가지 가공식품(카페인, 설탕, 가공된 탄수화물, 알코올)을 과도하게 섭취한다.

8 도피주의적 행동 영혼에 좋은 것을 하지 못할 만큼 몸이 피곤하지만 쓸데없는 것들에 정신을 팔게 된다. 예를 들어, 과식이나 과음, 넷플릭스, 소셜미디어, 웹서핑, 포르노 같은

문화적 마약에 빠진다. 고통을 잊기 위해 가끔 잠시 뭔가를 즐기는 것은 좋다. 하지만 현실에서 도피하기 위해 그것을 남용하면 삶이 망가진다. 사회에서 용인하는 중독의 네거티브 피드백 고리^{negative} $^{feedback loop}$에 갇힌다.

9 영적 훈련의 부재 예전의 나처럼, 우리는 너무 바빠지면 아침 큐티^{QT} 시간, 성경 읽기, 기도, 안식일, 주일 예배, 성찬식처럼 영혼에 좋은 것들을 가장 먼저 하는 것이 아니라 가장 먼저 버리게 된다. 아이러니하게도 쉼을 주는 것들은 약간의 감정적 에너지와 자기절제를 필요로 한다. 너무 바쁘면 너무 피곤해지고, 너무 피곤하면 영혼에 꼭 필요한 것을 할 에너지나 자제력이 바닥이 난다. 이것이 반복되면 악순환이 형성된다. 결국 하나님과 동행하기보다는 넷플릭스 중독과 싸구려 와인 한잔으로 지친 몸을 달래는 삶에 만족하게 된다. 너무도 안타까운 선택이다. 텔레비전에 시간을 낭비하는 것이 큰 악이라서 그런 것이 아니라, 뭐든 과도하게 보면(소셜미디어 포스팅이든 식사든 과도하게 하면) 다음 날을 위해서 푹 쉬지 못하기 때문이다. 그렇게 되면 감정적으로 무너지는 것은 시간문제다. 그리고 그 결과, 하나님과 함께하는 삶을 잃어버린다.

10 고립 하나님, 다른 사람들, 자기 영혼과의 단절을 느낀다. 아주 가끔 기도를 하기도 하지만(여기서 내가 말하는 기도는 하나님께 뭔가를 구하는 것이 아니라 조용한 가운데 하나님 앞에 앉아 있는 것을 의미한다) 스트레스가

너무 심하고 심란한 나머지 아버지와의 시간을 충분히 오랫동안 누리지 못한다. 친구들에 대해서도 마찬가지다. 친구들과 함께 있을 때도 휴대폰만 만지작거리거나 머릿속은 온통 해야 할 일들 생각뿐이다. 또 혼자 있을 때는 영혼 깊은 곳의 공허함만 느끼고서 재빨리 익숙한 바쁨과 디지털 세상 속으로 돌아간다.[6]

자, 이제 덧셈을 해 보자. 몇 점이나 나왔는가? 열 가지 가운데 일곱 가지가 자신에게 해당하는가? 여덟 가지? 괜찮다. 걱정하지 말라. 당신만 그런 것이 아니니까.[7]

죄책감이나 수치심을 느낄 필요까지는 없다. 죄책감이나 수치심은 유익하지 않고 하나님에게서 온 것이 아니다. 당신에게 그런 기분을 느끼게 하기 위해 이 활동을 제시한 것이 아니다.

여기서 내가 말하려는 요지는 이렇다. "너무 바쁘고 조급한 삶은 현대 세상의 새로운 정상 상태가 되었고, 이 삶은 해롭다." 심리학자들은 불안감이 "탄광의 카나리아"(눈앞의 위기를 사전에 예고해 주는 존재-편집자)일 경우가 많다고 말한다. 즉 불안은 뭔가 단단히 잘못되어 있기 때문에 빨리 바로잡아야 한다는 우리 영혼의 속삭임이다. 최근 한 연구에서 미국인들의 39퍼센트는 1년 전보다 더 불안감을 느낀다고 대답했다.[8] 이는 우리가 심각하게 경계해야 할 상황이다. 그야말로 정서적 유행병이다. 우리 할머니가 늘 말씀하셨듯이 "남들이 다 한다고 해서 옳은 것이 아니다."

그리고 앞서 말했듯이 바쁨은 정서적 건강에만 나쁜 것이 아니라 영적 삶에도 해롭다. 토머스 머튼은 "현대 삶의 바쁨과 압박"을 "만연한 현대의 폭력"이라고 불렀다.[9] 폭력. 참으로 맞는 표현이다.

바쁨은 관계를 죽인다. 사랑을 하려면 시간이 필요한데 바쁘면 그럴 시간이 없다. 바쁨은 기쁨과 감사를 죽인다. 바삐 달려가는 사람은 순간의 아름다움을 음미할 시간이 없다. 바쁨은 지혜를 죽인다. 지혜는 조용하고 느린 순간에 탄생한다. 지혜는 나름의 속도가 있다. 지혜를 얻으려면 기다릴 줄 알아야 한다. 내면의 목소리가 혼란스러운 정신의 표면 위로 떠오를 때까지 기다려야 한다. 단, 생각의 소용돌이를 고요하게 잠재우기 전까지 그 목소리는 떠오르지 않는다. 바쁨은 영성, 건강, 가정, 배려, 창의성, 베풂까지 우리가 소중히 여기는 모든 것을 죽인다. 바쁨은 우리 사회에 풀려난 반사회적 맹수다.

웨인 멀러는 안식일을 다룬 한 감동적인 책에서 이렇게 말했다.

'성공적인' 삶은 폭력적인 일이 되어 버렸다. 이제 우리는 자신의
몸과 전쟁을 벌여 몸을 한계까지 밀어붙인다. 자녀와도 전쟁을
벌인다. 자녀가 상처를 입고 두려움에 떨어도 그들과 함께할 시간을
내지 못한다. 자신의 영혼과도 전쟁을 벌인다. 엉뚱한 것들에 정신이
팔려서 영혼을 살찌우고 회복시키라는 작은 음성에 귀를 기울이지
못한다. 몸담은 공동체와도 전쟁을 벌인다. 두려움 때문에 가진 것을

움켜잡고, 친절히 베풀 만큼 안전을 느끼지 못한다. 이 땅과도 전쟁을 벌인다. 땅을 밟고 거기서 힘을 얻고 땅이 주는 복들을 맛보며 감사할 시간을 내지 못한다.[10]

시인 메리 올리버는 그리스도인은 아니지만 평생 영적 구도자로 살아왔다. 그도 비슷한 말을 했다. "관심은 헌신의 시작이다."[11] 우리 마음의 관심을 늘 우리와 함께 계시는 하나님께로 향하는 데서 예배와 기쁨이 시작된다. 마음의 관심을 하나님께로 향하는 일은, 예수님의 도제로서 우리가 수행해야 할 주된 임무이며, 동시에 우리를 무너뜨리기 위한 사탄의 주된 표적이다. 많은 사람이 지적했듯이 현대 세상은 우리의 내적 삶을 무너뜨리려고 작정한 하나의 공모 세력이라고 할 수 있다. 이 모든 상황의 이면에 단순한 자본주의가 아니라 어둠의 세력이 있다는 사실을 보는 일은 그리 어렵지 않다. 우리가 아무런 경각심 없이 디지털 세상을 바삐 뛰어다니면 그것은 사탄의 일을 도와주는 꼴이다.

소득 수준에 상관없이 관심은 가장 희소한 자원이다. 예수님은 우리의 마음이 우리의 보물을 따라간다고 말씀하셨다(마 6:21). 대개 우리는 '보물'을 두 가지 기본적인 자원, 곧 시간과 돈으로 해석한다. 하지만 그보다 더 귀한 자원은 바로 관심이다. 관심이 빠지면 우리의 영적 생명은 세상 빛도 보지 못한 채 영적 자궁 속에서 사그라져 버린다.

관심은 '의식awareness'으로 이어지기 때문이다. 모든 명상가들은 이 점을 알고 있다. 신비주의자들은 현대인들의 삶에는 의식이 빠져 있다고 지적한다. 무슨 말이냐면, 인간이 하나님에게서 거리를 느끼는 것은 하나님이 문제가 아니라는 것이다. 하나님은 어디에나 계신다. 하나님이 계시지 않은 장소와 시간은 없다. 문제는 우리가 하나님을 느끼는 '의식'이다. 이 의식이 심각한 상태에 빠져 있다.

너무도 많은 사람이 하나님의 임재를 의식하지 않은 채 매일을 살아간다. 우리는 '하나님의 부재'를 신정론theodicy의 중요한 주제인 것처럼 이야기한다. 충분히 이해한다. 나도 영혼의 어두운 밤을 경험해 봤기 때문이다. 하지만 특별한 경우를 제외하면 대개 문제는 '우리의 부재'다. 우리가 스마트폰이나 텔레비전, 해야 할 일 목록에만 정신이 팔려 늘 우리 곁에, 우리와 함께, 심지어 우리 안에 계셔서 우리보다도 더 우리와의 관계를 원하시는 하나님을 의식하지 못하는 것이 문제다.

이것이 내가 첨단 기술을 경계하는 이유다. 덥수룩한 수염에 침이 덕지덕지 묻은 미치광이 사교 교주나 도끼를 든 과격한 러다이트처럼 보일지 모르겠지만, 나는 교회의 미래가 심히 걱정된다. 여기에는 단순히 우리의 주의 집중 시간보다 더 중요한 것이 걸려 있다.

가장 중요한 것은 우리가 무엇에 관심을 갖느냐가 우리가 어떤 사람이 될지를 결정한다는 것이다. 다시 말하면, 마음은 영혼으로 가는 문이며, 우리가 마음에 채우는 것들이 우리 인격의 궤적을 결정한다. 결국, 우리의 인생은 우리가 관심을 쏟는 것들의 총합이다. 예수님과 세상의 좋고 아름답고 참된 것들에 많은 관심을 쏟는 예수님의 제자들에게는 희소식이 아닐 수 없다. 하지만 분노와 불안과 충격만 가득한 뉴스나 유명인들에 관한 자극적인 소문, 무의미한 것들에 관심을 쏟는 이들의 미래는 암담할 수밖에 없다(여기서 관심을 쏟는다는 표현을 사용했지만 사실은 돈에 눈이 먼 영리한 알고리즘에 관심을 빼앗긴다는 표현이 더 정확하다). 다시 말하지만, 우리는 좋은 쪽이든 나쁜 쪽이든 관심을 쏟는 대로 되어 간다.

내가 아는 가장 진실하고 정직한 사람들은 하나님의 임재에 관심을 집중하면 쓸데없는 것들에 한눈을 팔 수 없다고 말한다. 오랫동안, 아니 잠시라도 하나님에게서 눈을 뗀다면 우리가 어떤 사람이 되어 갈지 생각만 해도 아찔하다.

바쁨은 정서적 건강과 영적 삶에 해로울 뿐 아니라 훨씬 더 깊은 마음의 문제를 드러내는 증상이기도 하다. 존 오트버그는 이런 표현을 사용했다. "바쁨은 단순히 헝클어진 스케줄이 아니라 헝클어진 마음이다."[12]

바쁨은 다른 무언가 원인이 있어 그 결과로 나타나는 증상일 때가 많다. 더 깊은 무언가. 대개 그것은 무언가로부터 도망치는 것이다. 여기서 무언가는 아버지에게서 받은 상처, 어릴 적 트라우마, 배우자에게서 받은 학대, 깊은 불안감, 자존감 결여, 실패에 대한 두려움, 인간의 한계라는 현실, 따분한 중년의 일상 등이 될 수 있다.

혹은 무언가를 향해 달려가는 것일 수 있다. 여기서 무언가는 승진이나 물건 구매, 경험, 여권에 찍힌 스탬프, 새로운 자극 등이 될 수 있다. 우리는 세상이 줄 수 없는 것, 즉 자존감과 사랑과 환영 받는 느낌을 좇아 엉뚱한 곳으로 달려가고 있다. 오늘날 같은 능력 주의 시대에서는 우리가 판매 실적이나 분기 보고서, 앨범 판매량, 설교에 대한 찬사의 반응, 인스타그램 포스트, 보유한 재물만큼만 가치가 있는 것처럼 느껴지기 쉽다. 그래서 우리는 끊임없이 숨을 헐떡이며 잡힐 듯 잡히지 않는 바람을 좇고 있다.

때로 우리의 바쁨은 그리 극적이지 않다. 도피주의가 아니라 그 냥 현대 세상에서 맡은 많은 책임들 때문에 바쁠 뿐이다. 하지만 어 떤 경우든 결과는 똑같다. 윌리엄 어빈이 말한 "잘못된 삶"이다. 그는 *A Guide to the Good Life*(좋은 삶의 가이드)에서 다음과 같이 말한다.

잘못 살 위험이 있다. 수많은 활동을 하고 온갖 즐거운 것들을
즐기고도 결국 잘못된 삶을 살 수 있다. 다시 말해, 죽음의 순간
자신이 하나뿐인 삶을 허비했다는 후회감에 빠질 수 있다. 삶이
제시하는 각종 장난감에 정신이 팔려 진정으로 가치 있는 무언가를
추구하지 못하고 삶을 허비할 수 있다.[13]

나사렛 예수님이 하셨던 무시무시한 경고를 기억하는가? "사람

이 만일 온 천하를 얻고도 자기 목숨〔영혼〕을 잃으면 무엇이 유익하리요"(막 8:36).

영혼을 잃었는가?

혹시 일부라도 잃었는가?

되찾고 싶은가?

그렇다면 계속해서 다음 페이지를 읽어 보라.

Part 2

THE RUTHLESS ELIMINATION OF HURRY

예수의 사람들의
시간 사용법

누구보다 하루가 꽉 찼던 그분,
서두르는 법이 없었다?

4

시간 기근의 해법은

'더 많은 시간'이

아니다

자, 우리에게는 문제가 있다.

바로, 시간.

하지만 명심하라. 더 많은 시간이 해법이 아니다.

나는 "하루가 열 시간만 더 길면 얼마나 좋을까?"라는 말을 입버릇처럼 한다. 하지만 그렇게 말하는 순간에도 내 논리가 틀렸다는 것을 느낀다. 생각해 보라. 하나님이 내가 구하기만 하면 우주의 구조를 바꾸어 하루에 열 시간을 추가해 주신다고 해 보자. 내가 그 열 시간으로 무엇을 할까? 대부분의 사람들과 똑같은 짓을 할 것이다. 즉 그 시간을 '더 많은' 것들로 채우고 나서 육체적으로, 정서적으로, 영적으로 더 피곤해질 것이다.

오해하지는 말라. 나는 그 시간을 좋은 것들, 심지어 위대한 것들로 채워 넣을 것이다. 하루에 열 시간이 늘어나면 음악을 다시 시작할 생각이다. 피아노 소나타 〈비창〉 연주를 마스터하고 나서 밴드를 시작할 것이다. 《안나 카레니나*Anna Karenina*》도 읽을 참이다. 참, 데이비드 포스터 월리스 전집도 독파하고 싶다. 아이들이 다니는 학교에서 자원봉사를 하고, 우리 교회에서 매일 진행하는 노숙자 무료 급식에도 참여할 것이다. 이웃들을 더 많이 대접할 것이다. 아이들과 더 많은 시간을 보내고 싶다. 요리사도 되고 싶다. 정말이다. 크로스핏 헬스클럽에도 등록해서 뱃살을 좀 뺄 것이다. 여행도 하고 싶다. 특히 날씬해진 몸매를 자랑할 수 있는 곳에 가고 싶다. 배움의 한도 풀고 싶다. 마침내 드라마 〈웨스트 윙*The West Wing*〉을 정복할 것이다(시즌 5까지 보다 말았다). 시도 써 볼 것이다. 잠깐, 이미 열 시간을 초과한 것 같다. '다시' 시간이 부족해진다. 다시 똑같은 문제에 봉착한다.

당신은 무엇을 하겠는가? 낙하산 점프? 겨울 코트 짜기? 비영리 단체 설립? 무엇을 하든 나와 똑같아질 것이다. 즉, 지금보다 더 피곤해질 것이다.

힌트: 너무 바쁜 삶의 해법은 더 많은 시간이 아니다.

해법은 삶의 속도를 늦추고 가장 중요한 것을 중심으로 삶을 단순화하는 것이다.

기독교 밖에서도 그렉 맥커운과 조슈아 필즈 밀번을 비롯해서 본질주의essentialism와 미니멀리즘minimalism에 관해서 탁월한 글을 쓴 똑똑한 이들이 수두룩하다. 나도 이들의 책을 꽤 섭렵했다.[1] 하지만 이런 개념은 예수님의 제자들이 '2천 년' 동안 계속 해 온 이야기다. 몇 페이지 넘기면 바쁨과 예수님의 길의 교차점에 이를 것이지만, 일단 지금은 성경의 첫 책 창세기를 생각해 보자. 창세기는 우리가 "하나님의 형상대로"(창 1:27) 지음받았을 뿐 아니라 "흙으로"(창 2:7)지음받았다고 말한다.

형상과 흙.

하나님의 형상대로 지음받았다는 것은 우리 안에 잠재력이 가득하다는 뜻이다. 우리 DNA 안에는 하나님의 능력이 깃들어 있다. 우리는 하나님을 닮았다! 우리는 하나님처럼 행동하고 하나님처럼 다스리도록 창조되었다. 우리는 이 땅에 가득한 원자재들을 이용해 멋진 세상을 만들어 번성하도록 창조되었다.

하지만 이것은 이야기의 절반일 뿐이다. 우리는 또한 흙으로 창조되었다. 그래서 결국 먼지로 돌아가야 할 존재들이다. 우리는 최초의 친환경 생분해 용기다. 이는 우리가 한계를 안고 태어났다는 뜻이다. 우리는 하나님이 아니다. 우리는 불멸의 존재가 아니라 죽을 수밖에 없는 인간이다. 무한하지 않고 유한하다.

형상과 흙.

잠재력과 한계.

예수님의 도제로서 우리의 주된 임무 가운데 하나는 잠재력과 함께 한계 속에서 사는 것이다.

잠재력을 온전히 이루라는 외침이 사방에서 들려온다. "과감히 한 발을 떼라! 모험을 하라! 믿음을 가지라! 하나님이 마음속에 주신 꿈을 좇으라! 하나님이 주신 잠재력을 마음껏 이루라!" 이 모두는 다 좋은 말이다.

하지만 다시 말한다. 이것은 이야기의 절반일 뿐이다.

교회 안에서나 밖에서나 한계를 받아들이라는 말은 좀처럼 듣기 힘들다. 《자신의 한계를 받아들이라: 자신이 죽을 수밖에 없는 존재요 보잘것없는 존재라는 현실을 받아들이는 법》? 어떤가? 〈뉴욕 타임스〉 베스트셀러가 될 법한 제목인가? 우리 출판사가 아무리 훌륭하다 해도 이런 제목으로 책을 내 줄지는 잘 모르겠다.[2]

우리는 한계를 받아들이기는커녕 모든 한계를 뛰어넘고 싶어 하는 문화에서 살고 있다. 우리는 시간과 공간을 초월하기를 원한다. "하나님과 같이" 되기를 원한다(창 3:5). 새로 나온 영화를 모두 보고, (고전은 물론이고) 새로 나온 책을 모두 읽고, 모든 팟캐스트를 듣고, 모든 기록을 알고, 모든 콘서트에 가고, 모든 길과 모든 나라를 여행하고(여권에 또 다른 스탬프를 찍는 즐거움), 새로 생긴 음식점마다 다 찾아가서 음식을 맛보고, 새로 문을 연 모든 술집에서 즐기고, 새로운 얼굴을 볼 때마다 친구로 삼고, 사회에서 일어나는 모든 문제를 해결하고, 모든 분야에서 최고의 자리에 오르고, 모든 상을 타고, 인명사전의 모든 분야에 이름을 올리기를 원한다.

#욜로YOLO(현재 자신의 행복을 가장 중시해 소비하는 태도-편집자)

#포모FOMO(다른 사람은 모두 누리는 좋은 기회를 놓칠까 봐 걱정되고 불안한 마음-편집자)

'엔터테인먼트 불안감'이라는 말을 들어 본 적이 있는가? 볼 만한 텔레비전 드라마와 영화, 예술 관람회가 너무 많아서 누군가에게서 "_____ 봤어?"라는 말만 들으면 즉시 불안감이 밀려온다. 저런! 아직 보지 못한 것이 어마어마한데 봐야 할 것 또 있단 말이야? 앞서 말했듯이 〈웨스트 윙〉도 세 시즌이나 밀렸는데(90년대에 이걸 다 안 보고 뭘 했단 말인가!) 〈더 나이트 매니저The Night Manager〉라는 영국 드라마가 있다는 것을 알게 된다. 시대에 뒤떨어진 사람 취급을 받지 않으려면 이것을 꼭 봐야만 한다. 20시간을 또 어디서 만들어 낸단 말인가!

좋은 소식을 말해 줄 테니 잘 들으라. 아니, 그냥 좋은 소식 정도가 아니라 기가 막히게 좋은 소식이다.

당신은

모든 것을

할 수

없다.

나도 마찬가지다.

우리는 인간이다. 시간과 공간의 제약을 받는다. 한 번에 한 장소에만 있을 수 있다. 두루 어디에든 있는 편재와는 거리가 먼 존재다.

우리에게는 한계가 있다. 그것도 아주 많이. 한계에는 다음과 같은 것들이 있지만 이것들에 국한되지는 않는다.

1 **우리의 몸** 앞서 말했듯이 〈스타워즈Star Wars〉의 루크 스카이워커와 달리 우리는 한 번에 한 장소에만 있을 수 있다. 보통 큰 제약이 아니다.

2 **우리의 뇌** 바울의 말처럼 우리는 "부분적으로"만 안다(고전 13:9). 문제는 무엇을 모르는지도 모른다는 것이다. 세상 누구도 백과사전은 못 된다. 우리 모두는 모르는 것이 있다. "내 백성이 지식이 없으므로 망하는도다"(호 4:6). 우리는 모르는 것 때문에

낭패를 당할 때가 많다. 정도의 차이는 있지만 우리의 지능도
우리를 제한한다. 물론 뇌는 근육과 같아서 사용할수록 잠재력을
더 온전히 발휘할 수 있다. 하지만 내가 아무리 많이 읽고
공부하고 학위를 따도 여전히 내가 가장 존경하는 많은 이들의
지성을 따라갈 수 없다. 이것은 보통 큰 제약이 아니다.

3 우리의 재능　지성과 마찬가지로 나는 내가 가장 존경하는 많은
이들의 재능을 따라가지 못한다. 비교는 우리의 기쁨을 앗아
간다. 그렇지 않은가? 육아, 그림, 음악, 사업, 종이접기, 무엇을
하든 우리보다 잘하는 사람이 '항상' 있기 마련이다. 항상! 기분
나쁘지 않은가? 하지만 꼭 그래야 하는가? 왜 우리보다 재능이
뛰어난 사람들의 작품과 우리가 최선을 다해 완성한 작품을 둘
다 축하하지 못하는가? 언제부터 성공의 기준이 우리 자신의 피와
땀이 아닌 유명인의 대표작이 되었는가?

4 우리의 성격과 감정적 기질　우리의 감정적 능력에는 한계가
있다. 나 같은 경우에는 내향적이다. 매우 관계적이긴 해도 관계의
범위 자체는 좁다. 인정하기 싫지만 감정적 능력이 나보다 훨씬 큰
사람들이 많다. 그들은 나보다 더 많은 사람들을 사귀고, 더 많은
책임을 감당하고, 더 큰 스트레스를 다루고, 더 많은 시간 동안
일하고, 더 많은 사람을 이끌 수 있다. 내가 아무리 애를 써도 이
측면에서는 그들을 따라갈 수 없다.

5 우리의 원가족들　아무도 백지에서 삶을 시작하지 않는다.

남들보다 유리한 고지에서 시작하는 이들도 있다. 그런가 하면 남들보다 열악한 조건에서 어린 시절을 보내는 이들도 있다. 예를 들어, 어머니의 무관심, 아버지의 부재, 부모의 명목상 신앙 혹은 불신앙, 대대로 내려온 가난 등은 우리가 어머니의 배에서 나오기도 전에 우리의 삶을 제한한다.

6 사회·경제적 상황 미국은 계급 없는 사회라는 환상 위에 세워졌다. 하지만 이 환상의 껍데기를 벗기면 깊은 불의가 나타난다. 이 나라가 기회의 나라라고 하지만 다른 사람들보다 더 많은 기회를 누리는 사람들이 분명 존재한다. 미국의 가장 큰 비극 가운데 하나는, 항상 그렇지는 않지만 대개 특권이 피부색과 결부될 때가 너무도 많다는 것이다. 당신이 나와 같은 중산층 백인 남성이라면 최소한 3루에서 경기를 시작했을 것이다. 하지만 주차장에서부터 시작한 사람들도 있다. 경기는 당신에게 훨씬 유리하다. 하지만 사회 계층의 사다리에서 아무리 높은 곳에서 시작해도 언제나 더 위에 있는 사람이 있다. 언제나.

7 교육과 커리어 고등학교를 중퇴했다면 그것은 하나의 제약이다. 그런데 이상하게 들릴지 몰라도 하버드대학에서 박사 학위를 취득한 것도 하나의 제약이다. 왜냐하면 고졸이라서 낮은 임금을 받거나 몸이 부서져라 일해야 하는 것도 제약이지만, 너무 성공한 탓에 세상의 꼭대기에서 내려오지 않기 위해 미친 듯이 일해야 하는 것도 역시 제약이기 때문이다.

8 인생의 시기와 책임들 예를 들어, 대학에 가거나 어린 자녀를
키우거나 나이 든 부모를 모시는 것이 다 제약이 될 수 있다.
인생의 어떤 계절에는 시간에 쫓길 수 있다. 대개 젊은 시절에는
돈이 궁하지만 시간은 많다. 미혼일 때는 특히 그렇다. 하지만
나이를 먹으면 상황이 뒤바뀐다. 이번에는 돈이 있지만 시간이
없다. 나는 마흔 살을 바라보고 있다. 현재 집도 있고, 가끔
외식할 돈도 있다. 심지어 스무 살에는 꿈도 꾸지 못했던 하와이
여행도 몇 년에 한 번씩은 할 수 있다. 하지만 안타깝게도 여가
시간이 제로에 가깝다. 목사로서 사역하고 (더 중요하게는) 남편과
아버지로서 가정을 챙기다 보면 내 시간표는 작은 틈 하나 없이
꽉 찬다. 이렇듯 가족은 제약이다. 오죽하면 나는 우리 아이들의
이름을 제약 1, 제약 2, 제약 3 같은 식으로 바꿀까 고민도 했다.
자녀를 키우는 데는 대가가 따른다. 모든 관계가 그렇지만
아이들과의 관계가 특히 그렇다. 막대한 시간과 노력이 들고,
관심을 기울여야 한다. 물론 이것은 나쁜 것이 아니라 보람찬
일이다. 하지만 제약인 것만큼은 사실이다. 거의 20년간 지속되는
제약이다.

9 장수한다면 80년 이상을 사는 인생 몇 세까지 살 수 있다는
보장은 없다. 하지만 18년을 살든 108년을 살든 인생은 덧없다.
한 신약 기자는 "한 줌 안개"라는 표현을 사용한다(약 4:14, 메시지).
적어도 이 땅에서는 아무도 모든 것을 할 수는 없다.

10 하나님의 소명 오해하기 쉽기 때문에 이 말을 하기가

망설여졌다. 하지만 각 사람을 향한 하나님의 소명에도 한계가

있다. 거꾸로 십자가에 매달리는 지독히 고통스러운 소명을 받고

나서는 요한의 소명을 부러워했던 베드로가 생각난다. 그때

예수님은 베드로를 부드럽게 꾸짖으셨다. "네게 무슨 상관이냐

너는 나를 따르라"(요 21:22). 지금도 많은 사람이 이 꾸짖음을 듣고

자유를 얻어야 한다.

이 목록이 전부일까? 물론 그렇지 않다. 이 목록은 몇 가지만

추린 것에 불과하다. 여기서 요지는 우리가 잠시 살다 가는 존재라

는 점에서만이 아니라 정서와 사회 · 경제를 비롯한 수많은 측면에

서도 한계를 지닌 존재라는 것이다.

이런 한계에 저항하지 말고 오히려 우리를 위한 하나님의 소명

을 가리키는 하나의 이정표로써 이런 한계를 감사히 받아들여야 한

다면? 피터 스카지로의 말이 참으로 옳다. "우리의 한계 속에서 우

리의 삶을 향한 하나님의 뜻을 발견할 수 있다."[3]

오해하지 않기를 바란다. 이 이야기는 우리의 잠재력에도 똑같

이 적용된다. 여기서 내 말을 기껏해야 반(反)미국적인 말, 심지어 부

당한 말로 곡해하기 쉽다. 전혀 그런 뜻이 아니다.

하지만 내가 볼 때 예수님의 뜻은 가난한 사람을 중산층으로,

중산층을 부유층으로 끌어올리는 데 있지 않아 보인다. 예수님은

수천 명의 "심령이 가난한 자"(마 5:3)를 축복하시고서 그들에게 산상수훈을 가르치신 뒤(마 5-7장) '여전히' 가난하지만 복받은 상태로 집으로 돌려보내셨다. 예수님의 뜻은 상처 입은 사람들이 온전해지는 것이다. 물론 그렇게 해서 그들이 더 많은 돈이나 기회, 영향력을 얻을 수 있고, 이는 분명 좋은 일이다. 애초에 우리는 이 땅을 다스리도록 창조되었으니까 말이다. 사람들이 사랑 많고 지혜롭고 창의적이고 강력한 통치자로 성장하는 모습을 보는 것만큼 기쁜 일도 없다.

단지 내가 하려는 말은 모든 한계가 무조건 나쁘지만은 않다는 것이다. 한계 속에서 우리는 우리 삶을 향한 하나님의 뜻을 발견할 수 있다. 그리고 인생을 어느 지점에서 출발했든 얼마나 똑똑하든 얼마나 열심히 노력하든 어떤 성격이든 상관없이 모든 인간이 지닌 가장 큰 한계는 '시간'이다. 대기업 회장이든 은퇴한 학교 버스 기사든, 미혼이든 일곱 자녀를 키우는 부모든, 세계적인 도시에 있는 대단지 아파트에서 살든 스마트폰이나 인터넷이 터지지 않는 미국 캔자스 어딘가의 농가에서 살든 상관없이 누구나 하루에 24시간밖에 쓰지 못한다. 하루에 24시간 이상을 쓸 수 있는 사람은 세상 어디에도 없다.

우리는 모든 것을 보거나 모든 것을 읽거나 모든 것을 시청하거나 모든 것을 맛보거나 모든 것을 마시거나 모든 것을 경험하거나 모든 것이 될 수 없다. 그럴 수 있는 사람은 없다. 인생은 선택의 연속이다. 어떤 활동에 시간을 투자하면 그만큼 다른 활동에는 시간을 투자할 수 없다. 이유는 간단하다. 우리는 한 번에 두 장소에 있을 수 없기 때문이다.

그래서 우리는 거절하는 법을 배워야 한다. 계속해서 거절해야 한다. 앤 라모트는 "'노No'는 완전한 문장이다"라고 익살스럽게 말했다.[4] "노"는 우리 모두가 자신의 사전에 반드시 담아야 할 단어다.

헨리 데이비드 소로에 따르면 우리는 "신중히 살아야" 한다. 방금 소로의 유명한 회상록인 《월든Walden》 읽기를 마쳤다. 《월든》은 느리고 단순하게 살기 위해 꼬박 2년간 숲에서 지낸 시절을 그리고 있다. 다음 구절을 눈여겨보라.

나는 신중하게 살기 위해 숲으로 들어갔다. 삶의 본질적인 것들만 대면하고 싶었다. 죽을 때 삶다운 삶을 살지 않았다는 사실을 발견하지 않도록 삶이 가르치는 것들을 배우고 싶었다.[5]

미친 듯이 바삐 뛰어다니느라 가장 중요한 것들을 놓쳤다는 후회 속에서 마지막 눈을 감을지 모른다는 생각을 해 본 적이 있는가?

야심차게 사업을 시작했지만 결혼생활을 끝낸다. 자녀를 유수한 대학에 보내지만 예수님의 길이 무엇인지는 가르치지 못한다. 박사 학위를 따지만 큰 아픔을 겪은 뒤에야 지식이 곧 지혜는 아니라는 사실을 깨닫는다. 돈을 많이 벌지만 '가장 중요한 것'에서는 부요해지지 못한다(물론 여기서 가장 중요한 것이란 물질이 아니다). 드라마는 최근 시즌까지 다 챙겨 보지만 기도하는 시간은 내지 못한다.

참으로 안타까운 상황이다. 수많은 사람이 수많은 시간을 엉뚱한 데 낭비하고 있다. 나도 그랬다. 할 일이 많아서 어쩔 수 없다고 말하지만 대부분은 자초한 일이다. 필립 짐바르도는 최근 "남자들의 죽음"(서구 문화에서 남성성의 위기)이라는 제목의 연구에서 남성들이 21세까지 비디오 게임을 하는 데 평균 10만 시간을 사용한다는 결론을 내렸다.[6]

10만 시간.

생각해 보라. 10만 시간이면 수메르(고대 문명 발원지-편집자) 연구에서 올림픽 수구까지 어떤 분야에서도 달인이 될 수 있다. 학사 학위는 물론이고 석사 학위까지는 너끈히 딸 수 있는 시간이다. 10만 시간이면 신약을 통째로 암기할 수도 있다. 혹은 그 시간에 '콜 오브 듀티Call of Duty' 게임 레벨4에 도달할 수도 있다.

'시간'을 사용하는 것은 곧 '삶'을 사용하는 것이다. 시간 사용은 우리가 어떤 사람이 되어 갈지를 결정한다. 나는 나름대로 독서광이라고 자부한다. 일주일에 두세 권은 너끈히 읽는다. 1년이면 대략 125권 정도 된다. 나의 왕성한 독서 생활에 꽤 자부심을 갖고 있다. 아니, 최근까지는 그랬다. 찰스 추의 계산에 관해 읽기 전까지는. 찰스 추에 따르면 미국인들은 평균적으로 1분에 200-400개의 단어를 읽는다고 한다. 이 속도면 1년에 불과 417시간을 투자해서 200권을 독파할 수 있다. 나의 거의 두 배에 달한다. 정말 엄청난 양이지 않은가. 417시간? 겨우 하루에 한 시간 남짓을 투자해서?

그런데 미국인들이 매년 평균적으로 소셜미디어에 얼마나 많은 시간을 사용하는지 아는가? 705시간이다. 텔레비전은? 무려 2,737.5시간이다. 우리가 소셜미디어와 텔레비전에 사용하는 시간의 아주 일부만 책 읽기에 사용해도 전 세계에서 손꼽을 만한 독서광이 될 수 있다는 말이다. 이러니 찰스 추가 탄식할 수밖에.

다독의 원리는 아주 간단하다. 그리 어렵지 않다. 그저 시간만 있으면 된다. (우리 모두가 간과하는) 문제는 우리가 너무 중독되고 약하고 정신이 분산되어서 중요한 것이 무엇인지 알면서도 하지 못한다는 것이다.[7]

독서할 시간이 없는 것도 문제지만 하나님과 함께할 시간이 없는 것이야말로 정말 큰 문제다. 한 해의 수많은 시간을 다른 무엇에 쓰면 좋을까? 아침 출근길 버스에서 모바일 게임을 하는 20분이면 친구들과 가족들의 이름을 빠짐없이 불러 가며 기도할 수 있다. 잠자기 전 텔레비전을 보는 한 시간이면 6개월 만에 성경 전체를 읽을 수 있다.

불필요한 물건을 쇼핑하러 나가는 하루를 안식일로 누리면 어떨까? 일곱째 날에는 온전히 쉬고 예배하며 하나님의 선한 세상을 즐기라. 무슨 말인지 알겠는가? 헨리 데이비드 소로가 숲으로 들어

가기 오래전 바울은 다음과 같이 말했다.

그런즉 너희가 어떻게 행할지를 자세히 주의하여 지혜 없는 자
같이 하지 말고 오직 지혜 있는 자같이 하여 세월을 아끼라 때가
악하니라(엡 5:15-16).

여기서 "세월을 아끼라"라는 헬라어 문장은 다양하게 번역할
수 있다.

* 세월을 구속redeeming하라(KJV).
* 모든 기회를 최대한 활용하라(NIV).
* 기회를 얻을 때마다 그 기회를 선용하십시오(메시지).

모든 날은 기회다. 모든 시간은 기회다. 모든 순간은 소중한 선
물이다.

시간을 어떻게 사용하려는가? 쓸데없는 것들에 허비하려는가,
아니면 영원한 삶에 투자하려는가? 물론 우리 대부분은 시간을 지
혜롭게 사용하기를 원한다. 하지만 우리 대부분은 바울과 같은 독
신주의자도 아니요, 소로처럼 부유한 미혼 남성도 아니다. 우리는
쓸데없는 것들에 한눈을 팔기 좋은 환경에서 살고 있다.

그래서 어쩌면 이 질문이 더 나을지도 모르겠다. "어떻게 하면

가족을 버리고 숲으로 들어가 직접 식량을 얻지 '않고도' '신중하게 살' 수 있을까? 우리가 집이라고 부르는 이 정신없이 시끄럽고 빠르게 돌아가는 도심 '한복판'에서도 삶을 느리고 단순하게 만들어 신중하게 살 수 있을까?"

물론 답은 쉽다. 예수님을 따르라.

예수와
'쉬운 멍에'를 메고,
예수의 속도로

자, 이제 당신이 내내 던져 왔을 질문을 던져 보자. "이것이 예수님을 따르는 것과 무슨 상관인가?"

걱정하지 말라. 이것이 내 전문 분야이니. 나는 치료사나 자기 계발 전문가나 시간 관리 전문가가 아닌 예수님의 길을 가르치는 목사요, 교사다. 자기 계발 전문가들의 말은 꽤 그럴듯하다. 그에 반해 나는 사업에서 성공하는 기법이나 멋진 몸을 만들어 줄 단백질과 탄수화물의 황금 비율을 알려 주는 것이 아니라 기껏해야 "성경을 펴서……"라는 식으로 말할 것이다.

하지만 필시 당신은 삶에 쫓기는 기분 때문만이 아니라 예수님의 삶이 꽤 매력적으로 다가왔기 때문에 이 책을 읽고 있을 것이다(미혼이라면 이 책을 준 남자나 여자가 매력적으로 보였기에 이 책을 읽고 있을지도 모르겠다. 어떤 경우든 환영한다).

아울러 내가 도박꾼이라면 당신이 이 책을 읽기 전에 이미 바쁨과 영성의 상관관계를 직관적으로 알 만큼 똑똑하다는 데 내 돈을 전부 걸 것이다. 나는 단지 당신이 이미 아는 사실을 말로 풀어내고 이면의 역사와 데이터를 제시했을 뿐이다. 우리가 바쁨의 문제를 안고 있다는 사실 말이다. 그런데도 당신이 아직 이 책을 읽고 있는 것은 한 번 집은 책은 끝장을 보는 성격이거나(내 부류) 내가 해법을 알려 줄 것이라고 아직까지 믿기 때문일 것이다.

자, 이제부터 '예수님의 길'이 '바쁨'이라는 유행병과 무슨 상관이 있는지 설명해 보겠다.

일단 예수님은 랍비(히브리어로 '선생'을 의미)셨다. 물론 예수님은 그 이상이셨다. 하나님 자신이 현현하신 메시아셨다. 나는 이 사실을 절대적으로 믿는다. 하지만 당신이 1세기를 사는 유대인이었고 예수님이 어느 안식일 아침 회당에 나타나셨다면 십중팔구 당신은 그분을 랍비 혹은 떠돌이 현자쯤으로 여겼을 것이다.

당시의 모든 랍비처럼 예수님은 두 가지를 갖고 계셨다.

첫째, 예수님은 멍에를 갖고 계셨다. 실제 멍에는 아니었다. 예수님은 농사꾼이 아니라 선생이셨으니까 말이다. 1세기에 멍에는 토라를 읽는 랍비의 방식을 가리켜 흔히 사용하던 표현이다. 하지만 여기서 멍에는 그 이상이다. 멍에는 삶에 관한 예수님의 가르침 전체를 의미했다. 멍에는 결혼, 이혼, 기도, 돈, 성(性), 갈등 해결, 정치 체제 같은 삶의 (때로는 견디기 힘들 만큼 무거운) 무게를 짊어지는 그분의 방식이었다. 농경 사회에서 살지 않는 우리에게는 좀 이상한 비유다. 그래도 한번 상상해 보라. 소 두 마리가 멍에로 묶여 달구지를 끌거나 밭을 가는 장면을 상상해 보라.

예수님이 여느 랍비와 달랐던 것은 멍에를 갖고 계셨다는 것이 아니다. 랍비들은 다 멍에를 갖고 있었다. 차이점은 예수님이 쉬운 멍에를 갖고 계셨다는 것이다.

둘째, 예수님은 '도제들apprentices'을 데리고 계셨다. 히브리어로는 '탈미딤'이다. 주로 '제자들disciples'로 번역된다. 뭐, 제자도 좋지만 나는 도제가 탈미딤 이면의 개념을 더 잘 담아낸다고 생각한다.

예수님의 탈미딤이 되는 것은 그분 밑에서 도제로 수련하는 것이다. 간단히 말해, 그것은 다음 세 가지 기본적인 목표를 중심으로 삶을 정리하는 것이다.

1. 예수님과 함께한다.
2. 예수님처럼 되어 간다.
3. '예수님이라면 어떻게 하실까?' 생각해서 그렇게 한다.

도제 수업의 핵심은 삶의 '모든' 면에서 예수님의 본을 따르는 것이다. 그리고 그렇게 하면 영혼이 회복된다. 우리의 왜곡된 부분이 본래 형태로 돌아온다. 존재의 가장 깊은 곳에서 치유를 경험하게 된다. 예수님이 말씀하신 '풍성한 생명'을 경험하게 된다(요 10:10). 신약 기자들이 "구원"이라고 부르는 것을 경험하게 된다(롬 1:16). 우리가 '구원'으로 번역하는 헬라어 단어는 '소테리아'다. 그런데 이는 우리가 '치유'로 번역하는 것과 동일한 단어다. 그러니까 신약에서 누군가가 예수님께 '치유'를 받았다는 구절과 '구원'을 받았다는 구절을 읽을 때 우리는 같은 헬라어 단어를 읽는 것이다. 구원은 곧 치유다. 구원을 뜻하는 영단어 '살베이션salvation'도 화상 같은 상처에 바르는 연고인 라틴어 '살베'에서 왔다.

바로 이것이 예수님이 오신 목적이다. 예수님은 사람들을 영혼이라는 깊은 차원에서 치유하고 구원하기 위해 오셨다.

어떻게? 도제 수업을 통해.

그래서 예수님은 어디를 가시나 똑같은 초대를 하셨다.

대개 그 초대는 이런 말씀으로 나타났다.

"나를 따라오라"(마 4:19).

달리 표현하면,

"내 도제가 되라."

이는 와서 도제 수업을 받고 치유를 얻으라는 초대다. 내가 너무도 좋아하는 초대다. 하지만 예수님의 '또 다른' 초대로 돌아가 보자. 우리는 바로 마태복음 11장에 기록된 이 초대로 이 책을 시작했다. 이 초대는 요즘에는 자주 들을 수 없지만 내가 가장 좋아하는 초대다. 앞서 소개했지만 한 번 더 읽어 보기를 바란다. 이번에는 천천히 한 자 한 자 마음에 새기면서 읽어 보라.

수고하고 무거운 짐 진 자들아 다 내게로 오라 내가 너희를 쉬게 하리라 나는 마음이 온유하고 겸손하니 나의 멍에를 메고 내게 배우라 그리하면 너희 마음이 쉼을 얻으리니 이는 내 멍에는 쉽고 내 짐은 가벼움이라(마 11:28-30).

자, 한 번만 '더' 읽어 보자. 이번에는 더 천천히. 숨을 깊이 들이마시고. 대충 읽지 말라. 하나님이 이 순간 당신을 위해 예비하신 뭔가가 있다.

수고하고 무거운 짐 진 자들아

다 내게로 오라

내가 너희를 쉬게 하리라

나는 마음이 온유하고 겸손하니

나의 멍에를 메고 내게 배우라

그리하면 너희 마음이 쉼을 얻으리니

이는 내 멍에는 쉽고

내 짐은 가벼움이라.

이번에는 같은 구절을 유진 피터슨의 《메시지》 성경으로 읽어
보자. 역시 아주 천천히.

너희는 피곤하고 지쳤느냐? 종교 생활에 탈진했느냐? 나에게
오너라. 나와 함께 길을 나서면 너희 삶은 회복될 것이다. 내가
너희에게 제대로 쉬는 법을 가르쳐 주겠다. 나와 함께 걷고 나와 함께
일하여라. 내가 어떻게 하는지 잘 보아라. 자연스런 은혜의 리듬을
배워라. 나는 너희에게 무겁거나 맞지 않는 짐을 지우지 않는다. 나와
함께 있으면 자유롭고 가볍게 사는 법을 배울 것이다.

"자연스런 은혜의 리듬을 배워라." 이 얼마나 듣기 좋은가.
이것이 예수님의 '초대'다. 피곤한 사람들, 탈진한 사람들, 스트

레스가 극에 달한 사람들, 오늘도 꽉 막힌 출퇴근길에 갇혀 있는 사람들, 할 일이 산더미처럼 쌓인 사람들, 하루를 버티기 위해 또 한잔의 커피를 들이키는 사람들……. 그들 모두에게 주시는 초대다.

어디 이런 사람 없는가? 아니, 질문을 바꾸는 것이 좋겠다. 세상에 이렇지 않은 사람이 있는가? 앤 피터슨은 버즈피드^{BuzzFeed}에 실린 "밀레니얼 세대는 어떻게 탈진한 세대가 되었는가"라는 글에서 이렇게 말했다. "탈진은 들어갔다가 나오는 곳이 아니다. 탈진은 우리의 영구적인 거주지다." 뉴욕 증권 투자자나 응급실 담당 의사에게만 나타나던 현상이 이제 '대부분' 사람들의 현실이 되었다. 피터슨은 110억 달러 규모의 자아실현 산업을 신랄하게 비판하고, 사우나에서 보내는 몇 시간으로 탈진 문제를 해결할 수 없다는 점을 지적했다. 하지만 그가 우리 세대의 탈진을 장황하게 진단한 뒤에 제시한 해법은 기껏해야 "민주사회주의와 …… 연합"이었다. "우리는 무엇이 우리를 병들게 만드는지 파악하기 시작했다. 이것은 산소를 활용한 얼굴 마사지나 트레드밀 데스크(러닝머신을 붙여, 뛰면서 업무를 보거나 공부할 수 있게 만든 특수 책상-편집자)로는 해결할 수 없는 문제다."[1]

예수님의 초대는 그분의 멍에를 메라는 것이다. 그분의 곁에서 함께 살면서 삶의 무게를 편하게 짊어지는 법을 배우라는 것이다. 탈진한 사회에서 빠져나와 영혼이 쉬는 삶으로 들어오라는 것이다. 분명, 달콤한 소리다. 하지만 예수님의 이 초대를 읽으며 고개를 가로젓는 사람이 많을 줄 안다.

나는 나름 예수님의 제자라고 자부하지만……

솔직히 피곤하다.

지칠 대로 지쳤다. 은근한 피로감이 좀처럼 가시질 않는다.

솔직히 말하면, 종교에도 조금 지쳤다.

어찌 된 일일까? 내가 무엇을 놓치고 있는 것인가?

내가 실제로 뭔가를 놓치고 있다는 것을 깨닫기까지 많은 세월 고생해야 했다. 나는 내내 코앞에 있던 뭔가를 놓치고 있었다.

지금부터 내가 하는 말을 잘 들어 보라. 어린 시절부터 교회에 다녔다면 필시 마태복음의 이 구절을 익히 들었을 것이다. 어떤 교단에서는 이 구절이 거의 상투어처럼 쓰였다. 나는 1980년대에 어린 시절을 보냈다. 그러나 80년대는 드라마 〈기묘한 이야기Stranger Things〉에서 그린 것처럼 멋지지 않았다. 아는 사람은 알겠지만 당시 교회에 다니는 할머니들은 성경 구절 자수를 뜨고 틀에 넣어 화장실 비누를 놓아두는 자리 오른쪽 벽에 걸어 두곤 했다. 많은 성경 말씀 가운데서도 마태복음의 이 구절이 자주 선택받았다. 그런데 안타깝게도 이렇게 흔히 쓰이다 보니 읽으면서 더 이상 감흥을 느끼지 못하고, 심지어 그 안에 담긴 보석을 보지 못하게 되기 쉽다.

이 평범해 보이는 초대에 달라스 윌라드가 말한 "쉬운 멍에의 비결"이 있다. 윌라드는 마태복음 11장에 관해 다음과 같이 말했다.

이 진리 속에는 쉬운 멍에의 비결이 있다. 비결은 바로 예수님이 평생

사셨던 것처럼 사는 것이다. 그분의 삶의 방식을 채택하는 것이다. …… 우리의 실수는 예수님을 따르는 것이 "남들과 똑같이 살면서" 원수를 사랑하고, 5리를 더 가 주고, 다른 쪽 뺨을 돌려 대고, 소망을 품고 인내로 고난을 견뎌 내는 것이라고 생각하는 것이다. …… 이는 실패할 수밖에 없는 전략이다.[2]

여기서 달라스의 말은 단순하지만 심오하다.
쉬운 멍에의 비결은 내 식으로 풀어쓰자면 다음과 같다.

예수님의 '삶'을 경험하려면 그분의 '삶의 방식'을 채택해야 한다.

내가 이것을 깨달았을 때 모든 것이 변했다. 긴 이야기를 짧게 해 보겠다.

나는 포틀랜드 도심 끝자락에 있는 유쾌한 동네에서 산다. 건 너편에는 나이키 모델이라고 해도 믿을 법한 청년들이 사는 집이 있 다. 실제로 나이키 본사는 포틀랜드 교외에 있다. 이 청년들이 나이 키에 다니는지 혹은 나이키의 후원을 받는지는 잘 모르겠지만 여섯 명이 다 달리기 주자들이다. 물론 나도 달릴 줄 알지만 주자는 아니 다. 무슨 뜻인지 알겠는가? 이 청년들은 달리기 주자들이다.

이른 아침에 의자에 앉아 커피를 마시며 기도를 하다 보면 그 청년들이 우르르 몰려나와 솟아오르는 태양 아래서 달리기를 한다.

다들 타이츠를 입고 나오는데 하나같이 군살이 하나도 없다. 말랐지만 온몸이 근육질이다. 어깨는 뒤로 젖혀지고 고개는 바짝 쳐든 자세가 그야말로 완벽하다. 그렇게 모두 바람처럼 달린다. 인간이 아닌 영양처럼 보인다. 그들의 워밍업이 내 전력 질주보다 **빠르다**(물론 내가 전력 질주를 하려면 에너지 음료가 절실히 필요하다. 하지만 그래 봐야 ……).

나는 그 청년들이 매일 달리는 모습을 보며 속으로 '나도 저렇게 하고 싶다'라고 생각한다. 나도 타이츠를 입고도 흉하게 보이지 않고 싶다. 나도 땀범벅이 되지 않고 1킬로미터를 4분에 주파하고 싶다. 나도 그들만 한 건강과 에너지와 활력을 갖고 싶다.

나는 그런 삶을 원한다. 하지만 그런 삶 이면의 삶의 방식에 관해서는 생각해 본 적이 없다. 내가 자정까지 와인을 마시며 〈더 맨 인 더 하이 캐슬The Man in the High Castle〉을 볼 때(가상의 시나리오! 정말이다!) 그 청년들은 저녁으로 샐러리와 물만 먹고 밤 9시에 잠자리에 들었다. 내가 잠옷을 입고 케냐산 싱글 오리진을 홀짝일 때 그 청년들은 무더운 여름이나 추운 겨울이나 변함없이 밖으로 나가 땀을 흘렸다. 나는 달리면서 팟캐스트를 듣거나 주일에 설교할 생각을 하며 멍하니 허공을 응시한다. 하지만 그 청년들은 400미터에 한 번씩 폐가 터지도록 전력 질주를 한다. 나는 손익을 따져 본 뒤 새벽 안개 속에서 그 청년들의 타이츠가 아무리 멋져 보여도 그렇게 고생할 가치는 없다는 결론을 내린다. 그래서 그냥 구경만 한다.

나는 그들과 같은 삶을 원하지만 그들과 같은 삶의 방식을 채택할 생각은 없다. 많은 사람이 예수님을 이런 식으로 바라보지 않나 싶다. 우리는 예수님의 이야기를 읽는다. 그분의 기쁨, 절대적인 평강, 흔들림 없는 확신, 아무런 걱정도 없는 모습, 언제나 침착하고 현재에 집중하는 모습. 그런 이야기를 읽으며 '나도 그렇게 살고 싶다'고 생각한다. 풍성한 삶으로 초대하시는 말씀을 읽고서 "네, 지금 갑니다!" 큰 소리로 외친다. 예수님의 쉬운 멍에와 영혼 깊은 곳의 쉼에 관해 듣고서 "네, 그것을 진심으로 원합니다!"라고 외친다. 하지만 그분의 삶의 방식을 채택할 생각은 없다.

하지만 예수님의 경우에는 대가를 치를 가치가 있다. 포기하는 것보다 시도해서 얻을 것이 훨씬 더 많다. 물론 십자가, 죽음을 거쳐야 한다. 하지만 그 뒤에는 언제나 빈 무덤과 생명으로 가는 새로운 문이 펼쳐진다. 예수님의 길에서는 죽음 뒤에 언제나 부활이 따른다.

내가 진단한 바로는, 서구 교회는 예수님의 길이 실제 삶의 길이라는 사실을 망각했다. 예수님의 길은 단순히 개념들의 집합(우리가 '신학'이라고 부르는 것)이나 해야 할 일과 하지 말아야 할 일의 목록(우리가 '윤리'라고 부르는 것)이 아니다. 물론 그런 것들도 포함되지만 그 이상이다. 예수님의 길은 예수님이 직접 보여 주신 삶의 길, 삶의 방식이다. 내가 어릴 적에 속했던 교단은 많은 신학과 윤리를 가르쳤다. 하지만 삶의 방식에 관한 이야기는 거의 없었다. 하지만 삶의 방식이야말로 핵심이다.

다시 유진 피터슨의 도움을 받아 보자. 그는 길에 관한 예수님의 비유를 다음과 같이 풀이했다.

예수님의 진리에 뿌리를 둔 예수님의 길은 예수님의 삶을 낳는다. …… 하지만 진리로서의 예수님이 길로서의 예수님보다 훨씬 많은 관심을 받고 있다. 길로서의 예수님은 내가 북미의 목사로서 50년간 협력해 왔던 그리스도인들이 가장 자주 망각해 온 비유다.[3]

우리 교회만 삶의 방식으로서의 '예수님의 길'을 덜 중시한 것이 아니다. 이는 기독교 전반의 문제다. 참으로 안타까운 상황이다.

'삶'은 '삶의 방식'이 낳은 부산물이다. 여기서 '삶'은 매일의 경험을 말하고, '삶의 방식'은 매일의 경험을 만들어 내는 리듬과 습관을 의미한다.

비즈니스 세계에는 시스템이 결과를 결정한다는 말이 있다. 이 원칙은 주로 장비와 매출에 관한 것이지만 우리 삶 전반에 적용이 가능하다. 형편없는 결과(불안감, 약간의 우울증, 높은 스트레스, 만성이 된 정서적 탈진, 하나님의 임재에 대한 의식이 거의 혹은 전혀 없는 상태, 중요한 것들에 집중하지 못하는 상태 등)를 얻고 있다면 삶을 형성하는 시스템이 엉망일 확률이 매우 높다. 아침(혹은 저녁) 습관, 일정, 예산, 휴대폰 사용, 시간과 돈, 관심이라는 자원의 관리 등이 문제가 있을 가능성이 매우 높다.

"'정신이상'의 정의는 똑같은 행동을 계속해서 하면서 다른 결과를 기대하는 것이다"라는 말을 들어 본 적이 있을 것이다. 그런데 바로 우리가 그렇게 행동하고 있다. 우리는 예수님 안에서 가능한 삶에 관한 비전을 얻는다. 그래서 교회에 가고 책도 읽고 팟캐스트도 듣는다. 그렇게 하면서 내가 간절히 원하는 삶이 어떤 것인지를 파악한다. 정서적 건강과 영적 삶을 머릿속에 그리며 "예, 하나님, 바로 이런 삶을 원합니다!"라고 외친다. 변화를 다짐하고 다짐하며 교회 문을 나선다. 그러고 나서 '전과 똑같은 삶의 방식'으로 돌아간다. 아무것도 변하지 않는다. 스트레스와 피곤, 주의 산만이라는 악순환이 반복된다. 답답하기만 하다. "도대체 뭐가 문제일까?"

변화를 위한 이런 방식은 통하지 않는다.

그렇다면 어떻게 해야 할까? 솔직히 해법은 정말, 정말 간단하다. 예수님의 "풍성한" 삶을 살고 싶은가? 하나님의 임재와 세상을 끊임없이 즐기며 살고 싶은가? 방법은 간단하다. 예수님의 신학과 윤리만이 아니라 그분의 '삶의 방식'까지 받아들이면 된다. 그냥 그분의 길을 따르면 끝이다. 그 이상도 이하도 아니다!

예수님의 삶을 당신 삶의 모델로 삼으라. 그분의 습관과 행동을 따르라. 도제로서 스승의 일거수일투족을 따르라. 바로 이것이 도제 수업의 본질이다.

이것이 예수님이 멍에라는 이상한 비유를 들고 나오신 이유다. 멍에를 메라고? 영혼의 쉼을 찾는 이들을 초대하는 언어 치고는 너무 이상하다. 멍에는 농사를 위한 것이지 않은가. 농사는 쉼이 아니라 일이다.

프레데릭 데일 브루너는 마태복음에 관한 한 세계 최고의 학자다. '쉬운 멍에'의 패러독스에 관한 그의 통찰은 귀를 기울일 만한 가치가 있다.

멍에는 일하는 도구다. 따라서 예수님이 멍에를 제시하신 것은 지친 일꾼들에게 가장 필요하지 않을 법한 것을 제시하신 셈이다. 지친 일꾼들에게는 멍에가 아닌 매트리스나 휴가가 필요해 보인다.

폭소를 터뜨리는 당신의 모습이 눈에 선하다. 하지만 계속해서 들어 보면 그의 깊은 통찰에 놀라게 될 것이다.

하지만 예수님은 지친 사람들에게 줄 수 있는 가장 좋은 선물이 삶을 사는 새로운 방식, 인생의 책임들을 감당하는 참신한 방식이라는 점을 아셨다. …… 현실적인 눈으로 보면 인생은 짐의 연속이다. 이 짐들을 벗어 버릴 수는 없다. 그래서 예수님은 도피가 아닌 장비를 제공하신다. 예수님의 산상수훈(멍에)에 순종하면 우리 삶에 균형이 생긴다. 이러한 순종은 전보다 더 많은 쉼을 주는 삶의 '방식'이다.[4]

자, 예수님의 초대가 얼마나 대단한지 알겠는가?
삶에는 정서적 무게, 나아가서 영적 무게가 있다. 우리 모두는 이 무게를 느낀다. 특히 나이를 먹을수록 더더욱 그렇다. 쉬운 삶은 이 세상의 광고들과 소셜미디어가 일으키는 착각이다. 인생은 힘들다. 이는 부인할 수 없는 사실이다. 역사 속 모든 현자들이 계속해서 말했듯이 이 세상의 그 어떤 신기술이나 약물로도 인류의 타락으로 생긴 고통을 완전히 지울 수는 없다. 기껏해야 예수님이 돌아오시길 기다리면서 그 효과를 완화시킬 수만 있을 뿐이다. 고통을 아예 피할 수 있는 길은 없다.

이 세상에 중독이 왜 그렇게 만연할까? 약물 남용만이 아니라 포르노, 섹스, 음식, 다이어트, 운동, 일, 여행, 쇼핑, 소셜미디어 중독까지 끝이 없다. 심지어 교회 중독도 있다. 그렇다. 교회도 우리가 부모에게 받은 상처나 감정적 고통, 불행한 결혼생활에서 도피하기 위한 중독의 대상일 수 있다. 하지만 이에 관한 자세한 이야기는 다음에 기회가 있을 때 하기로 하자.

교회 안팎에서 수많은 사람이 탈출구를 찾고 있다. 어깨를 무겁게 짓누르는 이생의 무게를 벗을 길을 찾고 있다. 하지만 탈출구는 없다. 세상이 줄 수 있는 것은 기껏해야 필연적인 고통을 지연시키거나 부인하게 만들기 위한 일시적인 쾌락뿐이다.

이것이 예수님이 탈출구를 제시하지 않은 이유다. 예수님은 그보다 훨씬 더 좋은 것 곧 '장비'를 제시하신다. 예수님은 도제들에게 삶의 무게를 짊어질 전혀 새로운 방식을 제시하신다. 쉽게. 그분과 나란히. 서로의 어깨를 연결하고 같이 일하는 밭의 두 소처럼. 예수님과 함께. 예수님의 속도로. 천천히. 서두르지 않고. 현재에 집중하면서. 사랑과 기쁨과 평안이 가득한 채로.

쉬운 삶은 없다. 쉬운 멍에만 있을 뿐이다.[5]

6

사랑과 기쁨과 평안이 깃들
‘틈’과 ‘룰’이
필요하다

사복음서는 좀처럼 서두르시는 법이 없었던 예수님을 생생하게 보여 준다.

스트레스로 지친 예수님이 상상이 가는가? 고된 하루 끝에 결국 막달라 마리아에게 "감히 음식을 떨어뜨리다니!"라고 짜증을 내시는 예수님? 의자에 깊숙이 파묻힌 채 "오늘은 술 한잔으로 피로를 풀어야겠군" 하며 한숨을 푹 내쉬시는 예수님? 당신과 대화하면서 한 손으로는 휴대폰으로 문자를 보내시는 예수님? 가끔 "그래?"라고 추임새를 넣으며 당신의 말을 듣는 시늉만 하시는 예수님? "미안하구나. 네 다리를 치료해 주고 싶지만 비행기 시간이 다 되어서 말야. 내일 예루살렘에서 강연회가 있거든. 들어 보지 못했겠지만 여기 다대오라는 내 도제가 있어. 그가 대신 너를 위해 기도해 줄 거야. 그럼 나는 이만!" 이렇게 말하고서 휙 몸을 돌리시는 예수님? "내 비서 가룟 유다와 이야기해 봐. 너를 만날 시간이 있는지 일정표를 확인해 줄 거야." "어느 잡지사에서 왔나?" "잡지사요? 그냥 왔는데요." 순간, 낯빛이 변하시는 예수님?

이런 예수님은 상상할 수조차 없다.

병에 걸린 예수님의 친구 나사로에 관한 이야기가 있다. 나사로는 그냥 친구가 아니라 예수님의 아주 가까운 친구였다. 그리고 여기서 병은 언제 죽을지 모를 만큼 중한 병이었다. 하지만 친구가 사경을 헤맨다는 소식을 듣고서 예수님이 보이신 행동은 실로 이해하기 힘들다.

나사로가 병들었다 함을 들으시고 그 계시던 곳에 이틀을 더 유하시고 그 후에 제자들에게 이르시되 유대로 다시 가자 하시니(요 11:6-7).

어떤가? 예수님께서 서두르시는가? 친구의 목숨이 경각에 달린 상황에서도 예수님은 여유롭게만 보인다. 또 다른 이야기에서 예수님이 회당에서 가르침을 펼치고 계시는데 야이로라는 사람이 예수님의 발 아래 엎드려 제발 자신의 집으로 와서 "죽게" 생긴 어린 딸을 치유해 달라고 애원했다(막 5:23). 이번에도 목숨이 경각에 달린 상황이다. 하지만 야이로의 집으로 가는 길에 12년 동안 만성질병으로 고생하던 한 여인이 예수님을 막아섰다. 이 아름다운 이야기(막 5:24-34)에서 예수님은 이 여인과 한참 시간을 보내셨다. 조금도 서두르시는 기색이 없었다. 야이로의 심정이 어떠했을지 상상이 가는가? 발을 동동 구르며 예수님께 연신 "주님, 어서요!"라고 외치는 모습이 눈에 선하다.

결국 예수님은 야이로의 집에 도착해 딸을 고쳐 주셨다. 이 이야기를 읽을 때마다 예수님이 얼마나 현재에 집중하셨는지에 놀라게 된다. 예수님은 한 아버지의 마음이 타 들어가고 목숨이 경각에 달린 와중에도 현재 상황을 대충 마무리하고 급히 다음 상황으로 넘어가시지 않았다.

그리고 이 사건은 전혀 예외적인 경우가 아니었다. 예수님은

'끊임없이' 뜻밖의 상황을 만나셨다. 복음서들을 읽어 보면 이야기들의 태반이 뜻밖의 상황이었다. 하지만 예수님은 한 번도 허둥거리거나 짜증을 내신 적이 없다(물론 종교적인 사람들에게는 화를 내셨지만 뜻밖의 상황을 만났을 때는 그러시지 않았다).

예수님의 일정표는 늘 꽉 차 있었다. 때로는 차고 넘칠 정도였다. 물론 좋은 일로만 가득 차 있었다. 하지만 예수님은 절대 서두르시는 법이 없었다. 예수님은 언제나 현재 순간에 집중하고 하나님, 다른 사람들, 예수님 자신과 연결된 상태를 유지하셨다. 천성이 느긋해서가 아니었다. 와이파이가 없던 옛날 시대라서 그런 것도 아니었다. 삶의 방식이 달라서다. 모든 이야기에서 예수님은 전혀 새로운 삶의 방식을 보여 주신다.

예수님은 첫 설교를 하시기까지 무려 30년을 기다리셨다. 그리고 메시아로서의 첫날이 지나자마자 광야로 들어가 40일 동안 기도하셨다. 아무것도 이런 분을 서두르게 할 수 없다.

잠시 예수님의 삶의 방식에 관해 생각해 보자.

예수님은 삶에 일부러 적정량의 여유를 두셨다. 여유는 "우리의 짐과 한계 사이의 공간"이라고 할 수 있다.[1] 그런데 짐과 한계 사이에 전혀 공간이 없이 사는 사람이 너무도 많다. 우리는 숨 돌릴 틈이 있도록 삶을 80퍼센트만 채우지 않는다. 우리의 삶은 항상 100퍼센트 꽉 차 있다. 예수님의 주중 일정은 우리 세상의 바쁜 리듬을 경고하는 선지자적인 행위였다.

예수님은 수시로 일찍 일어나 조용한 장소에서 아버지와 단둘이 시간을 보내셨다. 제자들이 깨어 보니 예수님은 이미 나가고 안 계셨다는 기록이 있다. 예수님은 동트기 전에 나가 조용한 가운데 홀로 아침을 맞으셨다. 때로 예수님은 하룻밤 동안, 심지어 몇 주간 무리를 떠나 하나님과 교제하셨다.

제자들이 급한 상황에서도 주무시는 예수님을 깨워야 했던 사건이 한 번 이상 있었다. 나는 이런 예수님이 좋다. 정말 따르고 싶은 분이다. 예수님은 기회가 있을 때마다 지휘고하를 막론하고 여러 사람들과 포도주를 곁들여 느긋한 식사를 즐기며 깊이 있는 대화를 나누셨다. 예수님은 7일 가운데 하루를 떼어 오직 쉼과 예배에만 집중하는 안식일을 지키셨다. 한 주도 빠짐없이 매주 그렇게 하셨다.

예수님의 소박한 삶에 주목해야 한다. 예수님은 춥지 않을 때면 그저 옷 한 벌만 걸치셨다. 성전 출강에 입고 갈 새 옷을 맞추느라 쇼핑몰에 가거나 이미 샌들이 몇 켤레나 되는데도 근사한 샌들을 찾아 인터넷을 뒤지는 예수님? 그런 예수님은 상상조차 할 수 없다. 예수님은 "자유롭고 가볍게" 사셨다(마 11:30, 메시지). 예수님은 돈이나 쓸데없는 재물에 정신을 파시거나 그런 것들 때문에 생긴 불만족에 시달리시지 않았다.

계속할 수 있지만 무슨 말인지 알 것이다. 요지는 간단하다. 예수님은 서두르지 않는 삶을 보여 주셨다. 언제나 하나님을 위한 시간과 사람들을 향한 사랑이 최우선이었다. 예수님은 아버지와 그분의 나라를 우선시하셨기 때문에 쓸데없는 것들에 끌려다니지 않으셨다. 그리고 고개를 돌려 우리에게 "나를 따라오라"고 말씀하셨다.

다시 묻는다. 예수님을 따르는 것, 혹은 예수님의 도제가 되는 것은 무슨 의미일까? 아주 간단하다. 그것은 예수님이 사신 방식대로 사는 것을 의미한다. 예수님의 삶과 가르침을 우리의 모델이요, 패턴으로 삼는 것을 의미한다. 그렇다면 예수님의 도제 훈련에 관한 핵심적인 질문은 더없이 분명하다. "예수님이 나라면 어떻게 사실까?"

다시 말해, 예수님은 21세기를 사는 부모나 회계사, 학생, 목사, 프로레슬러가 아니라, 1세기를 사셨던 싱글 유대 랍비셨기 때문에 우리의 현재 상황에 맞게 상상력을 발휘해야만 한다. 예수님은 아빠가 아니셨고, 나는 아빠다. 하지만 예수님이 주드, 모지즈, 선데이의 아빠라면 그 아이들과 많은 시간을 보내리라 상상해 볼 수 있다. 그래서 자녀가 없던 예수님의 도제로서 나도 그렇게 해야 한다.

당신이 갓 결혼한 새댁이나 어린 자녀를 키우는 엄마라고 해 보자. 예수님은 당연히 새댁도 엄마도 아니셨지만 예수님이 새댁이나 엄마라면 어떻게 하실지 상상해 볼 수는 있다. 당신이 고층 빌딩 건축업자라고 해 보자. 예수님이시라면 이 빌딩을 어떻게 설계하실까? 무슨 말인지 이해했으리라 믿는다. 예수님을 따른다면 아마 대부분의 사람들이 삶의 속도를 한참 늦춰야 할 것이다. 결국 이는 삶의 수칙rule(룰, 규칙)에 관한 이야기다.

《성공하는 사람들의 7가지 습관The Seven Habits of Highly Effective People》으로 유명한 스티븐 코비는 우리의 스케줄이 우리의 가치와 일치할 때 내적 평안을 얻을 수 있다고 말했다. 성경에 기록된 한 구절은 아니지만, 예수님이 이 말을 들으셨다면 고개를 끄덕이며 미소를 지으셨으리라 생각한다.

지난 몇 년 사이 자기 계발 분야에서 하루나 한 주, 한 달을 정한다는 개념에 폭발적인 관심이 쏠렸다. 그 날이나 주, 달에는 무조건 최우선사항부터 하기 시작한다. 예수님의 제자라면 영적 훈련을 가장 먼저 하고 나서 잠, 운동, 일, 놀이, 독서, 여가 생활 등을 한다. 무리하지 않는 범위 내에서 이 원칙을 고수한다.

하지만 대부분의 사람들은 이 개념이 10여 년 전 비즈니스 세계에서가 아니라 천 년 전 수도원에서 시작되었다는 사실을 모른다. 수도원에서는 모두가 하나의 생활 수칙에 따라 살았다.

생활 수칙은 예수님의 길에 따라 일정과 습관을 정돈한 것이었다. 이는 바쁨, 소음, 쓸데없는 것들에 휩쓸리지 않는 방법이었다. 삶의 속도를 늦추는 방법이었다. 정말 중요한 것들에 집중한 삶, 예수님이 '거하기abiding'라고 부르신 삶을 사는 방법이었다(요 15:1-8). 가족과의 관계, 공동체와의 관계, 하나님이 지금 우리 앞에 놓으신 일, 건강한 영혼을 가꾸는 것에 집중하는 방법이었다. 간단히 말해, 좋은 것들을 잘 챙기는 방법이었다.

'수칙'(규칙)이라는 단어에 거부감을 느끼지 않기를 바란다. 특히

MBTI에서 P가 강한 유형은 수칙이라고 하면 무조건 따분하거나 율법주의적인 것으로 여기기 쉬운데, 전혀 그렇지 않다. '룰rule'이라는 영단어는 문자적으로 '곧은 나무 조각ruler'(자)을 뜻하는 라틴어 '레귤라'에서 왔다. 하지만 이 단어는 격자 구조물을 이야기할 때도 사용했다. 요한복음 15장에서 포도나무 안에 거하라는 예수님의 가르침을 생각해 보라. 이것은 정서적 건강과 영적 삶에 관한 예수님의 가장 중요한 가르침 가운데 하나다. 이번에는 달콤한 포도 맛을 떠올려 보라. 잘 자라는 포도나무 아래에는 반드시 격자 구조물이 있는데, 이 구조물은 포도나무가 잘 자라서 열매를 맺도록 지탱해 주는 역할을 한다.

어떤가? 그림이 그려지는가? 포도나무에 격자 구조물이 필요한 것처럼 '예수님 안에 거하기'에는 삶의 수칙이 필요하다. 삶의 수칙(일정과 습관)은 '예수님 안에 거하기'를 삶의 중심에 놓기 위한 구조다. 삶의 수칙은 '하나님의 임재 연습'을 중심으로 삶의 모든 것을 정돈하는 것이다. 언제나 하늘 아버지와의 동행을 깊이 누리는 가운데 일하고 쉬고 놀고 먹고 마시고 친구들과 어울리고 집안일을 하고 뉴스를 보는 것이다.

격자 구조물이 없으면 포도나무는 죽을 수밖에 없다. 마찬가지로, 예수님과의 삶을 성장시키고 건강하게 유지시키기 위한 구조물이 없다면 그 삶은 시들 수밖에 없다. 예수님 따르는 것을 중심으로 우리의 일정과 습관을 조정하지 않은 채 관계의 성장이 저절로 이루어질 수는 없다. 그렇게 하면 예수님의 도제 수업은 실제 삶이 아닌 개념의 수준에만 머물 수밖에 없다.

그런데 문제는 예수님을 따르기에는 우리가 너무 바쁘다는 것이다. 내가 삶의 규칙과 예수님과 동행하는 삶의 핵심 원칙들을 가르칠 때마다 똑같은 후렴구가 들려온다.

"다 좋지만 그럴 시간이 없어요."

"공부하느라 시간이 없어요."

"일이 바빠서 시간이 없어요."

"아직 아이들이 어려서요."

"요즘은 마라톤 훈련을 하느라 정신이 없네요."

"내가 워낙 부지런히 움직이는 걸 좋아해서요."

솔직히 다 변명이다. 하지만 이해한다. 나도 같은 세상에서 살기 때문이다. 예전 같으면 이 어색한 순간을 그냥 웃고 넘어갔을 것이다. 하지만 나이를 먹을수록 조금 부담감을 줄 만큼 얼굴이 두꺼워졌다.

당신에게 조심스럽게 묻고 싶다. "정말 그런가요? 텔레비전은 몇 시간 동안 보시나요?"(이렇게 말하면 대개 분위기가 더 어색해진다) "인터넷이나 소셜미디어에는 얼마나 많은 시간을 할애하시죠? 쇼핑에는?"

일주일 동안 시간을 어떻게 사용하는지 기록해 보길 바란다. 그렇게 하면 당신이 쓸데없는 것들에 얼마나 많은 시간을 허비하는지 '충격'을 받을 것이다.

인생의 바쁜 시절에도 시간이 충분히 있다. 단지 엔터테인먼트 왕국에 사용하는 시간을 "먼저 그의 나라"(마 6:33)를 구하는 데 사용하기만 하면 된다. 물론 드물게는(아주 드물게), 3부에서 소개할 습관들을 행할 시간이 정말로 없는 경우도 있다. 하지만 그렇다면 '너무' 바쁜 것이다.

죄책감을 심어 주려는 의도는 추호도 없다. 다시 말하지만 죄책감과 수치심은 전혀 도움이 되지 않는다. 단지 솔직한 자기 평가가 필요하다는 말이다. 분명한 사실은 예수님을 따르는 것이 '실질적인 행동'이라는 것이다. 믿음만큼이나 실천이 중요하다. 그리고 예수님이 행하신 습관들의 핵심은 '관계'다. 예수님이 아버지라고 부르신 하나님과의 관계가 그 중심에 있다. 그리고 모든 관계에는 시간이 필요하다.

당신의 결혼생활이 위태롭다고 해 보자. 배우자가 당신에게 더 많은 시간을 함께하고 싶다고 말한다. 서로를 즐기며 한마음으로 돌아가자고 말한다. 구체적으로는 일주일에 하룻밤 데이트, 하루에 30분 대화, 주말에 조금이라도 함께 시간을 보내자고 요구한다. 한마디로 건강한 결혼생활을 위한 최소한도를 요구한다.

"미안하지만 시간이 없네요."

텔레비전과 인터넷, 축구 중계 시청 같은 것에는 일주일에 30시간씩 투자하면서 이렇게 말한다면 배우자는 당연히 이렇게 말할 것이다. "아뇨, 시간이 있어요. 단지 당신이 시간을 낭비하고 있을 뿐이에요." 혹은 이렇게 말할지도 모른다. "당신은 결혼생활을 하기에 는 너무 바쁘군요. 그러니 일정을 완전히 뜯어고치든지 이혼을 하 든지 둘 중 하나를 선택해요."

아무쪼록 전자를 선택하기를 바란다.

우리와 예수님의 관계라고 다를까? 언제나 뿌린 대로 거두는 법이다. 율법주의적인 지적으로 죄책감을 유발하려는 것이 아니다. 이것은 초대다. 당신이 진정으로 원하는 삶으로의 초대. 예수님과 어깨를 나란히 걸어갈 때만 발견할 수 있는 삶으로의 초대.

자, 이제 우리가 기로에 도달한 듯하다. 승선할 것인가 하차할 것인가 결정해야 할 시간이다. 당신의 포도나무를 위한 격자 구조 물을 만들 준비가 되었는가? 예수님과 함께하는 삶의 틈을 마련하 기 위해 일정을 조정하고 필요한 습관들을 실천하려는가? 사랑과 기쁨과 평안이 가득한 삶을 위한 틈을 만들겠는가? 예수님처럼 살 기 위해 일정을 조정할 준비가 되었는가?

잠깐, '영적 훈련'이란

무엇인가

!

3부에서는 내가 삶의 속도를 줄여 건강을 회복하고 예수님과
함께하는 데 가장 도움이 되었던 네 가지 습관들을 설명하려고 한
다. 하지만 그전에 예수님의 습관들(흔히 영적 훈련이라고 부르는 것들)을 간
단히 정리해 보자.

　우리가 예수님에 관해 아는 사실은 거의 사복음서에서 얻은 것
이다. 기본적으로 복음서들은 전기(傳記)로, 대부분의 내용이 이야기

다. 대부분의 가르침은 마태복음과 요한복음에 포함되어 있다. 그 외에 누가복음에도 어느 정도 가르침이 포함되어 있고, 마가복음에는 거의 없다. 하지만 상관없이 네 전기의 상당 부분이 이야기다. 여기에는 그럴 만한 이유가 있다.

전기라는 장르를 생각해 보라. 우리는 왜 전기를 읽는가? 전기의 대상은 위인들이며, 우리는 그들에 관해서만 알기 위해서가 아니라 그들처럼 되기 위해(혹은 그들처럼 되지 않기 위해) 그들의 이야기를 읽는다. 우리는 그들의 성공은 재현하고 싶어 하지만 그들의 실패를 답습하기를 원하지는 않는다. 나아가서 그들에 관해 읽음으로써 우리 자신을 더 잘 이해하기를 원한다. 그들의 이야기를 읽고 우리 자신의 이야기를 이해하기를 원한다.

잘 따라오고 있는가? 좋다. 전혀 복잡하지 않은 이야기다. 그리고 전기가 주로 이야기로 구성되어 있는 것은 특정 인물들의 삶을 본받기(혹은 타산지석으로 삼기) 위해서는 그들이 한 말이나 이례적인 행동이 아니라 매일 구체적으로 어떻게 살았는지를 보아야 하기 때문이다. 그들의 일상을 본받고, 그들의 습관을 우리의 습관으로, 그들의 일과를 우리의 일과로, 그들의 가치를 우리의 가치로 받아들여야 우리 삶에서도 비슷한 결과를 얻을 가능성이 있다.

예를 들어, 그들이 특정 법대에 가면 우리도 그 법대를 가야 한다. 그들이 하루에 한 시간씩 독서를 하면 우리도 하루에 한 시간씩 독서를 해야 한다. 그들이 아침 식사를 걸렀는가? 그렇다면 우리도

먹던 바나나를 내려놓아야 한다. 이런 사소한 습관 하나하나를 모방해야 한다. 현재의 우리는 이런 사소하고 일상적인 습관 하나하나가 쌓인 결과이기 때문이다. 이런 행동은 복리효과처럼 작용해 하나의 삶을 만들어 낸다.

아직 잘 따라오고 있는가? 좋다. 그런데 이상한 일이 있다. 예수님의 제자들 가운데 사복음서를 이런 식으로 읽는 사람은 극소수다. 우리는 사복음서를 좋은 설교 예화나 지혜로운 비유, 신학적인 금맥 정도로 읽는다. 우리는 나무를 보다가 숲을 놓치는 경우가 많다. 기본적으로 사복음서는 전기다.

예수님의 삶을 자세히 기록한 이 이야기들은 그분의 가르침이나 기적, 그분의 삶과 부활에 관한 사건들 못지않게 하나님 나라에서 사는 삶에 관해 많은 것을 가르쳐 준다.

오늘날에는 예수님의 삶의 리듬 혹은 구체적인 삶의 방식을 "영적 훈련"이라고 부른다. 사실, 이 표현은 신약에 없고, 그래서 이 표현에 관한 찬반이 있다. 안타깝게도 대부분의 사람들은 '영적'을 '비물질적'으로 이해한다. 하지만 사실 영적 훈련은 우리 마음과 몸의 모든 습관을 지칭한다. 혹시 '몸과 마음의 훈련'이 상표로 등록되어 있어서 대신 영적 훈련이라는 표현을 사용한 건가? 어쨌든, 자, 이번에는 훈련. 나는 이 단어를 좋아한다. 하지만 쾌락주의에 물든 이 시대에 대부분의 사람들은 이 단어에 반감을 보인다. 그래서 서구 교회에서 영적 훈련이 쇠락했다.[1]

나는 "예수님의 습관들"이라는 표현을 더 좋아한다. 산상수훈의 처음과 끝에서 예수님은 이런 삶의 방식을 '행하여야' 할 것으로 말씀하셨다(마 5:19; 7:24). 예수님의 습관이나 영적 훈련, 뭐라고 부르든 이는 예수님을 따르는 것이다. 예수님의 삶의 방식을 채택하는 것이다. 정서적 건강과 영적 삶을 위한 틈을 만들어 내는 것이다. 다시 말하지만 이는 격자 구조물과도 같다.

그리고 여느 습관들과 마찬가지로 이는 목적을 위한 수단이다. 이 부분에서 (나를 비롯해) 많은 그리스도인들이 실수를 한다. 영적 훈련들(성경 읽기나 기도, 안식일 준수 등)이 그 자체로 목적이 되어 버리면 그것이 바로 율법주의다. 이 율법주의에는 생명이 아닌 죽음만 있다. 목적은 예수님과 함께하는 풍성한 삶이다. 목적은 매 순간 예수님과의 동행을 의식하고 즐기는 것이다. 역사상 가장 사랑과 기쁨과 평안이 넘치는 분과 평생을 함께하는 것이다.

격자 구조물 비유로 돌아가서, 격자 구조물의 본질적인 목적은 포도나무를 똑바로 세우는 것이 아니다. 깊고 풍부한 맛을 내는 포도를 얻는 것이 격자 구조물이 나무 아래 있는 이유다. 포도나무가 잘 자라서 열매를 맺을 조건을 만들어 내는 것이다.

하지만 다른 습관들과 달리, 예수님의 습관들은 단순히 의지력과 인격을 기르기 위한 몸과 마음의 활동이 아니다. 그보다 훨씬 더 차원이 높다. 예수님의 습관들은 우리 자신보다 훨씬 큰 힘에 우리의 마음과 몸을 열어 진정한 변화를 이끌어 낸다. 생각해 보라. 훈련이 무엇인가? 특정하게 영적 훈련 말고 그냥 훈련. 일반적인 정의는 이렇다.

> 훈련은 현재 '직접적인 노력으로 할 수 없는 것'을 결국 할 수 있도록 '직접적인 노력으로 할 수 있는 것'을 하는 것이다.

운동선수(고전 9:24-27; 신약에서 가장 흔히 사용되는 사례)를 예로 들어 보자. 당신이 자기 몸무게만 한 역기를 들고 싶지만 들 수 없다고 해 보자(특히 내게는 큰 공감이 가는 시나리오). 힘이 없다. 그 역기를 들 만한 근육이 없다. 절대 그럴 수 없는 것은 아니다. 건강한 사람이라면 누구나 할 수 있다. 다만 '아직은' 할 수 없을 뿐이다. 더 큰 힘을 기르기만 하면 된다. 그러기 위해 훈련을 해야 한다. 이 경우, 훈련은 아침 팔굽혀펴기가 될 것이다. 처음에는 다섯 개로 시작해서 열 개로 올렸다가 50개로 올린다. 이렇게 계속해서 훈련을 하면 전에는 할 수 없던 것을 할 수 있는 사람이 된다.

훈련은 힘을 얻는 방법이다. 영적 훈련은 비슷하면서도 다르다. "현재 '직접적인 노력으로 할 수 없는 것'을 결국 할 수 있도록 '직접적인 노력으로 할 수 있는 것'을 하는 것"이라는 점에서는 비슷하다. 영적 훈련도 힘을 얻는 방법이다. 하지만 옳은 일을 하기 위해 자신의 힘(의지력)을 사용할 뿐 아니라 자신보다 훨씬 더 큰 힘, 즉 성령의 능력을 의지한다는 점에서 다르다. 영적 훈련은 존재 가장 깊은 곳에서 하나님께 나아가기 위한 시간과 공간을 만들어 내는 것이다.

달라스 윌라드는 영적 훈련을 다음과 같이 정의 내렸다.

> 훈련은 우리의 개인성과 존재 전체가 하나님께 효과적으로 협력하기 위해 의식적으로 행하는 몸과 마음의 활동이다. 이 활동을 통해 점점 우리는 엄밀히 말하면 우리 밖에 있는 힘, 영적 영역 자체에서 오는 힘 안에서 살 수 있다.[2]

의지력이 나쁜 것은 아니다. 사실, 의지력을 회복하는 일이야 말로 변화의 핵심이다. 의지력이 제대로 작용하면 큰 효과가 있다. 단지 대개는 의지력이 충분히 작용하지 않을 뿐이다. 특히, 그리스도와 동행한 지 얼마 되지 않았을 때는 의지력이 몹시 부족할 수밖에 없다. 하지만 예수님의 삶을 바탕으로 한, 쉽지만 생명을 주는 훈련들을 하면 우리 자신보다 훨씬 더 큰 힘을 얻을 수 있다.

아이러니하게도, 대부분의 훈련은 예수님이 전혀 명령하신 적이 없는 것들이다. 단지 기도만 예외일 뿐이다. 예수님은 아주 여러 번 기도에 관한 명령을 하셨다(기도는 훈련 곧 실천적 행동이 아니라 단순히 하나님을 의식하고 그분께 연결되는 것이라고 말할 수 있다. 하지만 바로 그것이야말로 모든 영적 훈련의 최종적인 목표다). 하지만 예수님은 이른 아침에 일어나 큐티 시간을 가지거나 성경을 읽거나 공동체 안에서 살거나 안식일을 지키거나 가난한 사람을 구제하는 것 등을 핵심적인 훈련 혹은 습관으로 명령하신 적이 없다. 단지 이런 행동을 하시면서 "나를 따르라"라고 말씀하셨을 뿐이다.

앞서 말했듯이 이 말씀의 원어는 "내 밑에서 도제 수업을 받으라"라고 번역하는 편이 더 정확하다고 주장하는 학자들이 많다. 그런가 하면 이런 번역도 가능하다. "내 삶을 세세한 부분까지 그대로 따라하라. 내 일상을 네 삶의 모델로 삼으라."

예수님이 명령이라는 방식을 반대하시는 것은 전혀 아니다. 다만 예수님의 리더십의 핵심은 강요나 통제가 아니라 본보기와 초대다. 예수님은 우리에게 그분의 습관들을 따르라고 명령하시지 않았다. 그 습관들을 어떻게 할지에 관한 강의를 하시지도 않았고, 우리만의 생활 수칙을 개발하기 위한 토요 세미나를 진행하시지도 않았다. 단지 '인생의 무게를 지는' 전혀 새로운 방식의 본을 삶으로 보여주셨을 뿐이다. 그러고 나서 몸을 돌려 우리에게 말씀하셨다. "지금까지 해 오던 방식에 지쳤느냐? 영혼의 쉼을 원하느냐? 그렇다면 와서 쉬운 멍에를 메라. 내 삶을 세세한 부분까지 그대로 따라하라."

자, 이런 것이 예수님의 습관들이다. 이제 쉬운 멍에를 본격적으로 파헤쳐 보자.

Part 3

THE RUTHLESS ELIMINATION OF HURRY

이 시대를 위한
전인적 '슬로우 영성' 훈련

인생의 무게를 지는
전혀 새로운 방식

SILENCE AND SOLITUDE

7 침묵과 고독 훈련

소음 전쟁터,

날마다 하나님을

가장 크게 듣는 연습

나는 90년대 말에 '따분하다'고 부르던 상황을 기억할 만큼 나이를 먹었다. 디지털 세대들은 무슨 말인지 도무지 모를 것이다. "따분하다? 와이파이 신호가 약해서 인터넷 창이 뜨는 데 2초 이상 걸리는 것 같은 상황을 말하는 건가?" 음, 비슷하기는 하다. 다만 그 시간에 몇백, 아니 최소한 몇천을 곱하면 된다.

1995년 이후에 태어난 사람이라면 할 거리가 무한히 많지 않았던 시절을 좀체 상상할 수 없을 테지만 내게는 지금도 생생하다. 미국을 횡단하는 비행을 할 때 책 한 권을 다 읽고서도 시간이 남아 아무 할 일도 없이 창밖을 멍하니 응시하던 시절이 있었다. 커피숍에서 다섯 사람 뒤에 서서 '가만히' 기다리기만 하던 시절이 있었다. 줄에 서 있다 보면 붙임성 좋은 사람들이 말을 걸어온다. 그러면 나 같은 내향적인 사람들은 어색한 웃음을 지으며 속으로 생각한다. '생판 모르는 사람이 왜 말을 걸고 난리야!'

이런 시절을 기억하는가? 버스 정류장에서, 꽉 막히는 도로에서, 영화관에서 영화 시작 전에, 지루하기 짝이 없는 정치학 강의실 맨 뒷자리에서 딱히 할 일이 없어서 손가락만 만지작거리던 순간들……

우리는 가끔 옛 감흥에 젖지만 그렇다고 해서 다시 디지털 이전 시대로 돌아가고 싶지는 않다. 세상은 전에 없이 효율적으로 변했다. 적은 시간으로 많은 것을 해낼 수 있다. 효율성으로 따지면, 10년 전에는 상상도 못했을 수준에 이르렀다.

하지만 역시 장단점이 있다. 첨단 기술 덕분에 할 거리가 끝이 없는 세상이지만 도리어, 그래서 중요한 뭔가를 우리는 잃어버렸다. 따분함은 기도로 가는 통로가 될 수 있었다. 하루에도 수없이 찾아오는 따분한 순간들은 주변에 가득한 하나님의 현실에 깨어날 수 있는 기회였다. 자신의 영혼에 깨어날 수 있는 기회였다. 하나님께로 다시 마음을 향할 수 있는 기회였다. 바쁨의 굴레에서 벗어나 하나님을 의식할 수 있는 기회였다.

그런데 이제 이런 순간은 다 사라졌다. 디지털 맹수가 이 귀한 순간들을 삼켜 버렸다. 조금이라도 따분함이 느껴지는 순간 우리는 스마트폰을 향해 손을 뻗는다. 새로운 뉴스를 확인하고, 이메일에 답하고('전체 답장'을 클릭), 도널드 트럼프의 트윗에 관한 트윗을 읽고 나서 트윗을 날리고, 오늘 날씨를 확인하고, 새로운 신발을 검색하고, 자연스럽게 온라인 게임에 접속한다.

마이크로소프트에서 시행한 한 조사에서 "아무 할 일이 없을 때 가장 먼저 스마트폰을 집어 든다"라는 체크 항목에 청년들의 77퍼센트가 "그렇다"라고 답했다.[1] 물론 나는 그렇지 않다. 하지만 당신은 어떤가? 조금이라도 혼자만의 상념에 잠길 수 있는 유일한 시간은 샤워하는 시간이다. 하지만 그것도 전자기기에 방수 기능이 없을 때 이야기다. 모든 전자기기가 방수가 되는 날이 머지않았다.

내가 이런 말을 하는 것은 이런 상황이 우리의 도제 수업과 예수님이 제시하시는 삶에 대한 우리의 경험에 큰 영향을 미치기 때문이다. 무슨 영향을 미치는가? 정신을 팔 것이 많고 더없이 바쁜 이 디지털 세상은 우리에게서 중요한 것에 집중하는 능력을 앗아 가고 있다.

하나님께 집중하는 능력.

다른 사람들에게 집중하는 능력.

우리 세상의 좋고 아름답고 참된 모든 것에 집중하는 능력.

우리 자신의 영혼에 집중하는 능력.

앤드류 설리번의 말을 들어 보자. 소음으로 가득 찬 이 시대에 그는 침묵을 외치고 있다.

> 읽어야 할 책들이 있다. 걸으며 구경해야 할 경관들이 있다.
> 어울려야 할 친구들이 있다. 열심히 살아야 할 삶이 있다. ……
> 산만이라는 이 새로운 유행병은 우리 문명의 약점이다. 이 병은
> 우리 마음을 변질시키는데, 이는 마음을 위협한다기보다는 영혼을
> 위협한다. 소음이 이 상태로 지속된다면 결국 소음이 있는지조차
> 망각하게 될지 모른다.[2]

현대 세상의 소음은 하나님의 음성에 귀가 멀게 만든다. 우리에게 가장 필요한 것은 바로 하나님의 말씀이지만 소음이 그 말씀의 소리를 덮어 버린다. 우리의 집중력이 금붕어만도 못하다면 어떻게 영적 삶을 누릴 수 있겠는가. 틈만 나면 스마트폰을 만지작거리는

데 어떻게 기도하거나 성경책을 읽거나 교회에서 참을성 있게 앉아 설교를 듣거나 안식일에 잘 쉴 수 있겠는가.

가톨릭 신부이자 사회 비평가인 로널드 롤하이저의 말을 다시 떠올려 보자. "우리는 좋고 나쁜 온갖 것에 정신을 파느라 영적 무의식oblivion 상태로 빠져들고 있다."[3]

이 상황을 바로잡는 데 도움이 되는 예수님의 습관이 있을까? 세월의 검증을 거친 기술 혹은 영적 훈련이 있을까? 어떻게 하면 이 혼란스러운 현대 세상의 '한복판'에서도 번영할 수 있을까?

답: 그런 방법이 몇 가지 있다. 이제부터 바쁘지 않은 삶을 사는 네 가지 방법을 살펴볼 것이다. 먼저 내가 가장 중요하다고 생각하는 방법부터 시작해 보겠다. 바로 침묵과 고독이다.

예수님과 에레모스

마태복음 3장 끝 무렵에 예수님의 세례에 관한 놀라운 이야기가 기록되어 있다. 예수님이 물에서 나오시자 하늘에서 실제 음성이 들렸다. "이는 내 사랑하는 아들이요 내 기뻐하는 자라"(마 3:17). 이는 단순히 감정적으로 충만한 순간이 아니다. 영적으로 충만한 순간이다. 예수님이 세상 속으로 보내심을 받는 순간이다.

그런데 바로 다음 구절에서 뜻밖의 내용이 나타난다.

그때에 예수께서 성령에게 이끌리어 마귀에게 시험을 받으러 광야로 가사 사십 일을 밤낮으로 금식하신 후에 주리신지라 시험하는 자가 예수께 나아와서 이르되(마 4:1-3).

보다시피 예수님이 세례를 받고 가장 먼저 하신 일은 곧장 광야로 들어가시는 것이었다. 여기서 광야는 단순히 모래와 열기만 가득한 곳이 아니다. 헬라어로 광야는 '에레모스'인데, 이는 많은 의미를 함축한다. 이 단어는 다음과 같이 번역할 수 있다.

* 사막
* 버려진 곳
* 황폐한 곳
* 외진 곳
* 외로운 곳
* 조용한 곳(내가 제일 좋아하는 곳)
* 황무지

사복음서에는 예수님과 광야의 관계를 보여 주는 이야기가 많지만 이것이 첫 번째 이야기다. 이 이야기가 예수님의 사역과 사명의 출발점이기 때문에 여기서 살펴보고자 한다. 하지만 생각할수록 이상하지 않은가? "예수께서 성령에게 이끌리어 마귀에게 시험을 받으러 광야로 가사"라는 대목을 읽고 고개를 갸우뚱하지 않았는가?

창세기부터 마태복음까지 성경을 읽어 보면 예수님과 사탄은 '적'이라는 사실을 분명히 알 수 있다. 주인공은 악당을 물리쳐야만 한다. 악은 무찔러야만 하는 것이다. 그렇다면 예수님은 왜 광야로 가셨는가? 왜 홀로? 왜 굳이 광야에서 40일간 금식을?

아무리 생각해도 이 이야기를 이해할 수 없었다. 그것은 내가 광야를 '약함'의 장소로 여겼기 때문이다.

나는 이렇게 생각했다. "광야는 사탄의 느낌이 강하게 풍기는 곳 아닌가? 길고 고된 하루나 한 주 끝에 찾아오는 것 아닌가? 배가 고파 화가 나는 상황, 최악의 상황 아닌가?" 그러다 갑자기 내가 착각했다는 것을 깨달았다. 광야는 약함의 장소가 아니라 오히려 '강함'의 장소다.

"예수께서 성령에게 이끌리어 마귀에게 시험을 받으러 광야로" 가신 것은 오직 그곳에서만 예수님의 영적 능력이 절정에 이르기 때문이었다. 조용한 곳에서 한 달 반 동안 금식하며 기도하신 뒤에야 비로소 예수님은 사탄을 상대하고도 상처 하나 없이 걸어 나오실 수 있었다. 이것이 예수님이 계속해서 에레모스로 돌아가신 이유다.

마가복음 1장을 예로 들어 보자. 마가복음 1장은 예수님이 메시아로서의 사명을 시작하신 첫날을 길게 기술한 장이다. 실제로도 길고 긴 하루였다. 예수님은 새벽같이 일어나 회당에서 가르침을 펼치신 뒤 점심시간에는 베드로의 장모를 치유하셨고, 그다음도 늦게까지 많은 병자를 치유하고 귀신을 쫓아내셨다. 하루를 마칠 즈음에는 파김치가 되셨을 것이다.

그런데 그 이튿날에 관한 기록은 이렇게 시작된다.

> 새벽 아직도 밝기 전에 예수께서 일어나 나가 한적한 곳〔에레모스〕으로 가사 거기서 기도하시더니(막 1:35).

예수님이 늦게까지 푹 주무신 뒤에 가벼운 조깅을 하고 제자들과 늦은 아침 식사를 하셨으리라 생각하기 쉽다. 하지만 바쁘게 보낸 일요일 뒤에 하루를 푹 쉬셨다는 기록은 전혀 없다. 오히려 예수님은 새벽같이 일어나 조용한 장소로 가셨다.

이미 예수님은 한 달 반 동안 조용한 장소에 다녀오신 상태였다. 그런데 가버나움으로 돌아와 겨우 '하루 동안' 바삐 활동하시더니 다시 기도하러 에레모스로 돌아가셨다.

예수님이 조용한 장소로 들어가신 것은 한차례만 있었던 사건이 아니다. 그것은 예수님의 삶에서 지속적으로 나타난 리듬의 한 부분이었다.

하지만 이야기는 여기서 끝나지 않는다.

시몬과 및 그와 함께 있는 자들이 예수의 뒤를 따라가 만나서 이르되
모든 사람이 주를 찾나이다(막 1:36-37).

내 식으로 풀이해 보면 이렇다.

예수님, 내내 어디 계셨어요? 어제 정말 대단하긴 하셨나 봐요.
사방팔방에 소문이 났어요. 기자들이 찾고 난리가 났어요.
SNS에서도 떠들썩하고요. 어서 돌아가야 해요. 어서요!
서두르세요![4]

그때 예수님은 뭐라고 말씀하셨을까?

우리가 다른 가까운 마을들로 가자 거기서도 전도하리니 내가 이를
위하여 왔노라(막 1:38).

다시 말해 예수님은 "노No"라고 대답하셨다.

예수님은 자신의 정체성과 소명을 더없이 분명히 알고서 광야
에서 나오셨다. 삶의 방향이 분명히 정해진 상태였다. 하나님과 예
수님 자신의 영혼과 깊이 연결되신 상태였다. 이렇게 정서적으로,
영적으로 온전한 상태였기에 예수님은 무엇에 "예스Yes"라고 말할
지, 더 중요하게는 무엇에 "노"라고 말할지 정확히 아셨다.

사복음서를 보면 예수님께서는 조용한 장소로 가는 것이 언제나 최우선이었다.

마가복음 6장에 우리는 몇 주간 하나님의 나라를 위해 일한 끝에 몹시 지친 제자들을 만날 수 있다.

오고 가는 사람이 많아 음식 먹을 겨를도 없음이라(막 6:31).

이렇게 바쁜 적이 있는가? 아마 자녀를 둔 모든 부모들은 "매일"이라고 대답할 것이다. 그런데 예수님은 너무 바빠서 지칠 대로 지친 제자들에게 이렇게 말씀하셨다.

너희는 따로 한적한 곳(에레모스)에 가서 잠깐 쉬어라(막 6:31).

해석하자면 이렇다.

너희에게 정말 필요한 것은 맥주 한잔이나 머리 식힐 영화 한 편이 아니다. 너희에게 정말 필요한 것은 나와 단둘이 보내는 시간이다. 하지만 그런 시간을 갖기 위해서는 세상의 모든 소음과 사람들에게서 벗어나야 한다.

그래서……

이에 배를 타고 따로 한적한 곳(에레모스)에 갈새(막 6:32).

기분 좋게 들린다. 갈릴리 해변 근처에 있는 스파에서 예수님과 단둘이 보내는 시간. 누구 허브티 없는가?

그러나 이야기는 그런 식으로 흘러가지 않는다. 이어지는 구절을 보자.

그들이 가는 것을 보고 많은 사람이 그들인 줄 안지라 모든 고을로부터 도보로 그곳에 달려와 그들보다 먼저 갔더라 예수께서 나오사 큰 무리를 보시고 그 목자 없는 양 같음으로 인하여 불쌍히 여기사 이에 여러 가지로 가르치시더라 때가 저물어 가매 제자들이 예수께 나아와 여짜오되 이곳은 빈 들이요 날도 저물어 가니(막 6:33-35).

이 이야기의 더없이 현실적인 면이 정말 마음에 든다. 예수님과 단둘이 보내는 시간이 정말 필요할 때가 있다. 하지만 삶은 내 뜻대로 흘러가지 않는다. 사람들은 내 뜻대로 되지 않는다. 안식일을 누리거나 기도하거나 단순히 아무 계획 없이 한가로이 저녁 시간을 보내려고 마음을 먹는다. 그런데 갑자기 직장 상사에게서 회사에 사소한 문제가 생겼다는 문자 메시지가 날아온다. 혹은 두 살배기 딸이 레고 조각을 삼키는 바람에 서둘러 '가장 가까운 응급센터'를 검색한다. 룸메이트가 안 좋은 일이 있다며 얘기를 좀 하고 싶다고 부른다. 두 시간이 지났는데도 그가 여전히 흐느끼며 하소연을 이어 간다. 수많은 사람이 당신을 오랫동안 기다려 온 메시아로 믿고서 당신의 집 문을 세차게 두드리며 병을 치료해 달라고, 하나님 나라에 관해서 가르쳐 달라고 아우성을 친다. 알다시피 우리 삶에서는 매일 이런 일이 끊이지 않는다.

익숙한 상황인가? 쉬고 싶어도 쉴 시간이 없을 때가 많은가? 예수님의 삶도 전혀 다르지 않았다. 하지만 이번에도 역시 이것이 이야기의 끝이 아니다. 한 소년의 도시락과 5천 명의 식사 사건 이후 다음과 같은 기록이 나타난다.

> 예수께서 즉시 제자들을 재촉하사 자기가 무리를 보내는 동안에 배 타고 앞서 건너편 벳새다로 가게 하시고 무리를 작별하신 후에 기도하러 산으로 가시니라 저물매 …… 예수께서는 홀로 뭍에 계시다가(막 6:45-47).

예전에는 이 이야기의 결말을 읽고서 '와우, 예수님은 정말 영적이시군. 밤새도록 기도를 하시니까 말이야!'라고 생각했다. 물론 틀린 말은 아니다. 하지만 예수님이 밤새 기도하신 '이유'를 눈여겨봐야 한다. 그때가 홀로 조용히 계실 수 있는 유일한 시간이었기 때문이다. 예수님은 하루 종일 혼자만의 시간을 가질 틈이 없을 만큼 바쁘셨다. 그래서 어쩔 수 없이 도제들을 모두 보내고서 밤새도록 산에 머무셨다(여기서는 '에레모스'라는 단어를 사용하지 않지만 한밤중의 산꼭대기는 에레모스의 조건을 완벽히 충족한다). 예수님은 아버지와 단둘이 보내는 시간이 잠보다 훨씬 중요함을 아셨다.

우리는 아직 누가복음은 살펴보지도 않았다. 누가복음에서 예수님은 무려 '아홉 번'이나 조용한 장소로 가셨다. 딱 한 가지 이야기만 더 살펴보자. 여기서 끝이다. 약속한다. 이 이야기는 누가복음 5장에 기록되어 있다.

> 예수의 소문이 더욱 퍼지매 수많은 무리가 말씀도 듣고 자기 병도
> 고침을 받고자 하여 모여 오되(눅 5:15).

군중이 몰려와 예수님의 집 문을 두드리는 것은 거의 일상이나 다름없었다. 다음 구절을 보자.

> 예수는 물러가사 한적한 곳에서 기도하시니라(눅 5:16).

이 구절에서 "한적한 곳"에 해당하는 헬라어는…… 이제 말 안 해도 알리라 믿는다.

그렇다. 예수님은 자주 한적한 곳으로 가셨다. 예수님은 사람들이 있는 곳에서 주기적으로 몰래 빠져나와 기도를 하셨다. 이는

예수님의 습관이었다. 특히 누가복음에 보면 예수님은 더 많은 사람들이 찾아와 바빠지고 유명해지실수록 더 자주 한적한 곳으로 가서 기도하셨다.

대개 우리는 정반대다. 많은 사람이 찾아와 삶이 바빠지고 정신이 없어질수록 한적한 곳으로 가는 시간이 줄어든다. 조용한 곳에서 오로지 하나님 앞에 앉아 있는 시간이 가장 먼저 사라진다. 기도하고, 시편을 읽고, 내면을 돌아볼 시간이 사라진다. 우리의 영혼이 우리의 몸을 따라잡을 시간이 사라진다.

하지만 바쁠수록 조용한 곳에서 보내는 시간이 '더' 필요하다. 혹시 지금 변명거리를 떠올리고 있는가? "전업주부라 시간이 없어." "꼭두새벽부터 밤늦게까지 쉼 없이 일해야 하는 직업이라." "나는 가만히 앉아 있지를 못하는 성격이라." "내가 주의력결핍장애를 앓고 있어서." 잠깐! 생각해 보라. 예수님도 조용한 곳에서 보내는 시간이 필요하셨다.

다시 말한다.

예수님도 조용한 곳에서 보내는 시간이 필요하셨다.

그것도 아주 많이.

그런데도 당신에게는 그런 시간이 필요 없다고 생각하는가?

예수님의 절대 습관

예수님의 이 습관을 예부터 '침묵과 고독'이라 불렀다. 말은 간단하지만 그리 간단하지는 않다.

하나씩 살펴보자.

먼저, 침묵.

침묵에는 외적인 것과 내적인 것, 이렇게 두 가지 차원이 있다. 외적인 침묵은 새삼 설명이 필요 없다. 소음이 없는 것, 이어폰으로 음악을 듣지 않는 것, 텔레비전을 켜 두지 않고 아예 끄는 것, 룸메이트와 떠들며 서바이벌 온라인 게임을 하지 않는 것, 갓난아기가 시끄럽게 울지 않는 것, 식기세척기에서 그릇을 꺼내면서 수화기 너머로 한바탕 수다를 쏟아 내지 않는 것, 이른 새벽, 아무도 없는 자연 속, 홀로 있는 방 안, 조용한 시간, 귀에 아무 소리도 들리지 않는 순간…….

조용히 있는 것 자체가 하나의 영적 훈련이다. 1,500년 전 아프리카 신학자 성 아우구스티누스는 침묵으로 들어가는 것이 곧 "기쁨으로 들어가는 것"이라고 말했다.[5]

지금 나는 호주 멜버른에서 이번 장을 쓰고 있다. 지난 며칠간 강연 일정이 꽉 차 있었다. 보람 있고 즐거웠지만 시끄러웠다. 소음, 사람들, 활동, 자극이 끊이지 않았다. 그래서 오늘 아침에 눈을 떴을 때 극도로 피곤했다. 그런데 시차 때문에 일찍 눈을 떠서 교회에 가기 전에 조깅할 시간이 남았다. 그래서 에덴동산을 연상케 하는 피츠로이 가든에 흐르는 야라강을 따라 달렸다. 공원에는 아무도 없었다. 그저 나, 강, 머리 위 유칼립투스 나무를 연주하는 산들바람 그리고 하나님만 계셨다. 20분쯤 달렸을 때 내 영혼이 다시 깨어나는 것을 느꼈다. 그 순간, 하나님의 임재는 더 이상 머릿속의 개념이 아니라 실질적인 경험이 되었다. 내 주변, 내 안에 하나님이 분명히 느껴졌다.

성경을 읽지도 기도를 하지도 않았다. 그 어떤 영적인 것도 의도적으로 하지 않았다. 그냥 조용히만 있었다. 조용한 시간은 정서적 치유를 위한 연고와도 같다. 아니, 그 이상이다. 조용한 시간은 영적 삶으로 가는 통로다. 삶의 대부분을 시내산에서 기도하며 보낸 6세기 시리아의 성 요한 클리마쿠스는 이런 명언을 남겼다. "침묵이라는 친구는 우리를 하나님께로 가까이 이끌어 준다."[6] 반대로, 소음을 가리켜 이렇게 말한 사람은 아무도 없다.

C. S. 루이스는 《스크루테이프의 편지*The Screwtape Letters*》라는 책에서 침묵을 자신들의 일(그리스도인의 영혼을 파괴하는 것)에 대한 큰 위협으로 여겨 이를 경계하는 악마들을 그리고 있다. 고참 악마 스크루테이프는 마귀의 영역을 "소음의 왕국"으로 부르며 "마침내 온 우주를 소음으로 만들 것이다"라고 말한다.[7]

이것이 우리 삶에 그토록 소음이 가득한 이유가 아닐까? 아니면 다른 이유일까? 차에 타자마자 라디오를 켜는 이상한 습관은 도대체 어디에서 온 것일까? 늘 음악을 틀어 놓는 습관은? 텔레비전을 켜 놓고서 저녁 식사를 준비하는 습관은? 운동을 하면서 팟캐스트를 듣는 습관은? 마귀 탓을 하기 쉽지만, 혹시 우리가 '내적인' 소음을 잠재우기 위해 외적인 소음을 사용하는 것은 아닐까?

내적인 소음은 이런 것을 말한다. 멈추지 않는 머릿속 대화, 머릿속에서 '모든' 것을 비판하는 것, 친구와 나눴던 불미스러운 대화를 계속해서 되새기는 것, 거리에서 본 여자나 남자에 관한 음란한 생각, 성적인 공상, 누군가에게 말이나 행동으로 복수하는 상상, '~하면 어쩌지?'라는 걱정으로 자신의 기쁨과 평안을 깨뜨리는 것, 가상의 시나리오를 계속해서 곱씹는 것, 미래의 재난을 예상하는 것, 현실을 이상(理想)에 비추어서 생각하는 것, 완벽한 삶을 꿈꾸다가 현재 삶을 망치는 것…….

머릿속에서 일어나는 혼란은 스스로 만든 감옥에 자신을 가두고 그 안에 온갖 것을 쑤셔 넣는 것과도 같다. 많은 사람이 독성 있는 정신의 패턴에 갇혀 있다. 외적인 소음은 잠재우기가 쉽다. 그냥 휴대폰을 끄면 된다. 라디오 전원을 끄면 된다. 소파에 누우면 된다. 공원을 걸으면 된다. 심지어 수도원으로 들어가는 방법도 있다. 어쨌든 쉽다.

하지만 내적인 소음은? 이 소음은 전혀 다른 짐승이다. 반드시 길들여야만 하는 들짐승이다. 전원을 끄는 스위치 따위는 없다. 여기서 내가 말하는 침묵은 두 가지 종류의 침묵을 아우른 것이다. 자,

이것이 침묵이다.

이번에는 고독.

고독도 역시 간단하다. 오직 하나님과 자신의 영혼하고만 있는 시간을 말한다. 분명히 말하는데 내가 말하는 고독은 '고립'이 아니다. 이 둘은 하늘과 땅만큼 차이가 난다. 고독은 참여하는 것이지만 고립은 도피하는 것이다. 고독은 안전하지만 고립은 위험하다. 고독은 자신을 하나님께 열기 위한 방법이지만 고립은 스스로를 마귀의 표적으로 내어 주는 것이다.

고독은 자신의 영혼을 살찌울 시간을 내는 것이다. 자신의 영혼이 건강하게 자랄 시간을 마련하는 것이다. 반면 고립은 자신의 영혼을 무시할 때 갈망하게 되는 것이다. 고독은 언뜻 우울한 느낌을 주는 단어이지만 사실 외로움과는 거리가 멀다. 리처드 포스터는 역작 《영적 훈련과 성장*Celebration of Discipline*》에서 이렇게 말했다. "외로움은 내적 공허함이다. 고독은 내적 성취다."[8] 고독은 전혀 혼자 있는 것이 아니다. 오히려 하나님과의 연결을 '가장' 강하게 느끼는 순간이다.

앞서 말했듯이 대부분의 사람들이 솔직히 인정하지 못하는 우리 시대 영성의 매우 큰 문제점 하나는 하나님에게서 철저히 분리되어 있다는 것이다. 오늘날 우리는 좀처럼 하나님의 임재를 경험하지 못한다. 사랑과 기쁨과 평안을 경험하는 그리스도인을 찾아보기 힘들다. 기껏해야 우리는 일시적인 자극을 찾아 교회를 간다. 하지만 하나님과 연결된 것 같은 일시적인 느낌을 경험한 뒤 이내 다시 공허해져서 세상으로 돌아간다.

이런 영적 질병의 해독제는 침묵과 고독처럼 '쉬운' 것이 아닐까? 나의 진단대로 문제점이 하나님의 부재가 아니라 우리의 부재라면, 하나님이 우리와의 연결을 끊으신 것이 아니라 우리가 엉뚱한 것들에 정신을 파는 것이라면[9] 해법은 지극히 간단하다. 하나님께 정신을 집중하고 그분과 연결될 수 있는 환경을 조성하면 된다. 그리고 그런 환경으로 에레모스만 한 것은 없다.

기독교의 오랜 자산

교회 역사에서 예수님의 길을 가르치는 선생들은 하나같이 침묵과 고독을 가장 중요한 영적 훈련으로 꼽았다. 이에 관해 헨리 나우웬이 쓴 글은 짧지만 설득력이 있다.

고독 없이는 영적 삶을 사는 것이 사실상 불가능하다. …… 하나님과 함께하며 그분의 음성을 듣는 시간을 따로 떼어 놓지 않는다면 영적 삶을 진지하게 받아들이지 않는 것이다.[10]

보다시피 다른 여지를 남겨 두지 않은 단순 명쾌한 선포다. 예외는 없다. 하나님과 단둘이 있는 시간을 내지 않으면 그분과의 관계는 시든다. 이외에 다른 가능성은 없다.

이는 지당한 말이다. 하나님과의 관계라고 여느 관계와 다르지 않기 때문이다. 모든 관계에는 둘만의 시간이 필요하다. 나와 아내가 단둘이 있는 시간을 전혀 내지 않는다면 우리의 결혼생활이 어떻게 될까? 둘만 있는 자리에서 가슴 깊은 곳의 비밀과 꿈과 두려움을 서로에게 털어놓지 않는다면? 오로지 서로를 사랑하는 데만 집중하는 시간을 내지 않는다면? 둘만 서로 어깨를 맞대고 있는 시간을 내지 않는다면? 가정이 깨지지는 않더라도 분명 흔들릴 것이다. 하나님과의 관계도 마찬가지다. 그리고 우리 영혼과의 관계도 마찬가지다.

자녀 양육에 관한 이런 말이 있다. "아이에게 사랑은 곧 시간이다." 맞는 말이다. 물론 이 원칙은 부모 자식 관계에만 적용되는 건 아니다. 아버지 하나님을 사랑하고 그분과 살아 있는 관계를 맺어 매일 그분의 임재를 경험하고 싶다면 그분과 단둘이 보내는 시간을 내야 한다. 모든 것을 멈추고 그분 앞으로 나아가야 한다. 그런데 관계적인 시간은 매우 비효율적이다. 연결이 드문드문 이루어진다. 하루 종일 함께해도 기억나는 것은 짧은 대화 한 번일 수 있다. 하지만 순식간에 지나가는 그 한순간이 모든 것을 바꿔 놓는다.

한번은 헨리 나우웬이 마더 테레사에게 영적 지도를 구했다. 당시 나우웬은 영혼의 많은 문제로 괴로웠기 때문에 테레사에게 지혜를 구했다. 20세기에 가장 위대한 예수님의 제자 가운데 한 명이 다른 성도에게 예수님을 따르는 법에 관한 작은 조언을 구했다니 상상이 가는가. 둘 사이에 오간 대화를 모두 엿들을 수 있다면 얼마나 좋을까?

테레사는 나우웬에게 다음과 같이 답했다.

> 하루 동안 오로지 주님만 찬양하며, 옳지 않다고 생각하는 일을 하나도 하지 않으면…… 좋아질 거예요![11]

참으로 간단하다. 아주 간단한 두 가지 습관. 하루 동안 오직 하나님만 즐기라. 그리고 옳지 않다고 생각하는 일을 하나도 하지 말라.

내 말을 한 귀로 듣고 한 귀로 흘려보내기 전에, 아니 내 말보다 훨씬 더 큰 무게를 지니는 마더 테레사와 헨리 나우웬의 말, 예수님의 말씀을 바로 잊어버리고 시끄러운 일상으로 돌아가기 전에, 이 두 가지 습관이 왜 그렇게 중요한지 생각해 보라.

이 두 가지 예수님의 습관을 실천하지 않으면 결국 다음과 같은 대가를 치르게 된다.

＊ 하나님에게 거리감을 느끼고, 결국 팟캐스트나 책, 혹은 일터로 달려가기 전에 서둘러 훑어보는 한 페이지짜리 신앙의 글을 통해

다른 사람들의 영성에 기대 살게 된다.

* 자신에게 거리감을 느낀다. 자기 정체성과 소명을 망각한다.
  중요한 일이 아닌 당장 급한 일이라는 쳇바퀴에 갇혀 버린다.

* 좀처럼 사라질 줄 모르는 불안감이 삶의 밑바닥에 계속해서
  흐른다. 자신이 뒤처졌으며, 다른 사람들과 세상을 따라가기에
  급급하다는 기분이 계속해서 따라다닌다.

* 결국 지친다. 아침에 눈을 떴을 때 처음 드는 생각은 '벌써? 조금만
  더 자고 싶어'다. 종일 무기력해서 카페인 등에 의존한다. 밀린
  잠을 자도 더 깊은 차원의 피로는 사라지지 않는다.

* 도피를 시작한다. 진정으로 영혼을 살찌우는 것, 이를테면 기도를
  할 에너지가 남아 있지 않다. 그래서 술, 드라마, SNS, 포르노 같은
  싸구려 자극제에 기댄다.

* 사탄의 쉬운 먹잇감으로 전락한다. 하나님과 자신의 영혼에게서
  점점 더 멀어지는 것을 느낀다.

* 정서적 병이 뿌리를 내린다. 깊은 삶이 아닌 피상적 삶을 살기
  시작한다. 예민하게 변한다. 상사가 무심코 던진 말, 동료가 건넨
  기분 나쁜 말, 배우자나 룸메이트가 넌지시 한 말 등 사소한
  것에 발끈한다. 유혹에 쉽게 넘어간다. 자녀에게 소리를 친다.
  방어적으로 군다. 삐친다. 자주 화를 내거나 우울해진다.

이것들은 침묵과 고독이 없는 삶에서 나타나는 증거요, 증상들

이다. 반대로, 우리는 얼마든지 다음과 같은 삶을 살 수 있다.

* 근처 공원, 집 안의 조용한 구석, 이른 아침 아이들이 깨기 전에 늘
  가는 장소 등 자신만의 한적한 곳을 찾아간다(막 6:31).
* 시간을 낸다. 한 시간을 온전히 내지 못하더라도 모든 소음, 온갖
  의사소통, 스트레스, 현대 사회의 쉴 새 없는 자극에서 벗어날 만큼
  충분한 시간을 낸다. 때로는 단 몇 분이면 충분하다. 어떨 때는 한
  시간도 충분하지 않다. 때로는 몇 분이든 주어진 시간을 감사히
  받아들이고 최대한 활용해야 한다.
* 삶의 속도를 늦춘다. 숨 돌릴 틈을 갖는다. '현재'에 집중한다.
* 감정을 오롯이 느끼기 시작한다. 처음에는 기쁨, 감사, 축하,
  평안만이 아니라 슬픔, 의심, 분노, 불안까지 모든 감정을
  느낀다. 대개 나는 좋지 않은 감정을 먼저 느낀다. 뭐, 자연스러운
  현상이다.
* 마음속에 있는 좋은 것, 좋지 않은 것, 추악한 것을 직시한다.
  걱정, 우울한 일, 소망, 하나님을 향한 갈망 혹은 그런 갈망이
  부족한 상태, 하나님의 임재에 대한 의식 혹은 하나님이 멀리
  계신다는 느낌, 공상, 현실, 우리가 믿는 모든 거짓말, 깨닫게 된
  진리, 우리의 동기, 중독, 우리가 한 주를 버티기 위해 사용하는
  대응기제……. 이 모든 것이 적나라하게 드러난다. 가장 사랑하는
  사람들에게 쏟아 내는 것이 아니라, 아버지의 사랑과 음성이라는

안전한 장소 안에서 드러난다.

* 다른 모든 음성을 뚫고 들어오는 하나님의 음성을 느낀다. 다른
모든 소음은 침묵의 소용돌이로 사라진다. 이 침묵 가운데서
하나님이 우리를 향해 말씀하시는 사랑의 음성을 듣는다. 우리의
정체성과 소명을 기억나게 하는 음성을 듣는다.

자유하게 된다. 우리를 옭아매던 지난날 경험한 실패가 서서히 힘을 잃는다. 나아가서 지난날 이룬 성공의 힘도 사라진다. 남들의 의견(인정이나 거부)에 집착하던 데서 해방된다. 부족함이 있는 대로 자신을 받아들일 자유를 얻는다. 자신이 사랑으로 입양된 하늘 아버지의 자녀라는 사실을 받아들인다. 완벽하지 못하다고 낙심하지 않고 계속해서 성장해 간다. 침묵과 고독 속에서 마침내 우리의 영혼이 집으로 돌아온다. 이것이 예수님이 말씀하신 '거하다abide'(요 8:31)의 의미다. 이는 거주지 혹은 집의 동사형이다. 쉼의 장소. 영혼이 쉬는 곳으로 돌아간다. 토머스 켈리가 말한 "바쁘지 않은 평안과 능력(의 중심)"으로 돌아간다. [12]

우리에게는 두 가지 선택사항이 있다.

선택 1: 이 습관을 무시하고 변명하면서 바쁜 삶에 갇혀 있는다. 기껏해야 정서적으로 건강하지 못한 상태를 인식은 하고, 심하면 영적 무의식 상태에 빠져든다.

선택 2: '오래되었지만 이 시대에 꼭 필요한' 이 습관을 회복해

예수님의 삶을 경험한다.

지금 온 세상이 이것에 관해 이야기한다. 서점에 들어가자마자 혹은 강연 동영상들을 검색하자마자 "마음 챙김mindfulness"이라는 단어를 만날 수 있다. 마음 챙김은 침묵과 고독을 일컫는 세속 사회의 다른 표현일 뿐이다. 똑같은 것이다. 단지 가장 좋은 부분, 바로 예수님만 빠진 것이다.

흔히 마음 챙김이 불교에서 비롯했고, 세속의 심리치료사들이 더욱 개선한 것으로 여긴다. 하지만 이것이 부처보다 예수님과 더 관련이 있다는 확실한 근거가 있다. 석가보다 산상수훈, 틱낫한보다 아빌라의 성 테레사와 더 관련이 있다. 하지만 포스트 기독교 문화는 기독교에 맞서는 반발이다. 따라서 오늘날 세상은 불교(사실상 신이 빠진 종교이기 때문에 거부감이 덜하다)에는 호의적이고 예수님에게는 반감이 심하다. 하지만 예수님을 따르는 제자들은 수천 년 동안 이 습관을 실천해 왔다. 단지 우리는 이를 "기도"나 "묵상"이라고 부를 뿐이다. 우리는 2천 년간의 전통에서 비롯한 지혜와 최고의 훈련들을 갖추고 있다.

이번에도 앤드류 설리번의 말을 들어 보자.

계획적으로 또한 우발적으로 모더니즘은 영성을 서서히 약화시키고 상거래를 강화시켰다. 모더니즘은 침묵을 방해하고 소음과 지속적인 행동을 촉진시켰다. 세상이 점점 불신앙으로 흐르는 것은, 과학이 증명할 수 없는 것은 틀렸다고 입증했기 때문이 아니라, 세속주의의 백색소음이 믿음이 유지되거나 회복될 수 있는 환경인 고요함을 제거했기 때문이다. …… 오늘날 믿음의 최대 적이 쾌락주의가 아닌 주의 산만임을 교회가 이해한다면 지친 디지털 세대에 다시 다가갈 수 있을지도 모른다.[13]

나처럼 "지친 디지털 세대"여, 두 번째 선택사항으로 가자.

물론 말보다 실천은 더 어렵다. 대부분의 사람들은 이 습관을 극도로 어려워한다. 외향적이고 활동적인 사람들만이 아니라 모두 그렇다. 이것이 모든 습관 중에서 가장 힘들고 급진적이라고 말할 사람이 많을 것이다(앞서 말했듯이 우리는 온갖 감정들에서 도망치기 위해 바삐 온갖 활동을 하기 때문이다).

하지만 실제로는 더없이 쉽다. 날마다 자기 자신 그리고 하나님과 함께할 시간을 조금만 내면 된다. 물론 안식일(다음 장에서 살펴보자)처럼 좀 더 긴 시간을 내면 더 좋지만 말이다. 며칠간 한적한 곳으로 떠나도 좋다. 어떤 경우든 일하는 것이 아니라 쉬는 것이고, 뭔가를 하는 것이 아니라 하지 '않는' 것이고 더하기가 아니라 빼기이기 때문에 분명 '쉽다.' 그리고 다른 모든 습관과 마찬가지로 남은 삶을 더 쉽게 만들어 준다.

나는 조용히 하나님께 나아가는 시간으로 하루를 시작하는 교단에서 자랐다. 날마다 첫 시간을 예수님께 드렸다. 대개 커피 한

잔을 하며 성경책을 읽었다. 하나님께 삶에서 어떤 역사를 일으켜 주시기를 요청했다. 잘못을 회개하고 아픔을 고백하며 필요한 것을 아뢰었다. 때로는 가만히 앉아 있었다. 혼자서. 조용히. 하나님과 내 영혼하고만.

그런데 왜 요즘은 아무도 이 습관을 이야기하지 않는가? 혹은 우리가 이 습관을 이야기하면 사람들이 조롱하거나 근본주의와 율법주의의 잔재라며 거부감을 표시하는가?

나는 이미 비밀을 알고 있다. 그러니 조롱하고 욕해도 어쩔 수 없다. 나는 여전히 하나님과의 조용한 시간을 실천한다.

매일.

이 시간을 절대 빠뜨리지 않는다. 이 시간이야말로 내 하루 가운데 가장 귀한 시간이다. 나는 아침형 인간이 아닌데도 이 시간이 가장 좋다.

우리는 하나님과의 조용한 시간을 회복해야 한다. 이 시간을 회복하는 일이 시급하다.

내일 새벽 6시, 커피 한잔, 나무가 내다보이는 창가에 놓인 의자, 숨 돌릴 시간, 시편 한 편과 복음서의 이야기……. 아버지의 음성을 듣고, 나 자신을 쏟아 내고, 그저 가만히 앉아 쉬리라. 하나님이 내 길을 바꿔야 한다는 말씀을 주실지도 모른다. 내 안에서 들끓는 분노를 다스리라고 말씀하실지도 모른다. 내 마음이 고요한 호수처럼 가라앉을지도 모른다. 머릿속에서 이 생각 저 생각이 날뛰어서 쉬지 못할지도 모른다. 그래도 괜찮다. 내일 똑같은 시간에 이 자리로 돌아올 것이다. 조용한 장소에서 내 하루를 시작할 것이다.

당신은 어떤가?

SABBATH

일을 멈추고,

욕구를 멈추고,

걱정을 멈추는 연습

오늘 아침 나는 뭔가를 '원해서' 침대에서 일어났다. 정확히 말하면, 한 가지가 아니라 여러 가지를 원했다. 커피 한잔을 마시면서 해돋이를 감상하고 싶었다. 세 말썽꾸러기(우리 아이들, 주드, 모지즈, 선데이)가 방에서 나와 먹을 것을 달라고 아우성치기 전에 하나님과 단둘이 시간을 보내고 싶었다. 이 책의 집필 마감일을 잘 지켜서 생계를 잘 꾸리고 싶었다. 가족들의 식탁에 음식이 끊이지 않게 하고 싶었다.

그렇다. 나는 온갖 바람을 갖고 눈을 떴다. 그런 바람은 춥고 어두운 겨울날 새벽에도 이불을 박차고 나가게 만드는 힘이다. 욕구는 무엇보다도 강한 동기 유발 요인이다. 욕구는 우리 삶을 움직이는 엔진이다. 욕구의 기능은 우리를 이불 밖으로 끌어내 세상으로 나가게 만드는 것이다.

하지만 우리가 욕구를 통제하는 것이 아니라 욕구가 우리 삶을 좌지우지하면 문제가 발생한다. 욕구의 역학들을 자세히 들여다보면 욕구는 절대 만족시킬 수 없기 때문이다. 그 옛날 BC 1000년, 전도서 기자는 이렇게 말했다.

눈은 보아도 족함이 없고(전 1:8).

보다 최근 한 시인은 이렇게 말했다.

도무지 만족이 없다.[1]

둘 다 같은 말을 하고 있다. 13세기 최고의 지성 토머스 아퀴나스는 이런 질문을 던졌다. "어떻게 하면 내 욕구를 만족시킬 수 있을까? 어떻게 해야 만족감을 '느낄' 수 있을까?" 그가 내놓은 답은 모든 것을 가져야 한다는 것이다. 모든 것과 모든 사람을 경험해야만 비로소 만족할 수 있다. 모든 식당에서 먹어 봐야 한다. 모든 나라와 모든 도시, 모든 이국적인 장소를 다녀와야 한다. 모든 신비로운 자연을 경험해야 한다. 원하는 모든 상대와 교제해야 한다. 모든 상을 받아야 한다. 세상 모든 꼭대기에 올라야 한다. 모든 물건을 가져야 한다. 이 모든 것을 경험해야 비로소 만족할 수 있다. 안타깝게도, 돈이 한없이 많다 해도 시간과 공간의 한계가 우리를 방해한다.

20세기에 살았던 영향력 있는 가톨릭 신학자 가운데 한 사람인 카를 라너가 한 말이 내 뇌리를 떠나지 않는다.

얻을 수 있는 모든 것이 부족한 고통 속에서 우리는 궁극적으로 이 세상에 완성된 교향곡은 없다는 사실을 깨닫는다.[2]

미완성 교향곡이라는 개념이 정말 마음에 와닿는다. 클래식을 모르는 사람들이라면 찬스 더 래퍼의 노래가 끝나기 직전에 중단되는 것을 생각하면 된다. 상상이 가는가? 개운하지 않은 느낌. 뭔가

불편한 느낌. 바로 이런 느낌이 인간의 보편적인 상태다.

이 시인들과 선지자들과 설교자들이 말하는 것은 '우리의 욕구가 무한하다'는 것이다. 한계가 없다. 도무지 만족할 줄 모른다. 문제는 '우리가 유한하다'는 것이다. 우리는 온갖 한계를 안고 있다. 따라서 결과는 불만족이다.

수식으로 표현해 보면,

무한한 욕구 - 유한한 영혼 = 불만족.

우리는 끊임없는 불만족 가운데 산다. 아무리 긁어도 사라지지 않는 가려움처럼 불만족이 사라지지 않는다. 아무리 많이 보고 하고 사고 팔고 먹고 마시고 경험하고 방문해도 여전히 뭔가 아쉽다. 예수님의 도제들로서, 아니 인간으로서 우리가 던지는 질문은 간단하다. "이 답답한 불만족을 어떻게 해야 할까?"

예수님은 이런 해법을 제시하신다. 인간의 욕구가 무한한 것은 하나님의 세상에서 그분과 영원히 살도록 창조되었기 때문이다. 그 외에 어떤 것도 우리를 진정으로 만족시킬 수 없다. 다른 모든 욕구는 하나님 '아래'에 두어야 한다. 금욕주의나 불교처럼 모든 욕구를 억누르지 말고 올바른 위치에 두어야 한다. 세상의 것들이 없어도 행복하고 평안한 삶을 살 수 있어야 한다.

신약 이후 예수님의 길에 관한 가장 유명한 가르침 가운데 하나는 성 아우구스티누스의 가르침이다. 히포의 주교였던 그는 로마 제국이 멸망하던 당시 이렇게 썼다.

당신은 당신을 위해 우리를 지으셨습니다. 우리의 마음은 당신
안에서 쉬기 전까지는 쉴 수 없습니다.[3]

달라스 윌라드는 이를 다음과 같이 설명했다.

욕구가 무한한 이유는 우리가 하나님에 의해, 하나님을 위해,
하나님을 필요로 하도록, 하나님으로 살아가도록 지음받았기
때문이다. 무한하고 영원하셔서 우리의 모든 필요를 채워 주실 수
있는 분을 통해서만 우리는 만족할 수 있다. 오직 하나님 안에서만
편히 쉴 수 있다. 하나님을 떠나서도 무한을 향한 욕구는 그대로 남아
있다. 단, 이제 그 욕구는 반드시 멸망으로 향하는 것들을 향하게
된다.[4]

궁극적으로, 하나님을 떠나서는 그 어떤 것도 우리의 욕구를
채울 수 없다. 하지만 안타깝게도 우리는 끝없이 우리의 욕구를 추
구한다. 그 결과는? 만성적인 불만족, 나아가서 불안, 분노, 걱정, 환
멸, 의기소침에 빠진다. 그리고 이 모든 것은 바쁨의 삶으로 이어진
다. 바쁨, 과로, 쇼핑, 물질주의, 출세주의, 계속해서 더 많은 것을
원하는 삶은 우리를 점점 더 심한 불만족으로 몰아간다. 그렇게 통
제 불능의 악순환에 빠진다. 설상가상으로, 축적과 성취라는 두 신
을 숭배하는 이 세상의 광고들이 상황을 더욱 악화시키고 있다.

광고는 우리의 불만족을 부추겨 돈을 번다. 우리가 많게는 하루에 4천 개의 광고를 접한다고 한다. 이 모든 광고는 철저히 불만족의 불에 부채질을 하도록 설계된 것들이다. 이것을 사라. 이것을 하라. 이것을 마시라. 이것을 가지라. 이것을 보라. 이것이 되라. 웨인 멀러는 안식일을 다룬 책에서 이렇게 말했다. "마치 우리가 끔찍한 이상한 나라에 우연히 뚝 떨어진 것과도 같은 상황이다."[5]

SNS는 이 문제를 한 차원 더 심각하게 만들었다. 이제 우리는 매일같이 이미지들의 폭격을 받고 있다. 이 폭격은 마케팅 부서들로부터만 날아오는 것이 아니다. 부자들과 유명인들, 심지어 우리 친구들과 가족들까지 최상의 순간들을 찍은 사진들로 우리를 불만족으로 몰아가고 있다. 이 모두는 에덴동산까지 거슬러 올라가는 죄를 부추긴다. 바로, 시기심. 자신의 삶에 대한 감사와 기쁨과 만족을 누리지 못하고 다른 사람의 삶을 탐욕스럽게 갈망하는 것.

인간 본연의 불만족과 디지털 시대가 만난 결과는 전 세계적인 정서적 질병과 영적 죽음이다. 그렇다면 이 끝없는 불만족의 고리를 끊고 예수님의 쉼을 얻게 해 줄 습관이 있을까? 당신은 이미 답을 알고 있다. 물론 답은 여러 가지다. 하지만 그중에서 가장 중요한 것은 안식일이다.

안식일을 지키면 나머지 6일이 달라진다

'샤밧Sabbath'(안식일)이라는 영단어는 히브리어 '샤바트'에서 왔다. 문자적으로 이는 '멈추다'라는 뜻이다. 안식일은 단순히 멈추는 날이다. 일을 멈추고, 욕구를 멈추고, 걱정을 멈추는 날이다.

우리가 SNS나 잡지에 실린 라이프스타일 광고를 통해 접하는 이미지들을 생각해 보라. 브런치와 커피가 탁자에 놓여 있고 바닥에는 리넨 천이 깔려 있는 방에서 킹사이즈 침대 위에 한가로이 누워 있는 커플, 해변에서 최신 유행하는 수영복을 입고 와인과 치즈를 즐기는 그림 같은 장면, 창밖에 내리는 비를 구경하며 소파에서 기타를 치는 스무 살 젊은이, 신상 잠옷, 오리털 이불, 가구……. 무엇을 판매하든 그 모든 이미지는 하나같이 안식일의 이미지다. 바로, 멈춤의 이미지.

기업의 마케팅 부서나 잡지사들은 우리가 이런 멈춤의 삶을 갈망하지만 전혀 그런 삶을 누리지 못한다는 사실을 잘 안다. 그래서 돈을 벌기 위해 우리의 불만족을 자극한다. 아이러니는 이런 삶을 살기 위해 군이 고급 잠옷이나 수제 담요에 비싼 돈을 지불할 필요가 없다는 것이다. 그냥 안식일을 가지면 된다. 그냥 멈추면 된다. 그냥 일주일에 하루를 정해서 삶의 속도를 늦춰 숨을 돌리면 된다.

단, 안식일은 단순히 하루 쉬는 것이 아니다. 그것은 세상을 살아가는 하나의 방식이다. 안식일은 7일 내내 아버지의 사랑 안에 거하는 삶에서 비롯하는 쉼이다.

다음과 같이 정리할 수 있다.

쉼이 있는 삶	쫓기는 삶
여유	바쁨
느림	서두름
조용함	시끄러움
깊은 관계들	고립
혼자만의 시간	무리 속에 끼어 있음
집중	정신 산란
누림	시기
분명함	혼동
감사	욕심
만족	불만족
믿음	걱정
사랑	분노
기쁨	우울과 슬픔
평안	불안
사랑에 감사해서 일함	사랑을 얻기 위해 일함
도움이 되고자 일함	축적하고 성취하고자 일함

당신의 삶은 어느 쪽에 가까운가? 오른쪽 목록에 가깝다 해도 죄책감을 가질 필요는 없다. 인간의 본성과 디지털 시대가 만나면서 '쉼의 정신'을 갖는 것이 극도로 힘들어졌다. 그래서 우리 모두는 이 영역에서 힘겨운 사투를 벌인다.

히브리서 기자가 안식일과 쉼의 정신에 관해 말하면서 우리에게 "저 안식에 들어가기를 힘쓸지니"라고 촉구한 것도 무리가 아니다(히 4:11). 이 명령이 내포한 아이러니가 눈에 들어오는가? 우리는 잘 안식하기 위해 힘을 써야 한다. 노력해야 한다.

대부분의 사람들에게 안식일은 매우 힘든 훈련이다. 많은 관심과 노력이 필요하다. 저절로 이루어지지 않는다. 계획과 준비가 필요하다. 자제심이 필요하다. 가장 좋은 것을 하기 위해서는 그냥 좋은 것들을 포기할 줄 알아야 한다. 이렇게 힘들지만 안식일은 꼭 필요한 훈련 혹은 습관이다. 안식일을 통해 우리 삶 전반에서 쉼의 정신을 기를 수 있다. 연습을 해야 축구 시합에서 이기거나 밴드 공연을 할 수 있는 것처럼 안식일을 실천해야 쉼의 정신을 기를 수 있다. 안식일은 가장 중요한 순간들을 위해 몸과 마음을 준비시키는 훈련이다.

월터 브루그만은 이런 명언을 남겼다. "안식일을 지키는 사람들은 7일 모두를 남들과 다르게 산다."[6] 정말 그렇다. 안식일을 지키면 삶이 달라진다. 먼저 하루가 달라지면 삶 전체가 달라진다.

분명히 말하지만 안식일은 단순한 하루가 아니다. 그 이상이다. 그래서 예수님은 매주 안식일을 꼭 지키셨다.

안식일에 관한 예수님의 가르침

어느 나른한 토요일 오후였다. 날은 무덥고, 머리 위 하늘은 청명했다. 예수님은 도제들과 함께 옥수수 밭을 지나고 계셨다. 그날은 안식일이었다. 이것은 예수님과 일곱째 날에 관한 많은 이야기 가운데 하나다. 예수님의 삶에는 매주 하루 전체를 따로 떼어 모든 것을 멈추는 것이 중요한 습관으로 자리 잡아 있었다.

하지만 그 안식일에 예수님은 바리새인들과 부딪히는 일이 벌어졌다. 바리새인들은 예수님과 도제들이 그날을 축하하는 방식을 걸고 넘어졌다. 그들은 이 습관 이면에 있는 하나님의 마음을 완전히 놓치고 있었다. 이에 예수님은 그들을 부드럽게 꾸짖으셨다.

안식일이 사람을 위하여 있는 것이요 사람이 안식일을 위하여 있는 것이 아니니(막 2:27).

이 얼마나 놀라운 말씀인가. 그런데 안타깝게도 2천 년이 지난 지금 우리는 이 말씀을 읽고 또 읽으면서도 자주 오해한다. 여기서 예수님은 율법주의로 죄책감을 부추기는 종교적인 문화를 깨부수고 계신다. 이 문화는 일주일에 하루, 삶의 속도를 늦추라는 명령 이 면에 있는 아버지의 마음을 완전히 놓치고 있었다. 다시 말해, 이 문화는 (이 영역에서) 현시대의 우리 문화와 정반대다.

1세기 유대인들은 이 명령의 후반부를 새겨들어야만 했다. "사람이 안식일을 위하여 있는 것이 아니니." 그들은 안식일을 완전히 거꾸로 이해했다. 주객이 전도되어 있었다.

하지만 21세기를 사는 우리는 안식일을 전혀 1세기 유대인처럼 율법주의적으로 대하지 않는다. 심지어 우리 대부분은 안식일을 아예 실천하지 않는다. 하루 휴식? 물론이다. 주일 예배? 시간이 되면 드린다. 하지만 안식일? 안식일이 정확히 무엇인지 아는 사람조차 극히 드물다.

안식일은 새로운 개념이 아니다. 예수님 당시보다도 몇천 년 더 거슬러 올라가는 오래된 개념이다. 단지 우리에게 생소한 개념일 뿐이다. 나와 같은 포틀랜드 주민인 A. J. 스워보다는 이렇게 말했다.

교회는 산업화되고 성공에 집착하는 서구의 리듬을 무비판적으로 흉내 내다가 (안식일을) 거의 잊어버렸다. 그 결과는? 지친 교회들은 대부분 안식일을 제자 훈련의 중요한 요소로 정착시키지 못했다. 우리가 하나님을 사랑하지 않는 것은 아니다. 우리는 하나님을 깊이 사랑한다. 단지 더 이상 하나님과 함께 앉아 있는 법을 알지 못할 뿐이다.

그는 계속해서 이렇게 말했다.

아마도 우리는 역사상 정서적으로 가장 지치고, 정신적으로 가장
혹사당하고, 영적으로 가장 심한 영양실조에 걸린 사람들일 것이다.[7]

21세기 미국인들은(그리고 물론 영국과 호주와 아이슬란드에 있는 내 친구들도)
오히려 이 명령의 '전반부'를 새겨들어야만 한다. "안식일이 사람을
위하여 있는 것이요." 안식일은 하나님이 설계하고 창조하셨다. 그
리고 안식일은 우리를 "위하여" 있는 것이다. 창조주가 피조세계에
즐기라고 주신 선물이다. 감사히 받아야 할 선물이다.
  예수님이 명령하신 안식일은 지구 자체만큼이나 오래된 관습
이다. 창세기 1장까지 거슬러 올라가는 관습이다.

복되고 거룩한 날

성경 이야기는 "태초에 하나님이 천지를 창조하시니라"(창 1:1)로
시작된다. 하지만 우주를 세우고 가동하기 위한 6일간의 고된 노동
끝에 다음과 같은 기록이 등장한다.[8]

하나님이 그가 하시던 일을 일곱째 날에 마치시니 그가 하시던 모든 일을 그치고 일곱째 날에 안식하시니라 하나님이 그 일곱째 날을 복되게 하사 거룩하게 하셨으니 이는 하나님이 그 창조하시며 만드시던 모든 일을 마치시고 그날에 안식하셨음이니라(창 2:2-3).

보았는가?

하나님은 안식하셨다.

"나는 안식일과 맞지 않아. 나는 워낙 활동적이라서 늘 바삐 움직이는 걸 좋아해."

하나님은 안식하셨다.

"안식일, 좋지. 하지만 일이 너무 많아서 쉴 틈이 없어."

하나님은 안식하셨다.

"안식일, 좋지. 하지만 애들이 아직 둘 다 어려서 지금 당장은 시간이 없어. 나중에는 시간이 날지도 모르지만."

다시 말해야 하는가?

하나님은 안식하셨다.

그리고 하나님은 그렇게 함으로써 피조세계의 DNA에 그 리듬을 불어넣으셨다. 하나님은 6일 동안 일하고 하루는 쉬는 박자를 정하셨다. 엿새 동안 일하고 하루는 안식하는 리듬을 거부하는 것은 곧 우주의 순리를 거부하는 것이다. 철학자 H. H. 파머의 말을 빌리자면 "우주의 순리grain를 거부하면 가시에 찔릴 수 있다."[9]

"사탄은 하루도 쉬지 않는다"라는 말로 안식일을 거부하는 사람들을 많이 봤다. 하지만 그렇게 해서 사탄이 이겼는가? 게다가 사탄은 사탄이고, 우리는 사탄이 아니다.

일주일을 '7일'로 정한 틀을 바꾼 가장 최근의 사례는 프랑스 혁명 때다. 당시 프랑스인들은 생산성을 높이기 위해 일주일을 10일로 변경했다. 당시 프롤레타리아 계급이 들고 일어섰다. 그리고 재난이 일어났다. 경제가 붕괴하고 자살률이 천정부지로 치솟았다. 생산성? 생산성도 곤두박질했다. 바쁨과 생산성 사이에는 전혀 연관성이 없다는 사실이 수없이 증명되었다. 사실, 일주일에 특정 시간 이상 일하면 생산성이 곤두박질하기 시작한다. 그것이 몇 시간인지 아는가? 50시간이다. 놀랍게도 그 시간은 약 6일간의 노동 시간에 해당한다. 한 연구에 따르면 70시간을 일한 노동자들과 55시간을 일한 노동자들의 생산성은 전혀 차이가 없었다.[10] 하나님이 우리 몸을 통해서도 우리에게 말씀하시는 것이 아닐까?

요지는 이렇다. 이 리듬은 인간의 산물이 아니다. '성공하는 옛사람들의 일곱 가지 습관' 가운데 하나이기 때문에 현대 시대에 맞게 변형시켜도 되는 것이 아니다. 이것은 우리 영혼과 사회의 번영을 위해 하나님이 정하신 리듬이다. 이 리듬에 반(反)하는 것은 곧 하나님께 반하는 것이다. 하나님께 반하는 것은 곧 우리 자신의 영혼에 반하는 것이다.

그런데 창세기 기자는 무슨 의미로 "안식"이라는 표현을 사용했을까? 하나님이 피곤하셨던 것인가? 하나님이 녹초가 되셨는가?

앞서 말했듯이 히브리어 '샤바트'는 '멈추다'라는 뜻이다. 하지만 이 단어는 '즐기다'로도 번역할 수 있다. 이 단어는 멈춘다는 뜻 외에 하나님의 세상 속에서 그분과 우리의 삶을 즐긴다는 뜻을 함께 갖고 있다. 안식일은 하루 동안 하나님의 본을 따라 멈추고 즐기는 것이다.

세상을 즐기는 것이다.

그 세상 속에서 우리 삶을 즐기는 것이다.

그리고 무엇보다도 하나님을 즐기는 것이다.

안식일이 생소하다면 이런 질문이 도움이 될 것이다. "24시간 동안 무엇을 하면 내 안에 깊고도 강한 기쁨이 가득할까? 어떻게 하면 내 안에 경이와 경외, 감사, 찬양이 넘쳐 날까?"

댄 알렌더는 *Sabbath*(안식)이라는 책에서 다음과 같이 말했다.

안식일은 즐거움 속으로 들어오라는 초대다. 안식일을 하나님이
의도하신 대로 지키면 우리 인생 최고의 날이 된다. 일말의
의문이나 고민도 없이 안식일을 주중 최고의 날로 꼽게 된다.
안식일이 수요일과 목요일과 금요일에 고대하는 날이요, 일요일과
월요일과 화요일에 기억하는 날이 된다. 안식일은 축제를 벌이고
놀고 춤을 추고 성(性)을 누리고 노래하고 기도하고 웃고 이야기를
하고 읽고 걷고 피조세계를 제대로 감상하는 거룩한 시간이다.

하지만 안식일로 들어가 그날을 거룩하게 여기는 사람은 극소수다. 대부분의 사람들에게 한 주는 고사하고 평생 일주일에 하루를 온전히 기뻐하고 즐기기만 한다는 것이 감당하기 힘든 일이기 때문이다.[11]

안식일은 하나님께 뿌리를 두고 있다. 하나님은 쉬셨다. 하나님은 멈추셨다. 하나님은 오로지 이 세상에 집중할 시간으로 하루 전체를 따로 떼어 놓으셨다. 하지만 하나님이 하신 다른 일도 눈여겨봐야 한다. "하나님이 그 일곱째 날을 복되게 하사 거룩하게 하셨으니." 여기서 두 가지에 주목할 필요성이 있다.

첫째, 안식일은 '복된' 날이다. 창세기 이야기에서 하나님은 세 가지를 축복하셨다. 먼저 하나님은 한 가지 명령으로 동물 나라를 축복하셨다. "생육하고 번성하여"(창 1:22). 그러고 나서 인류도 같은 방식으로 축복하셨다. "생육하고 번성하여"(창 1:28). 마지막으로 안식일을 축복하셨다.

잠깐! 동물과 인간을 축복하신 뒤 하나의 '날'을 축복하셨다고? 이것이 무슨 의미일까? 이것은 동물이나 인간처럼 안식일도 생명을 일으킬 힘이 있다는 뜻이다. 안식일은 세상을 더 많은 생명으로 채울 수 있다.

삶은 피곤하다(필시 대부분의 독자들이 이 문장을 읽으며 한숨을 내쉬었을 것이다). 일주일을 마치고 나면 자신의 일을 아무리 사랑해도 정서, 정신,

육체, 심지어 영까지 모든 면에서 녹초가 될 수밖에 없다. 안식일은 우리 영혼에 생명을 다시 채워 넣는 시간이다.

지금부터 아예 나는 일주일에 사흘을 안식할 것이다. 안식일을 지키면 '더 잘' 살 수 있다. 안식일은 '복된' 날이다.

둘째로, 안식일은 '거룩한' 날이다. 이 점을 생각해 본 적이 있는가? 어떻게 한낱 '날'을 '거룩하다'고 부를 수 있는가?

이 사실이 당시 청중에게는 충격적이었을 것이다. 고대 근동에서 신들은 시간이 아닌 장소에 머물렀다. 그 신들은 신전이나 성산, 사당 안에 머물렀다. 하지만 한 분이신 참된 창조주 하나님은 한 장소가 아닌 한 날 속에 거하셨다. 이 하나님을 만나기 위해 메카나 바라나시 혹은 스톤헨지로 성지순례를 할 필요는 없다. 그저 일주일에 하루 동안 모든 것을 멈추고 그분을 경험하면 된다.

안식일은 복된 동시에 거룩한 날이다. 안식일은 피조세계의 리듬이다. 엿새 동안 일하고 하루를 쉬는 리듬. 이 리듬을 지키면 건강과 생명을 경험하게 된다. 하지만 이 리듬을 무시하고 억누르고 거부하면 대가를 치른다.

정신을 생각해 보라. 정신적으로 무기력해지고 마비되고 창의력을 잃고 정신이 산만해지고 불안해진다. 건강하지 못한 정신이 새로운 정상 상태가 된다. 짜증, 분노, 냉소, 그 쌍둥이인 빈정거림이 가득한 성격으로 변해 간다.

이번에는 몸을 생각해 보라. 피곤하고 지친다. 면역력이 떨어진다. 계속해서 감기에 걸린다. 신경기관이 쇠약해진다. 그래도 우리는 고집을 부린다. 결국 완전히 무너질 때까지. 정신이나 몸이 파괴될 때까지. 바닥에 쓰러질 때까지. 바로 내가 그러했다. 이 책 첫머리에서 많은 것을 고백했지만 내가 지독한 일 중독자라는 사실은 빼먹었다. 나는 야망을 향해 달려가는 사람이었다. 쉼이라고는 모르는 사람이었다. 물론 일주일에 하루는 출근을 하지 않았지만, 대신 그날에는 마당 정리 같은 급여를 받지 않는 일들을 했다. 또한 쇼핑과 각종 오락거리들로 진정한 쉼을 누릴 틈이 없었다.

내 사전에 안식일은 없었다. 하지만 우리 모두는 자발적이든 억지로든 결국 안식을 해야 한다. 결국 내 몸과 정신이 쉬지 않고서는 배기지 못할 만큼 무너졌다. 10년간 밀린 안식일을 이자까지 붙여서 보충해야 했다. 아마 당신도 비슷한 경험을 해 봤을 것이다. 그렇지 않다면 곧 하게 될 것이다. 선물로든 징계로든 안식일을 지키게 될 것이다.

이것이 하나님이 안식일을 '명령하신' 이유가 아닐까? 안식일 명령이 이상하게 들리는가? 라이브 음악이 흐르는 해변에서 아이스크림을 먹으며 보내는 휴가를 명령하시는 것이나 다름없다고 생각하는가? 모두가 안식일을 누리고 싶어 안달이 나 있다고 생각하는가? 하지만 그렇지 않다. 최대한 빠르고도 바쁘게 살려는 것, 시간의 한계를 거부하려는 것이 인간의 본성이다. 우리의 미성숙과 기능장애와 중독 때문에 하나님은 생명을 주는 쉼을 굳이 명령하셔야 했다.

성경에는 안식일 명령이 많이 나온다. 그중에서 가장 중요한 두 개의 명령을 살펴보자.

명령 1. 안식과 예배로서의 안식일

이스라엘 백성이 시내산 주변에 진을 치고 있었다. 애굽에서 막 나온 상태였다. "거룩한 백성" 곧 하나님의 백성이 될 참이었다 (출 19:6). 하지만 먼저 필요한 것이 있었다. 새로운 현실에서 사는 법을 알아야만 했다. 그래서 하나님은 (오늘날 ACLU 소송으로 유명한) 십계명을 주셨다. 그런데 그중에서 한 계명은 나머지 모든 계명보다 길다. 훨씬 더 길다. 십계명을 원그래프로 그려 보면 이 계명은 전체의 30퍼센트 이상을 차지한다. 이 계명은 무엇일까?

안식일을 기억하여 거룩하게 지키라 (출 20:8).

여기서 "기억하여"라는 표현이 매우 중요하다. 복되고 거룩한 날이 있다는 사실을 망각하기 쉽기 때문이다. 삶의 속도가 거의 미친 속도로 치솟아 (내가 아닌) 하나님이 창조주이시고 나는 피조물이라는 사실을 잊기 쉽다.

삶이 우리에게 주신 선물이라는 사실을 기억하라. 감사 예배의 행위로서 삶을 기뻐하는 시간을 내야 한다는 사실을 기억하라. 현재와 그 즐거움에 집중해야 함을 기억하라. 인간은 기억상실증에 걸리기 쉽다. 그래서 하나님은 우리에게 기억하라고 명령하신다.

이어서 하나님은 이렇게 말씀하셨다.

엿새 동안은 힘써 네 모든 일을 행할 것이나 일곱째 날은 네 하나님 여호와의 안식일인즉……(출 20:9-10).

여기서 핵심인 "여호와의 안식일"이라는 부분에 주목하라. 이 부분은 "여호와를 위해 구별된" 혹은 "여호와께 바쳐진"으로도 번역할 수 있다. 따라서 안식일은 단순히 쉬는 날이 아니라, 예배하는 날이다. 여기서 예배는 꼭 교회에서 찬양을 부르는 것을 의미하지는 않는다(그것이 좋은 예이긴 하지만). 여기서 예배는 온 삶이 하나님께로 향하는 것을 의미한다.

다음 문장은 정말 중요하기 때문에 유심히 읽어 보기를 바란다. 안식일은 단순한 휴무일과는 다르다. 차이가 무엇일까? 유진 피터슨은 휴무일에 "사생아 안식일"이라는 이름을 붙였다.[12] 휴무일은 일곱째 날의 사생아요 서구 문화의 산물이다. 휴무일에 우리는 (이론상으로) 회사를 위해 일하지 않는다. 하지만 여전히 일을 한다. 볼일을 보고, 밀린 집안일을 하고, 장을 본다(이것만 해도 몇 시간이 훌쩍 간다). 그리고 놀기도 한다! 영화를 보고, 친구들과 축구를 하고, 쇼핑을 한다. 뭐, 다 좋은 일이다. 모든 사람이 휴무일을 좋아한다. 하지만 이런 활동은 안식이 아니다.

안식일에 우리가 하는 것은 오직 쉬는 것과 예배하는 것뿐이다. 안식할 때 나는 모든 활동을 두 가지 관점에서 바라본다. "이것이 쉼이요, 예배인가?" 답이 "아니다" 혹은 "애매하다"라면 그 활동은 하지 않는다. 그것을 할 시간은 6일이나 있다. 급할 것이 무엇인가.

그리고 이 명령은 얼마나 자유롭고 비율법주의적인지 모른다. '쉼'과 '예배'는 광범위한 개념이다. 각자의 성격이나 인생의 시기에 따라 얼마든지 다르게 해석할 수 있다. 정해진 공식이나 체크리스트, 일정 따위는 없다. 나처럼 붐비는 도시에서 가정을 건사하는 내향적인 30대 목사와 대학 기숙사에서 사는 스무 살 학생, 시골에서 사는 은퇴 부부에게 안식일은 매우 다를 수 있다. 따라서 각자 알아서 안식일을 지키면 된다. 중요한 것은 아무것도 하지 않고 쉬고 예배만 하는 날을 따로 떼어 놓는 것이다.

'예배'라는 말을 들으면 하루 종일 찬양과 성경 읽기, 중보기도에만 매진하는 것이라고 생각하기 쉽다. 물론 그런 활동도 좋다. 하지만 여기서 내가 말하는 예배는 광범위하고 전체적인 의미에서의 예배를 의미한다. 거실에서 간식을 먹거나 친구들과 느긋하게 앉아 차를 마시거나 사랑하는 사람이나 절친한 친구와 한가로이 해변을 걷는 것까지 포함시켜 영적 훈련 리스트를 확장하라. 뭐든 하나님과 그분의 선하심을 음미하고 감사하게 만드는 활동이면 된다.

이어서 이 명령은 안식일 이면의 이유 혹은 동기로 끝맺음을
한다.

이는 엿새 동안에 나 여호와가 하늘과 땅과 바다와 그 가운데
모든 것을 만들고 일곱째 날에 쉬었음이라 그러므로 나 여호와가
안식일을 복되게 하여 그날을 거룩하게 하였느니라(출 20:11).[13]

안식일은 십계명 가운데 '이유'가 딸린 유일한 계명이다. 하나
님은 "살인하지 말라. 그것이 나쁜 이유는" 혹은 "도둑질하지 말라.
그것이 좋지 않은 이유는"이라고 말씀하시지 않았다. 하지만 안식
일과 관련해서는 창세기까지 거슬러 올라가며 사람들을 '은혜의 리
듬'으로 부르신다.

사실, 안식일은 십계명에 포함된 유일한 '영적 훈련'이다. 교회
출석이나 성경 읽기, 심지어 기도도 십계명에 포함되지 않았다. 안
식일은 하나님의 백성을 위한 기초 훈련이다. 안식일은 정말 중요
한 훈련이기 때문에 하나님은 우리에게 안식하라고 분명히 명령하
신다.

이것이 첫 번째 명령이다. 이번에는 또 다른 명령을 살펴보자.

명령 2. 저항으로서의 안식일

이스라엘 백성이 요단강가에 이르렀다. 가나안 땅이 코앞이었다. 시내산을 떠난 지 40년만이었다. 큰 잘못을 저지르는 바람에 40년이 지체되었다. 그 결과, 모세는 다음 세대에 '다시' 십계명을 주어야 했다. 그들 대부분은 시내산 아래에서 십계명을 듣던 현장에 없었다. 그곳에 있었던 이들도 너무 어려서 기억을 하지 못했다. 그래서 재교육이 필요했다. 그런데 이 두 번째 버전에서는 미묘한 변화가 나타났다. 이 변화는 놓치기 쉬울 만큼 미묘하기 때문에 집중해서 읽어 보라.

> 네 하나님 여호와가 네게 명령한 대로 안식일을 지켜 거룩하게 하라 엿새 동안은 힘써 네 모든 일을 행할 것이나 일곱째 날은 네 하나님 여호와의 안식일인즉……(신 5:12-14).[14]

발견했는가? 그렇다. 이번에는 모세가 안식일을 '기억하라'는 말 대신 '지키라'고 말한다. 이것이 정확히 무슨 뜻일까? 우리가 성탄절이나 부활절 같은 절기를 어떻게 지키는지 생각해 보라. 미리 준비하고 계획해서 최대한 특별하게 치른다. 기대감으로 그날을 준비한다. 안식일은 스트레스와 가족 간의 긴장이 전혀 없는 주중 하루의 휴일이다. 일주일에 한 번씩 하나님 세상의 모든 선한 것을 축하하는 날이다. 이외에 이 명령은 거의 비슷하다. 하지만 끝에 가서 다시 달라진다. 이번에는 확 달라진다.

> 너는 기억하라 네가 애굽 땅에서 종이 되었더니 네 하나님 여호와가
> 강한 손과 편 팔로 거기서 너를 인도하여 내었나니 그러므로 네
> 하나님 여호와가 네게 명령하여 안식일을 지키라 하느니라(신 5:15).

이는 작은 변화가 아니다. 명령 이면의 동기가 완전히 달라졌다. 도대체 모세는 어떤 말을 하고 있는 것일까? 이제부터 분석해보자.

출애굽기에서 안식일 명령은 창조 이야기에 근거했다. 하나님이 세상 속에 불어넣으신 리듬에 근거했다. 우리는 이 리듬을 따라야 정서적 건강과 영적 삶을 영위할 수 있다. 이것이 안식일이 필요한 이유다.

하지만 신명기에서 안식일 명령은 출애굽 이야기에 근거한다. 이스라엘이 바로와 그 제국의 종살이에서 해방된 이야기에 근거한다. 이는 안식일에 관한 전혀 '다른' 이유다. 왜 이런 변화가 나타났을까?

그 세대는 자유를 얻은 뒤 태어난 첫 세대였다. 그들의 부모는 노예였다. 그들의 조부모들도 노예였다. 그들의 증조부모들도 노예였다. 남들을 괴롭히는 인간들의 제국, 벽돌, 피라미드, 한 시대 지

배자들의 노예였다. 남는 것들을 저장할 "국고성"을 쌓아야 했을 정
도로 탐욕스러운 제국의 노예였다(출 1:11). '더 많이'를 추구하는 탐욕
에 사로잡힌 제국의 노예였다.

이후의 모든 제국들처럼 애굽은 약자들의 고혈 위에 세워진 경
제 시스템이었다. 바로가 극심한 사치를 누리기 위해서는 값싼 노
동력이 필요했다. 몸이 으스러져라 일하는 노예들이 필요했다. 노
예들은 안식일을 가지지 못한다. 심지어 단순한 휴무일도 없다. 죽
을 때까지 매일, 종일 일해야 한다. 노예들은 인간 취급을 받지 못한
다. 상품처럼 팔린다. 그저 부유층과 권력층의 목적에 따라 쓰이는
수단들이다. 부자들과 권력자들은 노예들의 복지는 안중에도 없다.
그들에게는 그저 돈만 중요할 뿐이다.

그런데 애굽은 아직도 생생하게 살아 있다. 지금 우리는 애굽
의 한복판에서 살고 있다. 우리는 '더 많이'를 외치는 문화에서 살고
있다. 활활 타오르는 탐욕의 문화. 모든 것을 요구하는 문화. '더 많
은' 음식, '더 많은' 음료, '더 많은' 옷, '더 많은' 전자기기, '더 많은' 앱,
'더 많은' 물건, '더 큰' 집 크기(혹은 '더 많은' 건물 소유), '더 많은' 경험, '더
많은' 해외여행을 갈망하는 세상.

우리에게 필요하지도 않은 쓰레기가 너무도 많다. 애굽처럼 우
리도 자신만의 국고성을 짓는다. 물론 국고성 대신 물품보관 창고
라고 부른다. 물품보관 서비스 산업은 미국에서만도 380억 달러 규
모의 산업이다.[15] 무려 6천만 평이 넘는다. 그 땅을 모든 미국인에게

나누면 각자 0.1평 이상씩 갖기에 충분하다.[16] 사실상 미국인 전체를 물품보관 창고에 넣을 수 있다는 뜻이다.

바로는 필시 미국을 마음에 들어 했을 것이다. 애굽처럼 우리도 가난한 사람들의 고혈 위에 세워진 제국이다. 미국의 경우(다른 많은 나라도 마찬가지), 실질적으로 그렇다. 나아가 우리는 노예를 부리는 것에 대한 죄책감을 해소할 방법까지 찾았다. 우리는 노예제도가 1865년에 끝났다고 생각하지만 실상은 단지 해외로 이전시켰을 뿐이다. 눈에 안 보이는 곳으로, 마음에 걸리지 않는 곳으로. 현재 전 세계적으로 2,800만 명의 노예들이 있다. 18세기 대륙 간 노예무역으로 팔려 간 노예보다 더 많다.[17] 필시 당신의 집에도 노예들이 생산한 제품이 가득할 것이다. 티셔츠, 구두, 벽에 걸린 시계, 바나나까지 노예들이 생산한 제품 천지다.

그래서인지 경제학자들은 글로벌 경제 시스템을 피라미드 모양으로 그린다. 어떤 학자들은 실제로 그런 그림을 "전 세계 부의 피라미드"라 부른다. 피라미드 맨 꼭대기는 세계 부의 45.9퍼센트를 소유한 인류의 0.7퍼센트다. 그들은 자동차를 몰고 컴퓨터를 소유하고 신발을 한 켤레 이상 갖고 있는(그리고 무려 5천 원에 달하는 커피를 마시며 이 책을 읽는) '엄청난' 부자들이다.

맨 아래는? 전 세계 부의 겨우 2.7퍼센트를 소유한 세계 인구의 70.1퍼센트다.[18] 동남아시아와 아프리카 전역에 사는 수많은 사람들. 우리의 양말과 신발, 스마트폰, 도시락통을 만드는 이들. 그들

대다수는 일주일에 7일, 하루 12시간을 베트남의 푹푹 찌는 공장 아니면 우즈베키스탄의 추운 밭에서 일한다. 먹고살기 위해서, 자신의 의지에 반(反)해서, 여전히 제국의 지배 아래서.

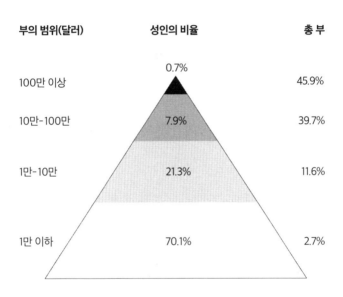

전 세계 부의 피라미드

부의 범위(달러)	성인의 비율	총 부
100만 이상	0.7%	45.9%
10만-100만	7.9%	39.7%
1만-10만	21.3%	11.6%
1만 이하	70.1%	2.7%

지금 이 책을 읽는 당신은 바닥이 아닌 꼭대기 근처일 확률이 높다. 여기에 애굽의 아이러니가 있다. 당신이 노예라면 삶이 지옥이다. 반면, 미국인이라면 삶이 썩 나쁘지 않지만 그것은 곧 당신이 애굽인이라는 뜻이다. 그렇다면 이것이 안식일과 무슨 상관이 있을

까? 아주 큰 상관이 있다.

구약학자 월터 브루그만이 했던 유명한 표현을 빌리자면 안식일은 "저항의 행위"다.[19] 안식일은 바로와 그 제국에 맞서는 반항의 행위다. 서구 세상의 온갖 "주의ism"들에 맞서는 반란이다. 글로벌주의, 자본주의, 물질주의. 이 모두는 듣기 좋지만 부자와 가난한 사람 모두를 노예로 만든다. 안식일은 자유인으로 남기 위한 길이다. 노예 상태로 돌아가지 않기 위한 길이다. 더 중요하게는, 노예를 부리는 자가 되지 않기 위한 길이다.

내 친구 A. J.는 안식일을 "일정 조정을 통한 사회 정의"로 부른다. 세상의 지독한 불의와 점점 심화되는 미국의 경제적 불평등을 생각할 때면 내가 할 수 있는 것이 없는 것 같아 너무 답답하다. 하지만 내가 할 수 있는 한 가지는 일주일에 하루 동안 아무것도 하지 않는 것이다.

일주일에 한 번씩 상거래가 완전히 멈추면 우리 사회가 어떻게 될지 상상해 봤는가? 일주일 내내 24시간 동안 문을 여는 편의점이 6일만 영업을 한다면? 쇼핑몰들이 하루 동안 주문을 받지 않는다면? 대형마트의 창고가 하루 동안 문을 닫는다면? 식당들이 하루 동안 주방기기의 전원을 끈다면? 모두가 쉬면서 사랑하는 사람들과 시간을 보낼 여유를 갖는다면? 나머지 사람들도 아무것도 하지 않고 하루를 지난다면?

우리는 그럴 수 있다. 이미 (자주 조롱을 받으면서도) 일요일에 과감하게 상점과 쇼핑몰 문을 닫는 그리스도인 기업들이 존재한다. 기업을 이끌지 않아도 나처럼 안식일을 지키면 세상의 불의를 줄이는 데 작은 역할을 할 수 있다.

안식일은 "이제 충분해!"라고 말하는 행위다. 물건을 사는 것 자체가 무조건 나쁜 것은 아니다. 하지만 우리 대부분은 풍족하고 만족스러운 삶을 살기에 충분하다 못해 넘칠 만큼 소유하고 있다. 시편 기자의 말마따나 "내게 부족함이 없으리로다"(시 23:1).

이것이 토라에서 안식일에 사고파는 것을 제한했던 이유다. 이것은 구약에서 나온 (이미 우리가 '해방된') 율법주의적 수칙이 아니었다. 이것은 서구의 두 우상인 성취와 축적에 대한 중독을 끊게 해 주는 좋은 수칙이다. 다시 말하지만, 성취와 축적 자체가 악은 아니다. 가난한 사람들을 이용하지 않는 이상(물론 대개는 그렇게 할 수밖에 없다), 괜찮다.

하지만 한계는 있다. 어느 정도까지 하면 멈추고서 "이 정도면 충분하다. 또 다른 신발, 또 다른 장식품, 또 다른 장난감, 또 다른 휴가는 필요하지 않아"라고 말해야 한다.

나는 충분히 많이 갖고 있다.

내게 정말 필요한 것은 이미 가진 것을 하나님과 함께 즐길 '시간'이다.

안식일은 게릴라 전략과도 같다. 애굽 공사 감독의 압제적인 멍에와 더 많은 것을 바라는 끝없는 탐욕에서 벗어나고 싶다면 저항의 행위로서 일주일에 하루만 안식하라. 아무것도 사지 말라. 아무것도 팔지 말라. 아무것도 쇼핑하지 말라. 웹서핑도 하지 말라. 잡지도 읽지 말라. 모든 것을 멈추고 그냥 즐기라. 평범한 삶의 우물에서 물을 길어 마시라. 친구들과의 식사, 가족과 보내는 시간, 숲속 산책, 오후에 마시는 차······. 무엇보다도 하나님과 함께하는 삶을 즐길 만큼 속도를 확 늦추라. 하나님은 물질주의가 약속하는 모든 것을 주시는 동시에 물질주의가 주지는 못하는 것, 즉 만족까지 주신다.

로널드 롤하이저의 말을 다시 인용한다.

우리가 겪는 불행 가운데 정말 많은 부분이 우리의 삶, 우리의 우정,
우리의 사랑, 우리의 책임, 우리의 의무, 우리의 몸, 우리의 성(性)을
이상적이고 비기독교적인 환상과 비교하는 데서 온다. 이 환상은
이 땅에 천국이 있다는 착각을 불러일으킨다. 이런 비교를 하면,
긴장감이 우리를 암적인 쉼 없음으로 몰아간다.[20]

아, 암적인 쉼 없음. 그의 말을 계속해서 들어 보자.

하지만 진정한 쉼은 인식의 한 형태, 삶의 한 방식이다. 그것은
느긋함, 감사, 평안, 기도의 정신으로 평범한 삶을 사는 것이다.
평범한 삶에 만족하면 쉴 수 있다.[21]

자, 무엇을 선택하려는가?

바로만큼이나 오래된 "암적인 쉼 없음"? 항상 자신의 삶을 옆 사람과 비교하는 것? 더 높이 올라가기 위해 계속해서 뭔가를 사는 것?

아니면 바쁘지 않은 삶, 걱정 없는 삶에서 오는 치유의 만족감?

평범한 삶으로 충분하다면?

주중에도 '쉼의 정신'으로

'암적인 쉼 없음'과 '필요 없는 것들을 구매하는 것'과 관련된 이야기 하나를 들어 보라. 우리 부부는 딩크족(자녀를 갖지 않는 맞벌이 부부)이 유행하던 시절에 결혼했는데, 신혼 때 아내가 내게 크리스마스 선물로 오토바이를 사 주었다. 아내의 사랑에 얼마나 감동했는지 모른다. 그래서 어떻게든 보답을 하고 싶었다. 몇 달 뒤 결혼기념일에 나는 아내에게 스쿠터를 사 주었다. 번쩍번쩍 광이 나는 하늘색 새 스쿠터였다.

나는 시운전을 하기도 전에 오토바이 면허를 따야 했지만 아내는 그럴 필요가 없었다. 아내의 스쿠터에는 '조속기'라고 하는 장치가 달려 있었기 때문이다. 조속기가 무엇인지 아는가? 나는 그때 처음 알았다. 조속기는 시속 80킬로미터가 넘지 않도록 엔진에 다는 작은 캡이다. 오리건주법에서는 최고 속도가 시속 80킬로미터를 넘지 않는 원동기 조종에는 면허가 필요하지 않다.

무슨 말을 하려는지 감이 오는가? 안식일은 인생의 속도를 제한해 주는 조속기와도 같다. 7일 내내 우리는 일하고 놀고 요리하고 청소하고 쇼핑하고 운동하고 문자 메시지에 답하며 현대 세상 속에 거한다. 하지만 결국 한계에 이른다. 그래서 안식일에는 속도를 늦춘다. 아니, 완전히 멈춘다.

내가 안식일을 실천하면서 배운 뜻밖의 사실 가운데 하나는 일곱째 날을 진정으로 누리려면 나머지 6일 동안에도 속도를 늦추어야 한다는 것이다. 한 주 내내 액셀을 끝까지 밟고 시속 150킬로미터로 달리며 영혼을 혹사시키다가 안식일에 급제동을 걸고 즉시 온전한 평안을 누리기란 불가능하다. 리듬을 찾아야 한다. 내가 인디록 밴드에서 활동할 때 자주 쓰던 표현이 있다. "구멍을 찾으라Find the pocket."

안식일은 단순히 일주일 중 24시간이 아니다. 안식일은 주중에도 계속 이어지는 쉼의 '정신'이다. '느긋함, 감사, 평안, 기도'로 사는 방식. 자신을 증명하고 나서 쉬기 위해서가 아니라 쉼의 상태에서 일하는 방식. 야망이 아니라 '예수님 안에 거하기'를 통해 열매를 맺는 방식.

브루그만의 말이 참으로 옳다.

안식일을 지키는 사람들은 7일 모두를 남들과 다르게 산다.[22]

이것이 안식일이 세 번째나 네 번째 날이 아니라 일곱 번째 날인 이유다. 안식일은 일을 가장 중시하면서 일을 위해 중간에 쉬었다가 일로 돌아가는 것이 아니다. 안식일은 한 주 전체가 향하는 클라이맥스요, 정점이다.

안식일을 지키지 않으면 주중 최고의 날을 놓치는 것이다.

자,

심호흡을 한 번 하라.

이제 거의 마무리다.

이번 장을 마무리하기 전에 정말 솔직히 말한다. 나는 안식일이 정말 좋다. 내게 안식일은 근본주의의 율법주의적인 잔재가 아니라 생명으로 이어지는 예수님의 길이다.

우리가 예수님의 제자로서 아직도 안식일을 지켜야 하는지에 관해서는 의견이 분분하다. 나는 지켜야 한다고 생각하는 소수 그룹에 속해 있다. 무엇보다도 안식일은 십계명 가운데 하나이지 않은가. 그리고 예수님은 안식일을 폐지하신 적이 없다. 초대 교회가 안식일을 일요일로 옮기긴 했지만, 어쨌든 1950년대 전까지만 해도 일요일은 '주일'이었으며 주일은 단순히 교회에서 두 시간을 보내는 것이 아니라 하루 종일 쉬는 것을 의미했다.

하지만 나는 어떤 경우든 상관없다. 안식일을 꼭 지키지 않아도 된다고 해도 나는 지킬 것이다. 왜냐하면 지키고 싶기 때문에. 안식일이 더 이상 구속력을 지닌 명령이 아니라 해도 그것은 여전히 우주의 질서다. 안식일은 선물이다. 나는 이 선물을 받아서 누리고 싶다.

대부분의 경우 안식일은 내가 보내는 일주일 가운데 가장 즐거운 날이다. 과장이 아니다. 금요일 밤마다 우리는 안식일 저녁 식사를 나눈 뒤에 주물 프라이팬에 초콜릿을 듬뿍 넣어 거대한 쿠키를 굽는다. 그리고 쿠키 위에 아이스크림을 듬뿍 올려 살짝 녹게 놔둔 다음, 프라이팬에서 바로 집어 먹는다. 이런 식으로 우리는 가족으로서 서로의 연합(그리고 쿠키 사랑)을 확인한다. 그렇게 다과를 나누며 주중에 있었던 굵직한 사건들을 서로 나눈다. 나는 마치 고장 난 음반처럼 "지난 안식일에는 말이야!"라는 말을 반복한다. 그렇게 매번 새로운 안식일을 지난 안식일보다 더 특별하게 보내려고 한다.

내게 안식일은 하나님과 연결된 느낌이 가장 강하게 드는 날이다. 안식일에 내 영혼과도 가장 강하게 연결되는 것을 느낀다. 안식일은 가장 깨어 있고 가장 평온한 날이다. 기쁨으로 기대하는 날이다. 일주일 전체의 색채를 정하는 날이다.

수요일이나 목요일에 나는 안식일이 오고 있다는 것을 알기에 "이 일을 해낼 수 있어"라고 말할 수 있다. 월요일이나 화요일에는 '나는 안식일을 실천하기에 이 일을 해낼 수 있어'라는 생각을 한다.

안식일을 지키기 전의 내 삶을 생각하면 끔찍하다. 절대 애굽으로 돌아가고 싶지 않다. 다시 노예나 노예 감독이 되고 싶지 않다. 나는 자유롭다. 이 상태로 계속해서 머물고 싶다.

당신도 바쁨에서 벗어난 이 '사랑과 기쁨과 평안의 날'을 경험하기를 바란다. 당신도 이 날을 기다리고 기대하게 되기를 바란다. 물론 나와 크게 다르지 않다면 당신도 안식일의 습관이 자리 잡을 때까지 적잖은 시간이 걸릴 것이다. '샤바트'는 동사이기 때문이다. 즉 안식일은 계속해서 해야 하는 것이다. 연습을 통해 연마해야 하는 기술이다. 내 경우에는 수년간의 시행착오가 필요했다. 우리 아이들이 10대가 된 지금도 나의 안식일 습관은 계속해서 이어지고 발전하고 반복되고 있다.

이 습관은 우리 문화, 심지어 우리 교회 문화에도 너무 낯설고 이상한 것이어서 몸에 배려면 어느 정도 시간이 걸릴 수 있다.

서두를 필요 없다.

일단 하루를 따로 떼라. 일정을 비우라. 휴대폰을 끄라. 하나님의 임재 속에 들어가게 해 달라고 기도하라. 그러고 나서? 쉬면서 예배하라. 뭐든 당신의 영혼에 생명을 주는 방식으로.

우리 가족은 매주 안식일을 가진다. 금요일 해가 지기 직전에 숙제와 장보기를 비롯해서 할 일을 모두 마치고 전자기기들의 전원을 모두 끈다(상자에 넣어서 옷장에 집어넣는다). 그러고 나서 온 가족이 테이블에 둘러앉는다. 포도주 한 병을 따고 촛불을 붙이고 시편을 읽고 기도한다. 그러고 나서 축제를 벌인다. 기본적으로 24시간 동안 축제를 중단하지 않는다. 이것이 우리 가족의 방식이다. 그리고 물론 예수님의 방식이기도 하다.

우리는 토요일 아침에 해가 중천에 뜰 때까지 잔다. 일어나서 커피를 마시고 성경책을 읽는다. 좀 더 기도한다. 함께 시간을 보낸다. 이야기를 나누고 소리 내어 웃는다. 여름에는 공원에서 산책을 한다. 겨울에는 모닥불을 피운다. 소파에 파묻혀 좋은 소설에 빠져든다. 서로 꼭 껴안는다. 낮잠을 잔다. 유대에는 "샤바트 슐러프"라고 심지어 안식일 낮잠을 지칭하는 표현까지 있다. 우리는 안식일에 잠을 많이 잔다. 사랑을 나눈다.

솔직히 말하자면 나는 창가에 가만히 앉아서 많은 시간을 보낸다. 그냥 멍하니 있는 것이다. 그렇게 하면 마치 매주 스트레스가 좀 덜한 성탄절을 보내는 기분이다. 안식일을 반쯤 지나다 보면 말로 표현하기 힘든 일이 일어난다. 내 영혼이 내 몸을 따라잡는 것 같은 일이 일어난다. 줄기차게 계속되는 회의, 이메일, 트위터, 사람 사이의 갈등, 인생의 어려움으로 녹초가 된 내 안의 깊은 부분이 되살아난다.

자유를 느낀다.

더 많이 하고, 더 많이 가지고, 더 크게 되어야 할 필요성에서 자유로워진다. 우리 사회를 노예로 전락시키는 악한 '쉼 없음'의 영에서 자유로워진다. 대신, 다른 영 곧 평온한 쉼의 성령이 내 존재 전체를 감싸는 것을 느낀다. 그리고 평범한 일상으로 충분함을 느낀다.

토요일 저녁, 휴대폰을 다시 켜서 현대 세상으로 다시 들어갈 때 나는 최대한 '천천히' 한다. 그럴 때 기분이 얼마나 좋은지 모른다.

SIMPLICITY

9 단순함 훈련

영혼을 갉아먹는
<u></u>
물질주의와 소유욕의
<u></u>
굴레를 끊는 연습
<u></u>

예수님의 말씀 가운데 우리 대부분이 수긍하지 않거나 혹은 수긍하지만 좋아하지는 않는 말씀 몇 가지로 시작해 보겠다.

삼가 모든 탐심을 물리치라 사람의 생명이 그 소유의 넉넉한 데 있지 아니하니라(눅 12:15).

이 말씀은 어떤가?

너희 소유를 팔아 구제하여(눅 12:33).[1]

잠깐, 은퇴 자금은 어떻게 하고? 사회보장제도가 흔들리고 있다는 것을 모르시나? 의료보장제도도 위태롭다. 너무 무책임한 발언 아닌가?

그러므로 내가 너희에게 이르노니 목숨을 위하여 무엇을 먹을까 무엇을 마실까 몸을 위하여 무엇을 입을까 염려하지 말라 목숨이 음식보다 중하지 아니하며 몸이 의복보다 중하지 아니하냐 …… 그런즉 너희는 먼저 그의 나라와 그의 의를 구하라(마 6:25, 33).

도대체 무슨 말씀인지 모르겠다. 어떻게 돈 걱정을 하지 않을 수 있는가? 요즘 도시에서 월세가 얼마인지 알고서 하시는 말씀인가? 학자금 대출금도 장난이 아니다. 그런데 가만히 앉아서 종일 기도만 하라고?

세상의 염려와 재물의 유혹과 기타 욕심이 들어와 말씀을 막아
결실하지 못하게 되는 자요(막 4:19).

부 자체가 우리를 죄로 유혹하는 것이라는 말씀인가? 부가 사기의 화신이라고? 부가 내 마음 밭을 망쳐 하나님 나라의 생명을 낳지 못하게 한다고?

다시 너희에게 말하노니 낙타가 바늘귀로 들어가는 것이 부자가
하나님의 나라에 들어가는 것보다 쉬우니라(마 19:24).

부유함이 하나님의 통치를 경험하는 것을 '더 힘들게' 만든다고? '더 쉽게'가 아니고? 도무지 말이 되질 않는다. 돈이 많을수록 더 좋은 삶을 살 수 있는 것처럼 보일 뿐이다. 혼란스러운가?

이런 말씀이 황당하게 들린다면 당신만 그런 것이 아니다. 대부분의 현대인이 그렇다. 내가 진정으로 예수님을 (구주로만이 아니라) 스승으로 받아들이기 시작했을 때, '좋은 삶에서 부가 하는 역할'에 관한 그분의 말씀을 너무도 이해하기 힘들었다. 솔직히 그 말씀을 받아들이기까지 많은 세월이 걸렸다.

서구에 사는 많은 그리스도인들처럼 돈에 관한 예수님의 관점을 받아들이지 않는다면(꽤 최근까지만 해도 나도 그랬고 지금도 그럴 때가 많다) 사실상 하나님 나라의 복음을 믿지 않는 것일 수 있다. 당신이 늘 원하던 삶을 지금 예수님을 통해 온전히 누릴 수 있다는 복된 소식을 믿지 않는 것일 수 있다.

우리는 예수님을 통해 아버지의 사랑의 임재 속으로 들어갈 수 있다. 수입에서 지위와 건강, 관계적 상태까지 그 무엇도 우리가 "참된 생명"을 누리는 것을 막을 수 없다(딤전 6:19). 그런데 돈에 관한 예수님의 관점을 받아들이지 않는다면 이 사실을 믿지 않는 것일 수 있다.

'다른' 복음을 믿는 것일 수 있다. 좋은 삶과 그것을 얻는 방법에 관해 다른 비전을 품고 있는 것일 수 있다. 이것을 '미국의 복음'이라고 부르자(미국 밖에 있는 사람들에게도 해당하는 말이지만 무슨 말인지 이해하리라 믿는다). 이 복음은 예수님과 정반대 주장이다. 간단히 말해, 많이 가질수록 행복해진다는 주장이다. 새 옷이나 신발, 골프 클럽, 희귀한 모양의 선인장 화분을 사면 자연스럽게 더 행복해질 것이다. 자동차를 새 모델로 바꾸라, 로고에 불이 들어오는 최신 모델로. 더 크고 좋은 집을 사서 최고급 가구, 이왕이면 스웨덴이나 이탈리아 제품으로 채워 넣으라. 조직의 사다리 위로 자꾸자꾸 올라가라. 무슨 수를 써서라도 승진과 연봉 인상과 보너스를 쟁취하라. 그렇게 하면 더 행복해질 것이다.

이는 다 아는 사실이다. 행복은 저 앞에 있다. 결제 버튼 클릭한 번, 옷 한 벌, 전자기기 한 대, 차 한 대, 집 한 채면 행복이 찾아올 것이다. 물론 아직 손이 닿지 않는 곳에 있다. 하지만 거의 다 왔다. 코앞까지 왔다. 행복이 분명히 느껴진다. 하지만 모두가 아는 사실을 말해 보면, 우리 코앞에서 대롱거리는 당근에는 막대기가 달려 있다.

프랑스 사회학자 장 보드리야르는 서구 사회에서 물질주의가 주된 의미체계로 새롭게 자리를 잡았다고 말했다.[2] 그는 무신론이 아니라 쇼핑이 문화적 기독교를 대체했다고 주장했다. 이제 우리는 소비를 하면서 삶의 의미를 얻는다. 심지어 우리가 사는(혹은 파는) 것들에서 정체성을 얻는다. 많은 사람이 입으로 인정하지 않지만 속으로는 "내가 사는 것이 곧 나다"라고 믿는다. 즉 그들은 자신이 입는 옷, 들고 다니는 스마트폰, 모는 자동차, 사는 동네, 사용하는 전자기기에서 정체성을 확인한다. 그들에게 물건은 단순한 물건이 아니라 자신의 정체성 자체다.

이제 쇼핑은 미국에서 가장 인기 있는 레저 활동이다. 쇼핑은 종교의 아성을 무너뜨렸다. 아마존닷컴은 새로운 신전이다. 신용카드가 새로운 제단이다. 더블클릭이 새로운 전례다. 라이프스타일 블로거들이 새로운 제사장들이다. 돈이 새로운 신이다. 예수님이 언급하신 유일한 신이 맘몬(돈의 신)인 데는 이유가 있다(마 6:24).[3] 그것은 맘몬이 그만큼 지독히 나쁜 신이요 나쁜 종교이기 때문이다.

들끓는 거짓말

심지어 미국에서도 항상 이랬던 것은 아니다. 물론 미국은 행복 추구 위에 세워진 나라다. 하지만 미국이 행복을 '돈과 재물을 쌓는 것'으로 새롭게 정의 내린 것은 꽤 최근의 일이다.

1세기(유구한 역사 속의 점 하나) 전만 해도 미국인의 90퍼센트는 농부였다. 물론 삶은 힘들었지만 단순하기도 했다. 대부분의 사람들이 땅에 의지해서 살아가고, 필요한 다른 것들은 이웃과 물물교환을 했다. 돈은 좀처럼 사용하지 않았다. 사람들이 소유한 것들은 대부분 사치품이 아닌 필수품에 속했다.

오늘날 미국인의 2퍼센트만 농업에 종사한다. 지난 세기에 미국 경제는 크게 바뀌었다. 변화의 시작은 도시화와 그 쌍둥이인 산업화였다. 사람들은 일자리를 찾아 제품이 대량 생산되는 도시로 몰려왔다. 두 번의 세계대전은 나중에 아이젠하워 대통령이 "군산복합체the military-industrial complex"라고 부른 것을 탄생시켰다. 하지만 전쟁이 끝나자 당시 사업가들은 공장과 인력을 계속 가동시킬 방법을 찾아야 했다. 그리하여 탱크 공장은 티셔츠 공장으로 용도가 변경되었다.

나는 음모이론가는 아니지만, 전후 업계의 거물들, 워싱턴의 정치인들, 뉴욕 시티의 광고업자들이 공모해서 미국의 경제를 재편했다. 그들의 목적? 그것은 소비지상주의를 바탕으로 한 경제(그리고 문화)를 창출하는 것이었다. 소박한 농부들의 자식들이 대량 생산된 최신 제품을 사는 데 시간과 돈을 쓰게 만드는 것이었다. 요약하자면, 그들의 목적은 미국 사회의 '물질화'였다. 한 월스트리트 은행가는 이렇게 말했다.

> 미국을 필요의 문화에서 욕구의 문화로 바꾸어야 한다. ……
> 국민들이 옛것을 채 소비하기도 전에 새것을 원하도록 훈련시켜야
> 한다. 새로운 정신 상태를 형성해야 한다. 사람의 욕구가 필요를
> 앞서게 해야 한다.[4]

조지 오웰식 공상 과학 영화에 나오는 천재 악당의 말처럼 들리지 않는가? 아니다. 이 사람은 리먼 브라더스의 폴 마저다. 노사(勞使)관계의 선구자 E. S. 카우드릭은 "소비라는 새로운 경제적 복음"이라는 표현을 썼다. 그렇다. 복음!

안타깝게도 그들의 악한 계획은 통했다. 완벽히.

1927년 한 저널리스트는 미국을 이렇게 진단했다.

> 우리 민주주의에 변화가 찾아왔다. 그 변화의 이름은 소비주의다.
> 미국에 대한 미국 시민들의 첫 번째 가치는 더 이상 시민으로서의
> 가치가 아니라 소비자로서의 가치다.[5]

시간을 빨리 현재로 감아 보자. 현재의 '소비자' 경제는 필요하지 않은 것들에 돈을 쓰는 사람들이 떠받치고 있다. 요즘 가족의 숫자는 1950년대에 비해 절반으로 줄었지만 집들의 크기는 오히려 두 배로 늘었다.[6]

내 평생에 가장 생생하게 기억나는 사건 가운데 하나는 9·11 테러 사건이다. 그날 아침, 뉴스에서 그 소식을 들었던 기억이 지금도 생생하다. 웨스트 코스트 시간으로는 매우 이른 시각이었고, 그날 종일토록 충격이 가시질 않았다. 몇 주 뒤 부시 대통령이 발표한 대국민 연설도 생생하게 기억난다. 자유세계의 리더가 미국의 회복을 위해 무엇을 권장했는지 기억하는가?

"가서 쇼핑을 하라!"

물론 정확히 이렇게 말하지는 않았지만 대통령은 테러리스트들에게 "국민들이 쇼핑을 하지 않을 정도로 …… 우리나라를 공포로 몰아넣어" 보라고 큰소리를 쳤다.[7] 하나님은 9·11 테러 같은 비극에도 나이키 신상 운동화를 사러 쇼핑몰에 가는 것을 금하시지 않는단다. 10대 시절이었는데도 그 말이 너무 이상하게 들렸다.

하지만 정말 이상한 것은 우리가 정확히 그 말대로 했다는 것이다. 우리가 얼마나 많은 돈을 빌려 얼마나 많은 물건을 샀는지, 불과 몇 년 만에 국가 경제 전체가 붕괴할 정도였다(물론 지나친 단순화이긴 하지만 너무 지나치진 않다). 내가 이 말을 하는 것은 대통령의 입방정을 조롱하려는 것이 아니라 세상의 전반적인 흐름이 이렇다는 점을 보여 주려는 것이다.

우리는 소비주의 문화에서 자랐고 자신을 합리적이고 자율적인 존재로 믿도록 교육을 받았다. 그래서 대부분의 광고가 우리의 전전두엽 피질이 아닌 우리의 더 깊고 덜 논리적인 부분에 작용하는 일종의 선전이라는 점을 놓치기 쉽다. 제2차 세계대전 이전 시대의 광고는 요즘과 확연히 달랐다. 당시에는 어떤 제품이 다른 제품보다 나은 이유를 제시하는 것이 전부였다. 광고 메시지는 품질, 내구성, 필요성이 전부였다. 2세기 전 광고 몇 가지를 보자.

* 단순성. 내구성. 속도. 또렷한 글씨. 프랭클린 타자기.
* 워너 박사의 유명한 코렐라인 코르셋. 절대 주름이 지거나 끊어지지 않는 유일한 코르셋 재료인 코렐라인으로 제작.
* 피곤한가? 그렇다면 코카콜라를 마시라. 피곤함이 줄어들 것이다.[8]

보다시피 제품이 우리를 어떻게 행복하게 해 줄 것이라는 말은 없다. 하지만 전쟁은 모든 것을 바꿔 놓았다. 지금과 같은 광고는 매디슨 애비뉴가 아닌 다른 도시에서 시작되었다. 바로, 베를린. 미국 광고업자들이 아닌 다른 권력자들이 오늘날과 같은 광고를 탄생시켰다. 바로, 나치. 나치는 당시 미국에 전혀 알려지지 않았던 오스트리아 정신과 의사 프로이트의 개념들을 빌려와 대중을 세뇌시키는 데 사용했다. 프로이트는 인간이 생각만큼 합리적이거나 자율적이지 않다는 점을 지적한 최초의 근대 사상가 가운데 한 명이다. 우리는 프로이트가 말하는 (신약에서 말하는 "육신"과 비슷한) "무의식적unconscious 충동"에 따라 비합리적인 결정을 내릴 때가 많다. 우리는 생각보다 감정과 욕구에 많이 휘둘리는 존재다.

나치는 프로이트의 개념들을 차용하여(프로이트가 유태인이라는 사실로 볼 때 아이러니한 사실) 자신들의 선전 기계를 만들었다. 그들은 이성이 아니라 독일의 "무의식적 충동"을 공략했다. 히틀러는 가장 기본적인 두 가지 인간 감정(욕구와 두려움)에 불을 지피는 데 누구보다도 탁월했다.

전쟁이 끝나고 프로이트의 개념들을 미국에서 처음 사용한 사람은 프로이트의 조카 에드워드 버네이스였다. 전쟁 당시 정보부 관리였던 그는 일자리가 필요했다. 그는 나치가 전쟁 상황에서 사람들을 조종할 수 있었다면, 평시에 기업가들과 정치인들도 사람들을 조종할 수 있다고 판단했다. 그는 자신의 새로운 개념을 "PRPublic Relations"이라 불렀고, 나중에는 소위 "미국 광고의 아버지"가 되었다.[9]

그에 관해서 들어 본 적이 없는가? 대부분이 그렇다. 하지만 그는 《프로파간다Propaganda》라는 책에서 많은 것을 예측했다.

조직화된 습관들과 여론을 의식적이고도 지능적으로 조작하는 것은 민주주의 사회의 중요한 요소다. 사회의 이러한 보이지 않는 기제를 조작하는 자들은 국가를 진정으로 통치하는 보이지 않는 정부를 형성한다.

대개, 들어 보지도 못한 사람들이 우리를 지배하고 우리의 정신과 입맛을 형성하고 우리에게 관념들을 제시한다. …… 일상의 거의 모든 행동에서 …… 우리는 …… 대중의 정신을 통제하는 …… 상대적으로 소수인 사람들에게 지배를 당한다.[10]

이 짧은 역사를 소개하는 이유는 광고가 선전이라는 점을 강조하고 싶어서다. 물론 광고가 유태인들과 집시들과 동성애자들을 죽이도록 우리를 세뇌시키는 것은 아니지만, 광고 이면에는 우리를 속이려는 수백억 달러 규모의 산업이 존재한다. 이 산업의 목표는 우리가 이런저런 제품을 사면 행복해질 것이라는 거짓말, 최소한 지금보다 더 행복해질 것이라는 거짓말을 믿게 만드는 것이다.

이를 위해 우리가 원하는 것을 우리에게 꼭 필요한 것으로 착각하게 만든다. 우리가 매일 보는 4천여 개의 광고들은 우리 안에서 타오르는 욕구의 불에 부채질을 하도록 철저히 기획된 것이다.[11]

이런 일이 시작되기 전에 마크 트웨인은 이렇게 말했다. "문명은 불필요한 필수품들의 무한 곱하기다."[12] 역시 트웨인답게 정확한 지적이다. 서구의 부와 기술이 계속해서 증가하는 상황에서 많은 심리학자들이 행복은 같은 속도로 증가하지 않고 있다고 말한다. 사실, 연구에 따르면 국가의 부가 증가할수록 행복은 오히려 줄어든다. 최소한 늘지는 않는다. 인간의 정신은 새로운 상황에 금방 적응하기 때문이다. 자동차, 전화기, 매일 챙겨 먹는 종합비타민, 전기, 수돗물 등 우리가 '필요한 것'으로 여기는 것들은 최근까지만 해도 존재하지 않았고, 옛날 사람들은 이런 것 없이도 행복했다. 하지만 우리는 이런 것을 갖고도 이제 그리 큰 행복을 느끼지 못한다.

저널리스트 그레그 이스터브룩은《진보의 역설*The Progress Paradox*》에서 다음과 같이 말했다.

> 인구 증가분을 계산해도, 오늘날 서구 국가들에서 '단극unipolar'
> 우울증, 즉 특별한 이유 없이 나쁜 감정이 지속되는 증상을 앓는
> 사람의 숫자는 반세기 전보다 열 배나 많다. 미국인들과 유럽인들은
> 행복만 빼고 모든 것을 전보다 훨씬 더 많이 갖고 있다.[13]

그래서 어떻게 해야 할까? 뒷마당에 구덩이를 파고 볼일을 보던 시대로 돌아가야 할까? 수돗물을 포기해야 할까? 신용카드를 잘라 버려야 할까? 그렇지 않다. 그래 봐야 문제는 해결되지 않는다. 문제는 물건이 아니기 때문이다. 문제는 첫째, 우리가 '더 많이'를 외치는 끝없는 인간 욕구 때문에 물질 소유에 한계를 두지 않고, 둘째, 실상은 필요한 것이 매우 적은데도 행복해지기 위해서는 모든 것이 필요하다고 생각한다는 것이다.

예수님과 신약 기자들은 우리에게 필요한 물질의 숫자를 겨우 두 개로 압축했다. 바로, 음식과 옷.

우리가 먹을 것과 입을 것이 있은즉 족한 줄로 알 것이니라(딤전 6:8).

예수님과 제자들은 따스하고 건조한 지중해 주변에서 살았다.
반면 나는 연중 절반은 춥고 습한 태평양 연안 미국 북서부에서 살
고 있다. 그래서 내게는 하나가 더 필요하다. 바로, 보금자리. 하지
만 이렇게 하나까지 더한 필수품 목록으로 산다는 것도 우리 대부분
에게는 상상조차 할 수 없는 일이다.

우리가 풍요롭고 만족스러운 삶을 살기 위해 필요한 것이 먹을
음식과 입을 옷과 살 집이 전부라면? 이렇게 단순하게 살면서는 번
성할 수 없다고 생각하는가? 당신만 그런 것이 아니다. 선전 기계는
마치 마법처럼 작용하고 있다. 우리 대부분이 돈과 재물이 많을수
록 더 행복해진다는 거짓말을 믿고 있다.

그리고 가장 위험한 거짓말이 다 그렇듯, 반쯤은 진실이 섞여
있다. 즉, 돈이 많으면 실제로 더 행복해진다. 가난한 경우에는 그렇
다. 나는 이상주의에 빠진 (가난하지 않은) 그리스도인들이 가난을 미화
하는 것을 정말 싫어한다. 사람들을 가난에서 구제해 주면 그들은
분명 더 행복해진다. 단, 한계가 있다.

이제 우리는 그 한계점을 정확히 안다. 한계점은 75,000달러다.

거짓말에 관한 진실

프린스턴대학Princeton University의 두 위대한 지성이 전국적인 규모의 연구를 벌인 적이 있다. 한 명은 노벨상을 수상한 심리학자 대니얼 카너먼 박사이고, 다른 한 명은 저명한 경제학자 앵거스 디턴 박사다. 두 사람은 45만 개의 갤럽 조사 결과를 수개월간 분석한 결과, 우리의 전반적인 행복이 수입과 함께 상승하지만 한계점이 있다는 결론을 내렸다. 그 한계점 이후에는 행복이 그대로 유지되거나 오히려 하락한다. 디턴의 말을 들어 보자.

> 어디에서 살건 정서적인 행복은 75,000달러를 가질 때까지만
> 증가한다. …… 그 이상에서는 돈이 더 큰 행복을 주지 못한다.
> 일종의 한계점에 부딪힌 것이다. 그 이상에서는 단순히 더 많은 돈을
> 가진다고 해서 정서적 행복이 증가하지 않는다.

이 수치는 미국 전체의 평균이다. 지방 대학 기숙사에서 혼자 사는 대학생의 경우에는 대도시에 사는 다섯 명의 가족보다 수치가 훨씬 적을 것이다. 제니퍼 로비슨은 카너먼과 디턴 박사의 연구를 이렇게 정리했다. "물론 대도시 사람들에게 75,000달러는 그리 큰 돈이 아니다. …… 생활비가 높으면 큰돈도 별것 아니게 느껴질 수밖에 없다." 하지만 이 연구에 따르면 "심지어 생활비가 비싼 도시에

서도 75,000달러가 한계로 보인다."[14]

결론: 중산층에 진입하면 돈과 재물에서 더 이상 행복을 느끼지 못한다.

돈이 얼마나 많아야 '충분'하냐는 질문에 석유왕 존 록펠러가 내놓은 대답은 너무도 유명하다. "아주 조금만 더."

요약하자면 거짓말은 이것이다. 돈(과 재물)이 더 많아야 더 행복해진다는 것이다. 그렇다면 진실은? 가난이 정말로 힘들고 중산층의 삶은 실질적인 선물이지만 중산층 진입 이후에는 수확체감의 법칙이 작용한다는 것이다. 오히려 돈이 많아질수록 더 많은 문제가 발생할 수 있다. 무엇보다도 사회·경제적 지위에 상관없이 인생에서 가장 중요한 것은 재물이 아니다. 가장 중요한 것은 가족, 친구들, 무엇보다도 하나님과의 관계다.

돈과 재물에 관해 세상이 말하는 메시지가 얼마나 잘못되었는지 보이는가? 리처드 포스터는 돈과 재물에 관한 세상의 시각이 현실과 완전히 동떨어져 있다는 점에서 "정신병적"이라고 불렀다. 그는 이렇게 말했다. "서구 사람들은 거대한 경제적 소비 실험에 사용되는 실험쥐들이다."[15]

악영향은 이미 나타나고 있다. 물질주의가 우리 사회의 영혼에 끼치는 치명적인 피해가 분명하게 나타나고 있다. 우리 모두가 믿는 이 거짓말이 우리의 정서적 건강과 영적 삶을 망가뜨리고 있다. 한 문화 비평가는 이 상황을 "어플루엔자affluenza"라 불렀다.[16] 이것은 49.99달러만 쓰면 행복하게 해 주겠다고 약속하는 질병이다. 하지만 그 이면에는 줄을 끌어당겨 우리의 돈과 함께 기쁨을 훔쳐가는 자가 있다.

이 모든 상황을 생각할 때마다 시편 39편의 한 구절이 떠오른다. "진실로 각 사람은 그림자같이 다니고 헛된 일로 소란하며 재물을 쌓으나 누가 거둘는지 알지 못하나이다"(시 39:6).

소유욕이라는 엔진

서구에서 주가는 오르는데 행복 수준은 떨어지는 많은 이유 가운데 하나는 물질주의가 우리 사회를 도저히 감당할 수 없는 미친 속도로 가속화시킨다는 것이다.

앨런 패들링은 이렇게 말했다.

소유 욕구는 바쁨을 위한 엔진이다.[17]

우리가 뭔가를 살 때마다 돈뿐만 아니라 '시간'도 같이 들어간다. 생각해 보라. 당신이 늘 꿈꾸던 오토바이를 산다. 그런데 신용카드를 긁기 전에 계산을 좀 해 보라. 비싼 오토바이를 사면 감당하기 힘들 만큼 많은 돈이 들어간다. 그러면 그만큼 시간이 들어간다.

그 돈을 내기 위해 더 많은 시간을 일해야 하니 말이다. 일이 늘어난 만큼 종일 '더 빨리' 움직여야 한다. 틈틈이 오토바이 세차도 해야 한다. 유지하는 데 비용과 시간이 들어간다. 고장이라도 나면 시간을 내서 수리해야 한다. 그리고 물론 타야 한다. 이 모두에 많은 시간이 들어간다. 물론 시간이 남아도는 인생의 시절이 있다. 오토바이를 타는 시간이 삶의 활력소가 될 수도 있다. 그런 것을 전혀 반대하지 않는다. 나도 아이들이 태어나기 전에는 그럴 때가 있었다. 하지만 손익을 따져 보는 일을 절대 잊지 말라. 그 경험에 돈만이 아니라 시간을 지불해야 한다.

그리고 시간이 적어진다는 것은 곧 바빠지고 서둘러야 한다는 뜻이다. 오토바이든 운동화든 일본 애니메이션이든, 우리 대부분은 바쁘지 않은 건강한 속도로 살기에는 너무 많은 물건을 소유하고 있다.

이 시대를 내다보면서, 사람들은 이제 오전에 서너 시간만 일하고 오후에는 로봇이 할 일을 대신 해 주는 동안 야외에서 골프나 즐기게 될 것이라고 했던 닉슨 시대의 예측을 기억하는가? 그런데 지금 어떻게 되었는가? 우리는 시간과 자유 대신 돈과 물건을 선택했다. 우리는 "바쁘지 않은 평온과 평안과 힘을 누리는 삶"[18] 대신 금요일 밤을 위한 새로운 4K 프로젝터를 선택했다. 시간을 얻기 위해 돈을 쓰는 대신 돈을 얻기 위해 시간을 쓰고 있다.

그래서……

나는 이런 생각을 해 봤다.

자, 들을 준비가 되었는가?

예수님의 말씀이 옳다면?

그러니까 예수님이 현실을 정확히 알고서 말씀하신 것이라면?

우리는 예수님이 역사상 가장 똑똑한 스승이라는 사실을 자주 잊어버린다. 예수님의 가르침은 단순히 도덕적인 의미에서만 옳은 것이 아니다. 예수님의 가르침은 좋은 것이다. 예수님의 가르침은 참된 삶의 길인 동시에 좋은 삶의 길이다.

예수님의 가르침을 '시속 100킬로미터 속도 제한' 같은 사회적이고 임의적인 법으로 생각하는 것은 큰 오해다. 시속 120킬로미터는 왜 안 되는가? 최신 테슬라를 타는 차주는 좀 더 빨리 달려도 되지 않는가?

사실 예수님의 도덕적인 가르침은 전혀 임의적이지 않다. 물론 그 가르침은 법이 맞다. 하지만 도덕적 법은 $E=mc^2$이나 중력 같은 과학적 법과 전혀 다르지 않다.[19] 이 법은 세상이 실제로 돌아가는 이치에 관한 진술이다. 이 법을 무시하면 하나님과의 관계가 망가질 뿐 아니라 그분이 창조하신 우주의 순리를 거스르는 것이다. 그리고 앞서 말했듯이 우주의 순리를 거부하면 가시에 찔릴 수 있다.

특히 돈과 재물에 관한 예수님의 가르침은 단순히 세상이 실제로 돌아가는 방식에 관한 진술이다.

주는 것이 받는 것보다 복이 있다(행 20:35).

보다시피 이것은 명령이 아니다. 임의적인 법은 더더욱 아니다. 이것은 인간이 처한 상태에 관한 반(反)직관적인 진술이다.

너희가 하나님과 재물을 겸하여 섬기지 못하느니라(마 6:24).

이것도 역시 명령이 아니다. 예수님은 "너희가 하나님과 재물을 겸하여 섬기지 말아야 한다"고 말씀하시지 않았다. 예수님은 "그럴 수 없다"고 말씀하셨다.

사람의 생명이 그 소유의 넉넉한 데 있지 아니하니라(눅 12:15).

이번에도 역시 예수님은 "신발을 세 켤레 이상 사지 말라"고 명령하시지 않았다. 예수님은 단지 실질적인 삶의 원리를 진술하셨을 뿐이다. 삶에서 가장 중요한 것은 우리의 옷장이나 차고나 계좌 안에 있지 않다. 그런 것들이 "넉넉한" 것이 중요한 것이 아니다.

예수님이 무엇을 하고 계신지 보이는가? 예수님은 사실을 가르치고 계신다. 우리가 그 말씀을 믿는지 믿지 않는지는 다른 문제다. 돈과 재물에 관한 예수님의 가르침은 현실을 바탕으로 한 것이다. 반면, 우리의 생각은 정신병에서 비롯한 것이다.

작은 고백을 하나 하고 싶다. 어릴 적부터 나는 매년 성경을 통독했다. 그래서 9월쯤이면 사복음서에 이르렀다. 그런데 예수님의 가르침 가운데 약 25퍼센트가 돈과 재물에 관한 것이라고 한다. 기본적으로 그중에서 돈과 재물을 좋게 보는 말씀은 하나도 없다('번영 복음'은 절대 예수님에게서 온 것이 아니다). 솔직히 나는 돈에 관한 예수님의 가르침을 읽을 때마다 거부감이 일었다. 그런 말씀이 금식이나 독신에 관한 구절만큼이나 싫었다. 그런 가르침대로 살면 너무 재미가 없을 것만 같았다.

많은 미국인들처럼 나는 하나님 나라의 복음을 진정으로 믿지 않았다. 심지어 예수님을 인간이 처한 상태에 관한 훌륭한 선생이나 날카로운 관찰자로 믿지 않았다. 예수님의 가르침이 옳을 뿐 아니라 가장 좋은 삶의 길이라고 믿지 않았다. 미니멀리즘(잠시 뒤에 살펴보자)을 시도하기 전까지는 그랬다. 하지만 돈에 관해 예수님이 하신 말씀을 진지하게 받아들이기 시작하자마자 내 삶에 기쁨과 평안이 넘쳤다. 예수님의 말씀이 옳다는 사실이 갑자기 받아들여졌던 순간이 아직도 생생히 기억난다.

예수님이 가르치신 길이 실제로 더 좋고 더 자유로운 삶의 길이다. 당시 내게는 이것이 너무도 새롭고 충격적인 깨달음이었다. 그때부터 세상의 모든 가정을 의심하기 시작했다. "특히 물질적 소유물이 중요하다는 문명의 기본적인 가정들을 거부하라"라는 타일러 더든의 조언을 따르기 시작했다(그렇다. 《파이트 클럽Fight Club》에 나오는 대사다).[20]

나는 광고계의 비밀경찰들이 알면 큰일이 날 질문들을 던지기 시작했다.

* '더 많은 재물=더 큰 행복'이라는 공식이 잘못된 것이라면?
* 재물이 많으면 스트레스도 많아진다면? 근무 시간, 빚, 원치도 않는 직장에서의 근무 연수, 필요하지도 않은 쓰레기를 청소하고 유지하고 수리하고 갖고 놀고 정리하고 개선하기 위해 허비하는 시간만 늘어난다면?
* 재물이 많아질수록 가장 중요한 것은 줄어든다면? 즉 시간이 줄어든다면? 재정적인 자유가 줄어든다면? 예수님이 진정한 기쁨의 원천이라고 하신 베풂이 줄어든다면? 쇼핑몰 주차장을 뛰어다니느라 평안이 줄어든다면? 진정한 삶에 집중하는 능력이 줄어든다면? 창의력이 줄어든다면? 관계의 질이 떨어진다면? 여유가 줄어든다면? 기도가 줄어든다면? 내가 정말로 갈망하는 것들이 줄어든다면?
* 세상의 메시지가 전부 거짓은 아닐지라도 기껏해야 반쪽짜리 진실이기 때문에 그것을 거부하고 다른 메시지에 따라 살아야 한다면? 다른 복음에 따라 살아야 한다면?

예수님과 '악한' 눈

목사들이 돈에 관한 이야기를 너무 많이 한다고 비판(그중 많은 비판이 합당한 비판)을 받기는 하지만, 사실 예수님은 이 주제에 관해서 정말 많은 말씀을 하셨다. 마태복음 6장에 기록된 소위 산상수훈에서 이 주제에 관한 예수님의 가장 심오한 가르침을 좀 더 자세히 들여다보자. 흥미롭게도 이 주제는 산상수훈의 약 25퍼센트나 차지한다.

먼저 예수님은 이렇게 말씀하셨다.

> 너희를 위하여 보물을 땅에 쌓아 두지 말라 거기는 좀과 동록이
> 해하며 도둑이 구멍을 뚫고 도둑질하느니라 오직 너희를 위하여
> 보물을 하늘에 쌓아 두라 거기는 좀이나 동록이 해하지 못하며
> 도둑이 구멍을 뚫지도 못하고 도둑질도 못하느니라 네 보물 있는
> 그곳에는 네 마음도 있느니라(마 6:19-21).

낡고 썩고 구식이 되고 마는 것들, 그리고 자동차를 가로등에서 너무 멀리 떨어진 곳에 두면 도난당할 수 있는 것들에 모든 시간과 에너지(와 돈)를 쏟지 말라. 대신, 하나님과의 관계나 그분 나라에서의 삶 같은 정말로 중요한 것들에 자원을 쏟으라. 왜냐하면 자원을 쏟는 곳이 바로 마음을 쏟는 곳이기 때문이다. 마음이 가는 곳에 돈이 가기 마련이다.

이어서 예수님은 이렇게 말씀하셨다.

> 눈은 몸의 등불이니 그러므로 네 눈이 성하면 온몸이 밝을 것이요
> 눈이 나쁘면 온몸이 어두울 것이니 그러므로 네게 있는 빛이
> 어두우면 그 어둠이 얼마나 더하겠느냐(마 6:22-23).

'잠깐, 시력이 돈과 무슨 상관인가?'

이것은 오늘날에는 쓰이지 않는 1세기의 관용구다. 예수님 당시에 '성한' 눈은 두 가지 의미로 쓰였다. 첫째, 삶의 초점과 지향성이 분명하다는 뜻이었다. 둘째, 가난한 사람들에게 후히 베푼다는 뜻이었다. 어려운 사람들이 눈에 들어온다는 뜻이었다. 어려운 사람들을 보고 최선을 다해 돕는다는 뜻이었다. '나쁜' 눈(KJV 성경에서는 '악한' 눈)은 정반대였다. 이런 눈을 가진 자들은 반짝거리는 것들에만 정신이 팔려 정말 중요한 것들을 보지 못한다. 그래서 가난한 사람들에게 지갑을 닫는다.

이제 이 가르침은 결승선을 향해 간다.

> 한 사람이 두 주인을 섬기지 못할 것이니 혹 이를 미워하고 저를
> 사랑하거나 혹 이를 중히 여기고 저를 경히 여김이라 너희가
> 하나님과 재물을 겸하여 섬기지 못하느니라(마 6:24).

이번에도 역시 "하지 말라"가 아니라 "하지 못한다"다.

예수님께 이것은 가능한 일이 아니기 때문이다. 하나님과 재물을 동시에 섬기는 것은 하고 싶어도 할 수 없는 일이다.[21] 예수님의 자유로운 길로 가면서 우리 사회에 흔한 과소비에 빠져들 수는 없다. 이 둘은 상호배타적이다. 둘 중 하나만 선택할 수 있다. 예전의 나처럼 이 주제에 관해서 아직도 판단이 서지 않는가? 내 경우에는 다음 말씀이 결정타였다.

> 그러므로 내가 너희에게 이르노니 목숨을 위하여 무엇을 먹을까 무엇을 마실까 몸을 위하여 무엇을 입을까 염려하지 말라(마 6:25).

예수님이 돈과 재물을 어떻게 염려와 연결시키시는지 보라.

보이는가?

"그러므로"라는 단어가 열쇠다. 이 단어는 돈과 재물에 관한 세 개의 짧은 가르침을 염려에 관한 하나의 긴 가르침과 하나로 묶어 준다(이 가르침 전체를 보려면 마태복음 6장의 끝부분을 읽으라). 요지는? 우리는 숭배하는 대상에 관련해서 염려한다. 돈을 숭배하면 돈이 당신을 산 채로 잡아먹을 것이다. 이것을 원할 사람이 있을까? 아무도 없다.

단순한 삶, 미니멀리즘

이 지옥의 쳇바퀴에서 벗어날 방법이 있을까? 예수님의 삶과 가르침에서 '영혼을 갉아먹는 현대 물질주의에서 벗어나 더 좋은 삶 속으로 들어가도록 해 줄 습관'을 찾을 수 있을까?

물론 있다. 그 습관은 바로 단순함simplicity이며, 이외에도 여러 가지 이름으로 통한다.

* 단순한 삶: 좀 더 분명해서 좋다.
* 절약: 수사들이 쓰던 표현이지만 지금은 긍정적인 의미를 다 잃었다. 그래서 나는 잘 사용하지 않는다.
* 미니멀리즘: 최근에 등장한 용어. 많은 블로거들과 작가들이 이것을 부유한 서구 세상에 맞게 변형시킨 '옛 영적 훈련의 세속적인 버전'으로 불렀다. 마음에 드는 표현이다.

이번 장에서는 단순함과 미니멀리즘을 번갈아 사용하겠다.

자, 이것은 '정확히' 무엇인가?

아니, 먼저 이것이 무엇이 '아닌지'부터 살펴보자.

먼저, 이것은 건축이나 디자인의 스타일이 아니다. 미니멀리즘 하면 많은 사람이 잡지에나 나올 법한 흑백으로 꾸민 깔끔한 집부터 떠올린다. 물론 아이들은 없는 집이다. 나처럼 결벽증이 있고 수도 원과 미술관을 섞은 것 같은 깔끔한 건축물 취향이라면 좋아할 수도 있다. 물론 그렇지 않은 사람들도 많다. 하지만 좋은 소식이 있다. 현대적 디자인을 좋아하지 않아도 미니멀리스트가 될 수 있다. 캘리포니아 스페인풍이든 자연주의든 80년대 아케이드 게임과 추억의 캐릭터 수집이든 상관없이 아무 스타일이나 마음대로 추구하라.

둘째, 미니멀리즘은 가난이 아니다. 미니멀리즘은 허름한 집, 빈 벽장, 물질을 누릴 자유가 없는 팍팍한 삶이 아니다. 미니멀리즘의 목표는 오히려 정반대로, '더 많은' 자유다. 다시 말하지만, 많은 사람이 '미니멀리즘'이라는 말을 들으면 아무것도 없이 의자 하나와 등불 하나만 달랑 있는 스티브 잡스의 빈 거실을 떠올린다(최소한 그 의자는 호두나무로 만든 명품 브랜드 의자였다. 잡스는 독특한 '취향'을 가진 사람이었을 뿐이다). 미니멀리즘은 '아무것도 없이' 사는 것이 아니라 '적은 것'으로 사는 것이다.

셋째, 미니멀리즘은 물건을 정리하는 것이 아니다. 봄마다 창고를 정리하는 것이 아니다. 틈만 나면 옷장을 청소하는 것이 아니다. 마트에서 종이박스와 테이프를 사 오는 것이 아니다.[22] 곤도 마리에가 훌륭한 책을 써 내긴 했지만 나는 '정리'가 미니멀리즘과 정반대라고 생각한다. 여러 종이박스에 정리해 넣고 쌓아 두어야 할 만큼 물건이 많다면 물건이 너무 많은 것이다(샌프란시스코나 뉴욕의 작은 아파트에 산다면 열외다).

"필요한 것만 있어서 정리할 필요가 없다면?" 생각할 가치가 있는 질문이다. 일단 미니멀리즘이란 무엇인가? 단순함 혹은 뭐라 부르던, 몇 가지 유용한 정의를 소개한다. 미니멀리즘에 관한 책을 쓴 (예수님의 제자이자 전직 목사) 조슈아 베커는 이런 정의를 내놓았다.

가장 중요하게 여기는 것들을 의도적으로 늘리고, 그것들에서
한눈을 팔게 만드는 모든 것을 제거하는 것.[23]

리처드 포스터와 마크 스캔드렛도 훌륭한 정의를 제시했다.

단순성은 외적인 라이프스타일에서 드러나는 내적 상태.[24]
정말 중요한 것에 시간과 돈, 재능, 재물을 사용하는 것.[25]

보다시피 미니멀리즘은 단순히 돈과 재물뿐만 아니라 삶 전반에 관한 것이다. 소로는 단순한 삶을 다년간 실험하기 위해 숲으로 들어간 뒤 환희에 차서 다음과 같이 말했다.

단순함, 단순함, 단순함! 일을 백 가지나 천 가지가 아닌 두세 가지로
유지하라. …… 왜 그렇게 쓸데없는 것들로 바쁘게 살아야 하는가?[26]

단순함과 바쁨 사이의 상관관계를 꿰뚫어 본 그의 통찰력이 놀

랍다. 이렇게 살려면 시간과 돈을 잡아먹는 '모든' 자원을 줄여야 한다. 제네바 주교 성 프란치스코 드 살은 "모든 면에서 단순함을 사랑하라"라고 말했다.[27] "모든 면에서"라는 말이 특히 마음에 와닿는다.

목표는 옷장이나 창고를 정리하는 것이 아니라 '삶'을 정리하는 것이다. 근심을 낳고 정말 중요한 것에 집중하지 못하게 만드는 수많은 쓸데없는 잡동사니들을 제거해야 한다. 이번에는 잡동사니에 관한 정의를 보자.

> 내 삶에 가치를 더해 주지 않는 모든 것.[28]
>
> "기쁨을 일으키지" 않는 모든 것.[29]
>
> 너무 작은 공간을 차지한 너무 많은 것 …… 더 이상 사용하거나 좋아하지 않는 모든 것 …… 어수선한 느낌을 주는 모든 것.[30]

여기서 목표는 가장 중요한 것에 집중하며 사는 것이다. 예수님의 도제인 우리에게 가장 중요한 것은 당연히 예수님과 그분의 나라다. 혹시 '이건 부자들이나 들어야 할 말이지 않은가?'라고 생각하는가? 물론 그렇다.

가난한 사람들은 이것은 단순한 삶이라고 부르지 않는다. 그냥 '삶'이라고 부른다. 그들은 미니멀리즘에 관한 책을 읽지 않는다. 정의를 위해 기도할 뿐이다. 하지만 이 책을 읽고 있는 당신은 가난하지 않을 가능성이 매우 높다. 다시 말하지만 연봉이 25,000달러 이상이라면 세계 인구 가운데 상위 10퍼센트 안에 들어간다. 34,000달러 이상이라면 무려 상위 1퍼센트 안이다. 죄책감을 심어 주려고 하는 말이 아니라 사실이 그렇다.[31]

에베소서에서 바울이 부자들에게 내린 명령을 들어 보라.

> 네가 이 세대에서 부한 자들을 명하여 마음을 높이지 말고 정함이
> 없는 재물에 소망을 두지 말고 …… 선을 행하고 선한 사업을
> 많이 하고 나누어 주기를 좋아하며 너그러운 자가 되게 하라
> 이것이 장래에 자기를 위하여 좋은 터를 쌓아 참된 생명을 취하는
> 것이니라(딤전 6:17-19).[32]

이는 마태복음 6장에 기록된 예수님의 가르침을 옮긴 것이다. 바울은 예수님의 말씀 그대로, 단순함이 "참된 생명"을 얻는 길이라고 말한다. 나는 오랫동안 이 구절을 읽을 때마다 '다른' 사람들에게 주시는 말씀이라고 생각했다. 부유한 사람들을 적잖이 아는데, 이 구절이 그들을 향한 것이라고만 생각했다. 내 이야기는 아니라고 생각했다. 나는 중산층 집안에서 태어났다. 물론 우리는 집이 있었지만 휴가라고 해 봐야 캠핑을 가거나 시골 할아버지 댁에 놀러가는 것이 전부였다. 내 옷은 유명 브랜드가 아니었다. 초등학교 시절 싸구려 신발을 신었다고 아이들이 심하게 놀렸던 기억이 난다. 우리 가족은 거의 외식을 하지 않았다. 그래서 내가 부유층이라고 생각

해 본 적은 한 번도 없었다.

나는 세계적인 빈곤을 전혀 몰랐을 뿐 아니라 이 나라에서 많은 사람들, 특히 다른 인종들이 얼마나 힘들게 사는지 전혀 몰랐다. 하지만 설령 내가 부자가 아니라 해도(나는 분명 부자다) 열외가 아니다. 돈에 관한 예수님의 가르침 대부분은 부자들에게 하신 말씀이 아니었다. 사실, 그분의 청중 가운데 대다수는 가난한 축이었다.

예수님을 생각해 보라. 단순함은 예수님이 평생 보이신 습관이었다. 그런데 한 가지 풀어야 할 오해가 있다. 예수님은 많은 사람이 주장하는 것만큼 가난하시지 않았다. 예수님은 랍비가 되기 전 목수셨다. 아마도 최저 임금 이상은 버셨을 것이다. 사역에 전념하신 뒤에는 부유한 기부자들에게 음식과 여행비 등을 지원받으셨다(눅 8:1-3). 심지어 제자 가운데 한 명에게 재정 관리를 맡기셔야 할 정도였다(물론 좋은 결과로 이어지지는 않았지만). 예수님은 부자와 가난한 자 모두와 친구로 지내셨지만, 부자 친구들의 집에서 먹고 마셨다는 이야기가 자주 등장한다. 복음서 기자들에 따르면 "먹기를 탐하고 포도주를 즐기는 사람"이라는 오해를 받으실 정도였다(마 11:19). 십자가에서 로마 병사들은 예수님의 옷을 놓고 제비뽑기를 했다. 이는 그 옷이 꽤 가치가 있었다는 뜻이다. 실제로 요한은 이렇게 기록했다. "이 속옷은 호지 아니하고 위에서부터 통으로 짠 것이라"(요 19:23).

예수님의 삶과 가르침에서 우리는 성경 전체를 관통하는 긴장을 발견할 수 있다. 그 긴장은 이것이다. 한편으로 세상과 그 안의 모든 것은 누구나 즐기고 필요한 사람들과 나눠야 할 '심히 좋은' 것이다. 하지만 다른 한편으로, 너무 큰 부는 위험하다. 자칫 우리 마음이 하나님에게서 멀어질 수 있다. 그럴 때 우리의 탐욕스럽고 일그러진 마음은 우리 자신의 삶을 망가뜨리고 우리의 행복을 파괴할 뿐 아니라, 더 중요하게는 빈부의 격차를 늘리고 지구 환경을 망가뜨림으로써 남들에게 피해를 입힌다.

예수님은 이런 긴장 속에서 사셨다. 즉 친구의 집에서 훌륭히 차려진 식사를 하시다가도 돈이 우리 마음에 입히는 해를 경고하셨다. 물론 정확히 말하면, 이 긴장 속에서 예수님은 물질주의보다 미니멀리즘 편에 서셨다. 리처드 포스터의 말에 따르면 "물질에 대한 태평한 무관심"이야말로 "하나님 나라의 삶의 특징"이다.[33] 예수님은 바로 이런 "태평한 무관심"을 누구보다도 잘 보여 주셨다.

특히 서구 세상에서 예수님을 따르려면 이런 긴장 속에서 살아야 한다. 좋고 아름다운 것들을 감사하며 즐기는 동시에 단순한 삶을 살아야 한다. 그리고 판단이 잘 서지 않을 때는 베풀면서 단순하게 사는 쪽을 선택하는 편이 현명하다.

실천 방안

자, 시작할 준비가 되었는가? 예수님은 하나님 나라에 관해 가르치실 때 실질적인 실천 방안으로 끝맺음하실 때가 많았다.[34] 우리도 그렇게 해 보자.

먼저, 몇 가지 원칙과 그에 따른 실천 방안을 살펴보자. 분명히 말하지만 이것들은 수칙rule이 아니라 원칙prineciple이다. 그만큼 자유롭다. 내가 가장 중시하는 열두 가지 원칙을 소개한다.

1 구매하기 전에 그 품목의 진짜 비용을 따져 보라

오토바이의 예로 돌아가 보자. 해당 품목을 청소하고 수리하고 유지하는 비용과 보험료 등을 생각하라. 처음 구매 비용이 전부가 아니다. 계속 유지할 수 있는가? 소유하는 데 드는 시간은 얼마인가? 얼마나 자주 사용할 것인가? 이것이 내 삶에 가치를 더해 주고 하나님과 그분의 세상을 더 잘 즐기는 데 도움을 줄까? 아니면 정말 중요한 것들에서 멀어지게 만들까?

마지막으로, '바쁨'의 측면을 생각해 보라. 이것이 내 삶의 속도에 어떤 영향을 미칠까? 속도를 높일까, 줄일까?

2 구매하기 전에, 이것을 사면 가난한 사람들을 압제하거나 지구 환경에 해를 끼치는 것인지를 따져 보라

알다시피 미국인들의 소비 수준은 지구에 큰 피해를 입히고 있다. 과학자들은 지구상의 모든 사람이 평균적인 미국인만큼 생태계에 영향을 미치며 살아가려면 적어도 다섯 개의 지구가 필요하다고 주장한다.[35] 폴리에스테르처럼 흔한 것에 관해 생각해 보라. 현재 모든 옷의 무려 50퍼센트가 자연분해가 되지 않는 폴리에스테르 섬유로 이루어져 있다. 멋진 운동복? 이것은 영원히 썩지 않은 채 쓰레기 매립지 한자리를 차지하고 있을 것이다. 환경 문제를 깊이 걱정하는 사람들도 있지만 별로 신경 쓰지 않는 사람들이 더 많다.

하지만 과소비의 희생양은 지구만이 아니다. 몇 년 전 글로벌화의 어두운 면을 알고서 큰 충격을 받았던 기억이 난다. 내 집과 삶에서 사용하는 정말 많은 물건이 노골적인 인신매매와 아동 노동 착취는 아니더라도 불의한 방식으로 생산된 것인 줄 전에는 전혀 몰랐다. 의류 산업을 예로 들어 보자. 이 분야는 미국에서 광고업계가 부상하던 1960년대 이후로 급격히 변했다. 1960년대만 해도 미국인들이 입는 옷의 95퍼센트는 국내 생산이었고, 미국인들은 평균적으로 옷에 연간 예산의 10퍼센트를 사용하고 겨우 몇 벌만 소유했다.

오늘날에는 미국인들이 입는 의류의 겨우 2퍼센트만 국내에서 생산되며, 미국인들은 연간 예산의 겨우 4퍼센트 정도만 의류에 소비한다. 무려 500퍼센트가 감소한 수치다. 미국에서는 어떻게 이토록 값싼 가격으로 의류를 판매하는 것일까? 다국적 기업들이 의류를 베트남이나 방글라데시 같은 곳에서 생산하기 시작했기 때문이다. 그곳들에서는 정부 부패가 만연해 있다. 관리들은 노동 착취를 멈추기 위한 노력을 거의 혹은 전혀 하지 않는다. 최저임금이나 의료보험, 조합 같은 것들은 먼 나라 얘기일 뿐이다. 노동자들은 푹푹 찌는 공장에서 일주일에 6일 또는 일주일 내내 일한다. 대부분은 보호 장비도 없는 위험천만한 환경에서 목숨을 내놓고 일한다.[36]

'수많은' 사람이 이렇게 일하며 산다. 세계 인구 여섯 명 가운데 한 명은 의류 산업에서 일한다. 15억이 조금 못 되는 수치다. 이 노동자들의 약 80퍼센트는 여성들이다. 그리고 그들 가운데 생활이 가능할 만큼의 임금을 받는 사람들은 2퍼센트가 채 되지 않는다.

우리가 값싼 물건을 사면서 '도둑질'이라고 부르는 것도 무리는 아니다. 실제로 그렇다. 도둑질. 게다가 우리는 우리가 자주 악인 취급을 하는 슈퍼리치들에게서 훔치는 로빈 후드가 아니라 아이들을 먹여 살리려고 발버둥치며 일하는 미얀마의 싱글맘에게서 훔치고 있다.

SNS에 오늘날 전 세계적으로 2,800만 명의 노예가 존재하며 이 상황을 끝내야 한다는 글을 올리는 것은 좋은 일이다. 그런 글을 진심으로 지지한다. 하지만 우리가 중국 시골에서 만들어진 스마트폰으로 셀피를 찍기 위해 입는 옷들의 대부분은 그런 상황을 끝내기는커녕 오히려 유발하고 있다. 노예 제도가 먼 과거의 일이라고 말하고 싶지만, 대부분의 흑인 노예들이 한 일이 무엇이었는가? 그들은 목화 농장에서 일했고, 그 목화는 옷을 만드는 데 쓰였다.

3 절대 충동적으로 구매하지 말라

우리가 얼마나 많은 돈을 순간의 충동에 따라 쓰는지 모른다.

단지 신상 신발을 봤다는 이유로 '꼭' 사야 한다고 생각한다.

이미 신발이 열 켤레나 있는데도.

그 신발과 어울리는 옷이 없는데도.

그 신발이 쓰레기 매립장에 영원히 남을 폴리에스테르로, 그것도 불의한 방법으로 생산되었는데도.

등등.

하지만 자제력을 발휘해서 그 물건을 사지 '않으면' 대개 욕구는 금세 사라진다. 원하는 물건을 보면 먼저 잠시 동안 앉아서 생각하는 것이 현명하다. 크고 비싼 물건일수록 오래 기다려야 한다. 충분히 생각하라. 비합리적인 육신에 휘둘리지 않도록 합리적인 정신으로 충분히 생각하라. 그 물건을 사야 할지를 놓고 기도하라. 다시 말하지만, 하나님은 물질에 반대하시지 않는다. 하나님은 우리가 즐기도록 이 세상을 아름답게 창조하셨다. 하지만 하나님이 기뻐하시는 구매가 아니라면 굳이 질러야 할까? 뭔가를 사지 '않았을 때' 뜻밖에도 기분이 그렇게 좋을 수 없다.

4 물건을 살 때 더 좋은 것들로 적게 사라

우리는 잠시 기다렸다가 오래 가는 좋은 물건 하나를 사지 않고, 돈을 아낀답시고 싸게(그리고 대개 불의하게) 제작된 물건을 살 때가 많다. "좋은 것으로 한 번 사고 말라"는 지킬 만한 가치가 있는 원칙이다. 좋은 물건을 살 여력이 되지 않는다면 중고를 고려해 보라. 어떤 경우든, 결국 돈을 절약할 수 있다. 예수님의 말씀대로 우리의 모든 돈은 하나님의 것이며 우리는 단순한 관리인이기 때문에 최대한 절약해야 한다.

하지만 좋은 물건이라도 사기 전에는 항상 스스로에게 물어야 한다. "이것이 정말로 필요한가?"

영국의 디자이너 윌리엄 모리스는 좋은 원칙 하나를 제시했다. "유용하지 않거나 아름답지 않은 것은 집에 놓지 말라."[37]

명심하라. 세상은 끊임없이 "어떻게 하면 더 많이 가질 수 있을까?"라고 묻는다. 하지만 예수님의 도제들은 계속해서 "어떻게 하면 더 적은 것으로 살아갈 수 있을까?"라고 묻는다.

___5   할 수 있다면 공유하라

공유 경제는 분명 단점이 존재하지만 단순한 삶에 매우 유용하다. 우버 같은 앱 혹은 카쉐어링 서비스를 이용하면 자동차를 소유하지 않고도 원하는 곳으로 갈 수 있다. 휴가지 렌탈 사이트는 해변 별장을 소유하지 않고도 해변을 즐길 수 있게 해 준다. 공동체 안에서의 삶은 더욱 좋다. 나는 공동체와 온갖 것을 공유한다. 세탁기를 왜 사는가? 우리 공동체 매트Matt의 집에 있는데 말이다. 한 초대 교회 교부는 이렇게 말했다. "우리는 아내 말고는 모든 것을 공동 소유한다."[38] 너무 좋다.

6   나누는 습관을 기르라

세상의 이치에 관한 예수님의 말씀을 기억하라. "주는 것이 받는 것보다 복이 있다." 물론 새 티셔츠를 입으면 기분이 좋지만, 그 옷을 살 돈으로 힘든 아이가 가난에서 벗어나도록 돕거나 힘든 시기를 지나는 친구에게 도움의 손길을 뻗치면 그렇게 기분이 좋을 수 없다.

더 복 있는 삶을 원하는가? 그렇다면 주라. 후히, 주기적으로.

처음 미니멀리즘에 마음이 열렸을 때 자주 했던 것은 내게 필요 없는 것들을 요긴하게 사용할 수 있는 사람들에게 준 것이다. 그때부터 우리 가족은 월간 예산에 작은 '축복 놀이'를 편성했다. 많은 액수는 아니었지만 어려운 사람들을 잊지 않기에 충분한 액수였다. 비밀 산타 놀이가 얼마나 재미있는지 모른다. 쇼핑을 적게 하면 나눌 돈이 많아지고, 그럴수록 더 복 있는 삶을 살 수 있다.

7   예산에 따라 살라

예산조차 짜지 않는 사람이 얼마나 많은지 충격적이다. 예산은 단순히 빚을 지지 않기 위한 방법이 아니다. 그것도 중요하지만, 돈에 관한 예산은 시간으로 따지면 일정표와도 같다. 다시 말해, 예산은 우리가 '보물'을 허비하지 않고 적절한 곳에 쓰이도록 해 준다.

예수님처럼 예산을 짜는 데 도움이 되는 좋은 자료들이 많지만, 핵심은 실천이다.[39] 그리고 이왕이면 예산을 공동체 식구들이나 절친한 친구에게 보여 주면 좋다. 매년 (당당한 세탁기 소유주인) 매트와 나는 서로에게 예산을 보여 주고 함께 점검한다. 우리는 언제라도 서로의 소비 습관에 관해 자유롭게 의견을 말할 수 있다. 또한 천 달러 이상 써야 하는 구매를 할 때는 상대방의 승인을 받아야 한다는 원칙을 정했다.

아이러니하게도 이 원칙을 정하고 나서는 이 원칙을 사용할 일이 거의 없어졌다.

8 소유하지 않고도 즐기는 법을 배우라

우리 문화의 문제점은 뭔가를 즐기기 위해서는 꼭 소유해야 한다고 생각하는 것이다. 전혀 그렇지 않다. 나는 틈만 나면 집 근처 공원을 즐긴다. 동네 도서관과 그곳에서 빌리는 책들도 마음껏 즐긴다. 도심 한복판에서 입장료 2달러면 화려한 내부 인테리어까지 즐길 수 있는 커피숍도 있다. 그곳에 가면 훌륭한 과테말라 로스마 커피를 즐길 수 있다. 나는 이런 것을 전혀 소유하고 있지 않다. 하지만 상관없이 즐길 수 있다. 물론 당신도 그럴 수 있다.

9 피조세계에 대해 깊이 감사하는 마음을 기르라

공짜로 즐길 수 있는 것들에 관한 이야기가 나온 김에, 최근에 야외로 나가 봤는가? 내가 최근까지 확인해 본 바에 따르면 아직까지 산소는 공짜였고, 주립 공원은 차로 얼마 걸리지 않았다. 피조세계, 특히 문명의 손길이 닿지 않은 곳들은 그 무엇보다도 창조주를 향한 눈을 뜨게 만드는 힘이 있다. 피조세계는 감사하는 마음과 경이감을 일으킨다. 물질주의는 우리의 영을 잠들게 하지만, 물질계는 정반대로 우리의 영을 다시 깨운다.

10   소박한 즐거움에 깊이 감사하는 마음을 기르라

나이가 들수록 아침에 커피 한잔이나 차 한잔, 가족과 함께 만든 집밥, 여름날의 자전거 타기 같은 소박한 것들을 더 즐기게 된다. 이런 경험은 대개 돈이 별로 들지 않지만 정말 큰 행복감을 준다.

저녁 산책, 일출, 오랜 친구와 나누는 좋은 대화……. 이 모든 것은 하나님의 세계를 감사하며 즐기게 만들어 준다. 이런 삶은 돈보다 시간을 중시하는 삶이다. 아울러 하나님과 그분의 선한 세계에 관심을 갖는 삶이다. 전도서 기자가 막대한 부를 소유하고도 이렇게 말한 데는 이유가 있다. "사람이 먹고 마시며 수고하는 것보다 그의 마음을 더 기쁘게 하는 것은 없나니"(전 2:24). 이렇게 작은 것들이 큰 기쁨을 줄 수 있다.

11   광고가 선전이라는 점을 분명히 인식하고, 그것을 '거짓말'이라고 부르라

리처드 포스터는 이런 도발적인 말을 했다. "문명이기 수호자들의 선전에 당하기를 거부하라."[40]

이 활동은 재미있다! 그리고 빈정거리고 나서도 죄책감이 전혀 일지 않는 드문 경우다. 나는 이것을 아이들과 게임으로 하곤 한다.

광고를 보면 거짓말이라고 외치는 게임이다. 텔레비전에서 최신 볼보 자동차 광고가 나오는가? 볼보를 타고 노르웨이의 피오르드 지역을 질주하는 모델 부부? 음, 좋아 보인다. 그 차를 사면 우리도 모델처럼 보일 것 같다. 하지만 과연 그럴까?

이런 게임을 하면 아이들을 키우는 일이 썩 재미있어진다.

___ 12   물질주의 정신에 맞서는 즐거운 반란을 주도하라

성 프란체스코와 그 추종자들은 "물질주의 정신에 맞서는 즐거운 반란을 주도"했다고 한다.[41] 그들은 예수님의 단순함의 메시지를 전하는 것을 기쁨의 메시지를 전하는 것과 동일하게 여겼다. 억지로 하거나 경직될 필요가 없다. 긴장을 풀고 웃으며, 이 싸움에서 기쁨을 당신의 무기로 삼으라.

"적게, 하지만 더 좋게"라는 말을 다 들어 봤을 것이다. 하지만 '더 적게' 자체가 '더 좋은' 것이라면? 바로 이것이야말로 우리 세상이 반드시 들어야 할 메시지다. 지금이야말로 혁명을 일으켜야 할 때다. 누가 나와 함께하겠는가?

옷장에서 시작하라

단순화를 시작하기에 좋은 출발점 가운데 하나는 바로 옷장이다. 우리 대부분은 '너무 많은' 옷을 갖고 있다.

처음 옷장 정리를 할 때 나는 한 계절에 여섯 벌씩으로 줄이기로 결정했다. 주중의 하루마다 한 벌씩 입고, 일요일에는 원하는 대로 입는 식이었다. 옷장 문 안쪽에 말 그대로 옷 일정표를 붙여 놓았다. 당시 월요일에 나를 봤다면 회색 스웨터에 검정색 청바지를 입고 있었을 것이다.

1년이 지나서 다시 시작했다. 2라운드에서는 매일 다른 옷을 입는 것이 우습다는 생각을 했다. 그리고 그때는 의류 산업에서 벌어지는 온갖 불의를 알게 된 뒤였다. 그래서 새 옷을 살 때마다 심히 고민이 되었다. 그래서 옷을 한 계절에 세 벌로 확 줄였다. 나는 월요일과 수요일, 금요일에 회색 스웨터를 입었다.

최근에는 여름옷을 두 벌로 또 줄였다. 매일 옷을 갈아입는데 뿌듯하기 짝이 없다. 옷 자체도 마음에 든다. 또한 이제 내 옷들은 모두 윤리적이고 친환경적인 방법으로 만들어진 것들이다. 그리고 처음으로 의복비 구입 예산에서 돈이 남기 시작했다. 그 돈을 쓸 필요성을 느끼지도, 쓰고 싶지도 않다. 그렇게 자유로울 수가 없다.

대부분 사람들의 집에는 물건이 너무 많을 것이다. 하지만 모두가 그런 것은 아니다. 각자 시급한 부분부터 시작하면 된다. 신발장에 신발이 스무 켤레나 있다면 거기서부터 시작하라. 피규어 수집품이 너무 많다면 거기서부터 시작하라. 머그잔 집착이 문제라면 거기서부터 시작하라.

명심하라. 예수님의 제자로서 우리가 끊임없이 던져야 할 질문은 사실상 "예수님이라면 어떻게 하실까?"가 아니다. 더 좋은 질문은 "예수님이 나라면 어떻게 하실까?"다. 예수님이 나와 같은 성이라면? 나와 같은 직업군이라면? 예수님의 연봉이 나와 비슷하다면? 예수님이 나처럼 기혼 혹은 미혼이라면? 나와 같은 해에 태어나셨다면? 나와 같은 도시에 사신다면?

그렇다면 어떻게 하실까?

예수님을 따르는 것은, 숨을 거두는 순간까지 이 질문을 던지는 것이다.

만족하는 삶, 행복한 삶

이번 장을 마치기 전에 분명히 해 두자. 단순함이 현대 세상의 바쁨을 해결해 주는 '절대적인 답'은 아니다. 하지만 분명 '하나의' 답이다. 심지어 쉬운 답이다. 필요하지 않은 잡동사니를 치우라. 하지만 이것은 '값싼' 답은 아니다. 아이러니하게도 대가가 따른다.

달라스 윌라드가 지적했듯이 제자도의 대가는 크다. 하지만 제자가 되지 않은 대가는 훨씬 더 크다.[42] 그렇다. 예수님을 따라 단순하게 살면 대가가 따른다. 하지만 그렇게 하지 않으면 훨씬 더 큰 대가가 따른다. 돈과 시간뿐 아니라 정의롭고 양심적으로 깨끗한 삶,

기도 시간, 바쁘지 않은 영혼, 무엇보다도 "참된 생명"을 잃는다.

최근 빌립보서에 기록된 바울의 말을 줄곧 생각해 왔다.

내게 능력 주시는 자 안에서 내가 모든 것을 할 수 있느니라(빌 4:13).

그런데 이 구절을 전후 관계를 무시하고 해석하는 사람이 너무도 많다. 그들은 헌금을 모으거나 승진하거나 암을 이기거나 가족을 부양하기 위해 이 구절을 사용한다. 뭐, 다 좋다. 하지만 바울이 무슨 배경에서 이 고백을 했는지 아는가?

바로, 만족.

바로 직전 구절은 다음과 같다.

어떠한 형편에든지 나는 자족하기를 배웠노니 나는 비천에 처할
줄도 알고 풍부에 처할 줄도 알아 모든 일 곧 배부름과 배고픔과
풍부와 궁핍에도 처할 줄 아는 일체의 비결을 배웠노라(빌 4:11-12).

전후 맥락을 고려할 때 바울은 우리 삶의 골리앗을 극복하는 법을 말한 것이 아니다. 바울은 에드워드 버네이스 전이나 후나 인간 영혼의 최대 적 가운데 하나인 불만족에 관해 말한 것이다. 항상 '더 많이'를 원하는 것, 물건만이 아니라 모든 면에서 '더 많이'를 원하는 것, 졸업, 결혼, 자녀, 더 좋은 직장, 은퇴까지 다음번 것을 얻어

야 만족할 것만 같은 느낌. 하지만 항상 뭔가가 부족한 느낌.

우리는 역사학자 아서 슐레진저가 말한 "멈출 수 없는 불만족"을 안고 살아간다.[43] 전도서 기자는 이를 두고 "바람을 잡으려는 것"이라는 표현을 사용했다.[44]

만족은 불교에서 말하는 것처럼 모든 욕구를 억누르는 것이 아니다. 만족은 욕구가 충족되지 않은 상태에서도 행복을 누리는 것이다. 모든 사람이 충족되지 않은 욕구들을 갖고 살아간다. 이생에서 우리의 교향곡은 끝까지 미완성으로 남아 있다. 그렇다고 해서 우리가 행복하게 살 수 없는 것은 전혀 아니다.

우리는 지금 이 순간에도 "내게 능력 주시는 자 안에서" 행복을 누릴 수 있다. 예수님과 함께하는 지속적인 관계에 우리의 자원을 투자할 때 행복을 누릴 수 있다는 뜻이다. 가난하든 부요하든, 미혼이든 기혼이든, 불임이든 모든 자녀가 출가할 날만 세고 있든, 꿈에 그리는 직장에서 일하든 최저 임금으로 일하든 상관없이 풍성하고 만족스러운 삶을 살 수 있다. 지금 당신은 행복하고 만족스러운 삶에 필요한 모든 것을 갖고 있다. 다시 말해, 당신은 하늘 아버지께 나아갈 수 있다. 당신은 그분께 사랑의 관심을 받고 있다.

이렇게 쉬운 멍에가 또 있을까?

10 늦추기 훈련

'생각하는 속도'와
'몸을 움직이는 속도'를
같이 늦추는 연습

앞서 말했듯이 나는 수칙(규칙)을 좋아한다. 그런데 왜 다들 수칙을 그렇게 싫어하는가? 수칙이 그들에게 무슨 짓을 했기에? 부패 정부가 만든 억압적인 수칙 때문에 그런 것인가? 어쨌든 내게 수칙은 안전한 느낌을 주는 고마운 녀석이다. 수칙을 알면 안심이 된다.

필시 대부분의 독자들이 고개를 절레절레 흔들 것이다. 어떻게 생각해도 좋지만 나는 MBTI에서 J가 높은 유형이 나왔다. 실제로 나는 계획을 좋아한다. 모든 일에서 그렇다. 휴일에도 시간 단위로 계획을 세워서 논다. 나를 비웃어도 좋다. 하지만 덕분에 대개 나는 휴일을 정말 알차게 보낸다.

나이를 먹고서 보니 각자 성격대로 사는 것이 옳다는 생각이 든다. 나는 내 방식대로 살되, 나와 성격이 다르거나 인생의 다른 시기에 있어서 수칙을 싫어하는 사람들을 비판하지 않는다. 하지만 살펴 보니 수칙을 싫어하는 사람들은 대개 시간 계획을 싫어하며, 그런 사람들은 보통 적극적인 삶이 아닌 수동적인 삶을 산다. 운전자보다는 승객에 가깝게, 창조자보다는 소비자에 가깝게 산다. 삶을 개척하기보다는 그냥 되는 대로 살아간다.[1]

당연한 말이지만, 우리의 생활 스케줄이 우리의 가치와 일치할 때 우리는 내적 평안을 경험한다. 예수님의 도제들의 경우에는, 우리의 가치가 예수님의 삶과 일치해 사랑과 기쁨과 평안이 자라나며 그 가치에 따라 우리 삶의 스케줄과 수칙이 이루어질 때 내적 평안이 찾아온다.

수칙을 싫어하는 MBTI의 P 유형 사람들은 당장 이 책을 방 한 구석으로 던져 버리고 싶겠지만, 조금만 참고 생각해 보라. 삶의 수칙이 재미있는 것일 수 있을까?

자기 계발 서적 분야에서 '게임화gamification'라는 새로운 개념이 등장했다. 기본적으로 이 개념은 개인적인 성장을 작은 게임으로 바꾸는 것이다. 최근 "게임하는 것처럼 사는 삶의 힘The Power of Living Gamefully이라는 부제가 달린 책이 베스트셀러가 되었다.[2] 꽤 마음에 드는 책이다. 내게 새로운 목표가 생겼다. 게임하는 것처럼 사는 것.

그래서 나는 늘 작은 게임을 찾는다. 자칫하면 훅 빨라질 수 있는 삶의 전반적인 속도를 늦추기 위한 재미있고 창의적이고 유연한 '수칙들'을 찾는다. 내 머릿속 한쪽 구석에서 이 수칙들이 한동안 떠다니고 있었다. 그래서 하루는 자리에 앉아 이 수칙들을 종이에 적었다. 그렇게 이번 장이 탄생했다. 개중에는 심오한 내용도 있지만 대개는 독특하고 이상한 것들이다. 원하는 대로 골라서 사용하길 바란다. 뭐든 재미있게 보이면 시도하고, 나머지는 가볍게 읽고 넘어가도 좋다.

혹시 '잠깐, 기존의 영적 훈련들을 소개하려는 것 아닌가?'라고 생각했는가? 어떤 면에서 이것들은 기존의 영적 훈련이 아니다. 그럴 수밖에 없는 것이 예수님은 21세기 도시가 아니라 1세기 마을에서 사셨기 때문이다. 예수님은 자동차를 몰거나 문자 메시지를 보내신 적이 없다. 한밤중에 햄버거를 사러 24시간 운영하는 매장에

가신 적도 없다. 다음 생활 수칙들은 내가 도시에서 가족을 키우고 스마트폰과 와이파이 등을 사용하면서 예수님을 따르려고 노력한 결과 찾아낸 현대인들에게 필요한 습관들이다. 현대 세상에서 살아남기 위한 새로운 영적 훈련들이 필요하지 않을까? 미래학자 데이비드 잭이 말한 "하이퍼리빙hyperliving: 삶의 표면을 스쳐 지나가는 것"[3]에 대항한 반문화적인 습관들이 필요하지 않을까?

실제로, 다음과 같은 수칙들을 기존 영적 훈련 목록에서 찾을 수는 없겠지만, 하이퍼리빙이라는 새로운 정상 상태에 대한 저항으로서 이 생활 수칙들을 이야기하는 선생들이 점점 많아질 것이다.

존 오트버그와 리처드 포스터는 둘 다 이 새로운 습관들을 "늦추기Slowing"로 명명했다.[4] 오트버그는 이것을 "기다려야만 하는 상황으로 일부러 들어감으로써 인내심을 기르는 것"으로 정의했다.[5]

늦추기 습관에 내재한 기본 개념은 이렇다. 몸의 속도를 늦추고 삶의 속도를 늦추라. 우리는 '통합된' 존재다. 우리는 전인적 존재다. 우리의 정신은 전인으로 가는 문이다. 그래서 우리의 생각은 하나님과 함께하는 삶을 어떻게 경험할지에 큰 영향을 미친다. 하지만 정신이 유일한 문은 아니다.

이 시대에 금식하는 사람이 거의 없는 이유는 바로 이 점을 망각했기 때문이다. 예수님의 핵심 훈련 가운데 하나였던 것이 어디론가 사라졌다.[6] 우리는 소화기관을 통해 삶의 변화를 일으키는 훈련 개념에 고개를 갸웃거린다. 요즘 책과 팟캐스트, 대학 강의, 교회의 가르침은 한 가지 사실을 자꾸 잊어버리게 만든다. 그것은 바로 우리가 단순히 다리 달린 뇌가 아니라는 사실이다. 우리는 전인적인 존재다. 전체적인, 통합된, 더없이 복잡한 존재다. 따라서 예수님의 도제 훈련은 전인적이어야 한다. 정신과 몸을 동시에 다스려야 한다.

이 둘(생각하는 속도와 세상 속에서 몸을 움직이는 속도)을 늦추면 "여호와의 선하심을 맛보아 알" 만큼 '영혼'의 속도를 늦출 수 있다(시 34:8). 그리고 여호와의 세상은 맛보지 않기에는 너무나 선하고 좋다!

자, 이제 삶의 전반적인 속도를 늦추기 위한 스무 가지 방법을 제안한다. 그렇다. 스무 가지나 된다. 앞서 말했듯이 나는 수칙을 좋아한다. 우리 대부분이 매일 하는 일, 즉 자동차 운전에서 시작해 보자. 나처럼 (미국) 도시에 살면서 거의 걷거나 자전거를 타는 사람이라도 가끔씩은 운전을 할 것이다. 나는 대중교통이 편리한 도심 한복판에 살지만 일주일에 두세 번은 운전을 한다. 지금부터 운전할 때 '늦추기'라는 영적 훈련을 실천하는 방법 몇 가지와 삶을 늦추는 그 밖의 다양한 습관들을 소개하겠다.

1 제한속도 이내로 운전한다

이것은 책에서 한 번도 다루지 않은 혁명적인 아이디어다. 시속 50킬로미터 제한도로에서는 시속 50킬로미터로 운전하라. 시속 60킬로미터가 아니라, 시속 70킬로미터가 아니라 정확히 제한속도로 가라. 나는 속도감 있는 삶에서 나오는 도파민과 즉각 만족의 중독에서 벗어나기 위해 어리석어 보이는 이 습관을 실천한다.

2   느린 차선을 탄다

느리게 달리는 구식 승용차나 짐을 가득 싣고 천천히 운행하는 트럭을 따라가라. 마음을 가라앉히라. 도로를 느껴 보라. 경치를 감상하라. 하나님, 세상, 자신의 영혼을 깊이 느끼는 기회로 삼으라.

운전하는 시간은 기도하기에 정말 좋은 시간이다. 내 경우는 아침에 운전을 하면서 기도하면 그렇게 좋을 수가 없다. 앞서 말했듯이 나는 평소 자전거를 타고 동네를 돌아다니지만 몇 주에 한 번씩 이른 아침에 차를 몰고 치료를 받으러 간다. 기본적으로 나는 운전을 싫어한다. 하지만 운전하는 시간이 내내 기다려진다. 예수님과 동행하기에 정말 좋은 시간이기 때문이다.

3   정지 신호에서 완전히 멈춘다

한번 해 보면 이것이 얼마나 어려운지 알 것이다. 내게 이것이 어려운 것은 캘리포니아 출신이라서 그런 면도 있지만 무엇보다도 그것은 내 마음 상태가 엉망이라서 그렇다.

4   운전을 하면서 문자 메시지를 주고받지 않는다

사실 이것은 말할 필요도 없다. 이것은 엄연히 불법이기 때문이다. 그리고 이 문제로 매년 수많은 사람이 목숨을 잃는다. 바쁨은 말 그대로 우리를 죽이고 있다.

그런데 우리가 불법이고, 또 목숨이 위태로운 줄 알면서도 운전하면서 문자 메시지를 주고받는 데는 이유가 있다. 스마트폰을 사용할 때 분비되는 도파민에 철저히 중독되어 있기 때문이다. 우리는 차 안에 가만히 앉아서 음악이나 뉴스를 듣거나 기도하거나 다른 사람들과 대화를 나누지 못한다. 우리는 자극을 얻기 위해 (나와 다른 사람들의) 목숨을 걸고서 스마트폰을 만진다.

사람들이 그냥 운전만 하던 1950년대를 기억하는가? 물론 나는 1980년대에 태어났기 때문에 당연히 그 시절을 기억하지 못한다. 하지만 무슨 말인지 알리라 믿는다. 운전에 집중하자.

5   약속 장소에 10분 일찍 도착한다, 스마트폰 없이

10분의 시간이 남으면 무엇을 할 수 있을까? 커피숍 테이블 위에 놓인 잡지를 읽을까? 바로 옆에서 기다리는 낯선 진짜 사람과 담소를 나눌까? 책을 읽을까?

추천: 기도하면 어떨까?

6   마트 계산대에서 가장 긴 줄에 선다

당신이 얼굴을 찡그린 모습이 눈에 선하다. 효율성에 집착하는 세상에서 누가 이런 짓을 하겠는가. 이것은 말 그대로 일부러 시간을 허비하는 것이다.

내가 (항상은 아니지만 때로) 이것을 하는 이유는 이렇다. 이것은 내 삶의 속도를 낮추어, 성급해진 내 영혼을 다루는 한 방법이다. 이렇게 하면 몇 분만이라도 속도의 마약에서 벗어날 수 있다. 대신, 기도할 수 있다. 내 정서적·영적 건강 상태를 점검할 수 있다. 계산대 직원 앞에 서면 인사를 하고 이런저런 것을 물어보고 감사하다고 말하라. 그렇게 하면 그를 향한 하늘 아버지의 사랑을 보여 줄 수 있다 (나처럼 일 문제로 문자를 보내고 이어폰으로 팟캐스트를 들으면서 신용카드를 내밀지 말라. 그 것은 계산대 직원을 인간이 아닌 ATM 기계처럼 대하는 것이다).

하지만 더 중요한 이유는 이렇다. 금식 같은 강도 높은 훈련이든 계산대에서 가장 긴 줄에 서는 것처럼 가벼운 훈련이든, 원하는 것을 참는 훈련을 하면 좋다. 그렇게 하면 '남'이 내게 원하는 것을 주지 않아도 분노로 반응하지 않을 수 있다. 원하는 것을 얻지 못하는 데 익숙해지기 때문이다. 그렇게 되면 인생이 자기 뜻대로 되지 않아도 행복을 누릴 수 있다. 물론 대부분의 경우, 이 수준에 오르려면 꽤 오랜 시간이 걸린다. 따라서 작게 시작하라. 세 명이 선 줄부터 시작하라.

7 스마트폰(똑똑한 전화기)을 덤폰(dumbphone: 멍청한 전화기)으로 바꾼다

오래전 제이크 냅이 쓴 "집중을 방해하는 것들을 없앤 아이폰과 함께하는 1년 (그리고 당신도 이것을 경험하는 길)"이라는 제목의 글이 인

터넷에서 삽시간에 퍼져 나갔고, 많은 사람이 이 운동에 동참했다.[7]

내 경우, 운동을 벌이는 수준까지는 아니고, 나와 친구 조시가 전부다. 하지만 상관없다. 우리는 이 일에 더없이 진지하다. 냅스의 글 이후로 "덤폰"이라는 단어가 탄생했다. 아마도 덤폰이 무엇인지 짐작이 갈 것이다.

공식적인 체크리스트는 없지만 다음과 같은 것을 제안하고 싶다.

* 이메일 앱을 지우라.
* 모든 SNS 앱을 데스크톱으로 옮기고, 매일 SNS를 할 시간을 정하라. 가능하면 일주일에 한 번씩만 하면 더 좋다.
* 웹 브라우저를 비활성화하라. 내게 이것은 별로 어렵지 않은 편이다. 나는 원래 스마트폰으로 인터넷을 하는 것을 정말 싫어하기 때문이다. 남들이 링크를 보내올 때만 인터넷을 하는 편이다. 하지만 대부분의 사람들에게 이것은 덤폰의 가장 중요한 측면 가운데 하나다.
* 문자 메시지를 포함해서 모든 알림을 삭제하라. 나는 (1) 잠금 해제를 하고 (2) 문자 메시지 폴더를 클릭해서 (3) 새로 온 문자 메시지가 있는지 확인해야 하도록 스마트폰을 설정해 놓았다. 이렇게 했더니 삶이 완전히 달라졌다.
* 뉴스 앱, 최소한 뉴스 알림을 없애라. 이것들은 말 그대로 사탄이다.

* 필요하지 않은 앱이나 삶을 크게 편하게 해 주지 않는 앱을 모두 삭제하라. 삶을 정말 편하게 해 주는 지도, 계산기, 항공사 앱 같은 앱만 유지하라. 냅은 이것들을 한 폴더에 넣고서 '미래The Future'라고 이름을 붙였다.
* 홈 화면이 아무것도 없이 깨끗해지도록 위의 앱들을 몇 개의 폴더로 분류하라.
* 마지막으로, 스마트폰을 흑백 모드로 바꾸라. 그렇게 하면 어떤 신경생물학적 효과가 있는데, 내 지식이 부족해서 제대로 설명할 수는 없지만 도파민 중독 완화와 관련이 있다. 검색해 보길 바란다.

혹시 지금쯤 '그냥 폴더폰을 사고 말지!'라는 생각이 드는가? 내 말이 그 말이다.

8   폴더폰을 산다 혹은 휴대폰을 아예 없앤다

스타일을 중시하는 사람들을 위해서는 스마트폰 기능을 뺀 예쁜 휴대폰들이 시중에 나와 있다.

9   스마트폰을 나보다 먼저 재운다

우리 부부의 스마트폰은 우리 아이들과 같은 시각인 정확히 저녁 8시 30분에 '잠자리에 든다.' 비행모드로 바꿔서 주방 서랍에 넣는다. 그렇지 않으면 잠자리에서 좋은 책을 보거나 부부만의 좋은 시간을 보내지 않고 잠들기 직전까지 스크린으로 우리의 뇌를 혹사시키기 십상이다.

___10___ 아침 큐티가 끝날 때까지 스마트폰을 꺼 놓는다

수치는 충격적이다. 사람들의 무려 75퍼센트가 스마트폰을 옆에 둔 채 잠을 자고, 90퍼센트가 눈을 뜨는 즉시 스마트폰을 확인한다.[8] 일터에서 온 문자 메시지, 이메일, SNS, 끔찍한 사건들을 전하는 뉴스를 보는 것보다 하루를 시작하기에 더 나쁜 방법은 생각나지 않는다. 이는 사랑이 아닌 분노, 기쁨이 아닌 우울함으로 가는 지름길이다. 절대 평안을 얻을 수 없다.

명심하라. 스마트폰이 당신의 정서를 결정하고, 뉴스가 당신의 세계관을 결정하게 하지 말라. 정치적이라고 비난할지 모르겠지만 '언론의 자유'는 환상이다. 물론 요즘 언론은 정부의 감시에서 자유로울지 모르고, 이는 좋은 일이다. 하지만 상관없이 언론은 돈에서 자유롭지 못하다. 신문사와 방송사는 영리 조직이다. 저널리즘이라는 말이 아무리 자본주의와 동떨어지게 들려도, 실상은 전혀 그렇지 않다. 신경생물학적 이유로도, 신학적 이유로도 '나쁜' 뉴스는 돈이 된다. 특히 유명인에 관한 나쁜 뉴스(다시 말해, 무의미한 쓰레기)는 큰돈이 된다.

그 결과, 아침 뉴스들은 세상을 정확히 보여 주지 않는다. 뉴스를 만드는 이들은 철저히 사회·정치적인 의도를 품고 있을 뿐 아니라 세상의 모든 악을 주시하고 있다. 그것은 나쁜 뉴스가 돈이 되기 때문이다.

오해하지는 말라. 세상의 불의에 눈을 감아야 한다는 뜻이 전혀 아니다. '기도'를 통해 우리의 정서를 형성하고 '성경'을 통해 우리의 세계관을 형성해야 한다는 뜻이다. 하나님의 임재와 성경의 진리 가운데서 하루를 시작하라.

호주 멜버른 레드교회Red Church에 있는 내 친구들은 "그날을 쟁취하라Win the day"라는 표현을 사용한다. 이는 매일 아침 스마트폰을 한쪽에 두고서 하나님과 함께하는 시간을 마칠 때까지 보지 말라는 뜻이다.

이 습관을 강력히 추천한다. 이 습관도 역시 내게 큰 도움이 되었다. 이는 올바른 우선순위를 유지하기 위한 방법이다. 바쁘고 불안하고 정신없는 삶으로 곧바로 뛰어들지 않고 먼저 사랑과 기쁨과 평안 속에서 하루를 시작하게 해 준다. 이는 전혀 율법주의적인 것이 아니다. 이는 내 삶이 생명의 길에서 벗어나지 않도록 스스로 세운 가드레일일 뿐이다.

11   이메일을 위한 시간을 정한다

이것은 나만 추천하는 규칙이 아니다. 많은 자기 계발 서적 저자, 시간 관리 전문가, 업무 효율 전문가, 유명 블로거 등도 같은 말을 한다.

스마트폰에 이메일 앱을 깔지 말라. 엘리베이터 안이나 따분한 회의실에서 시간이 날 때 스마트폰을 보지 말라. 날아오는 모든 이메일에 답하지 말라. 대신 이메일을 위한 시간을 정하고 꼭 지키라.

나는 일주일에 한 번만 이메일을 하는 호사를 누린다. 매주 월요일 아침 10시에 받은 편지함을 열어 모든 이메일을 확인하고 처리한다. 그 외의 시간에는 "월요일에 확인하고 답하겠습니다"라고 자동 답신이 되도록 해 놓았다. 이 방법에 단점도 있지만 내 경우에는 장점이 단점보다 크다.

대부분의 사람에게는 이것이 현실적으로 쉽지 않을 것이다. 충분히 이해한다. 각자 맞는 방법을 찾으면 된다. 대부분의 전문가들은 하루에 두 번 이상 이메일을 확인하지 말 것을 추천한다. 이를테면 평일 오전 9시와 오후 4시에 확인하는 식으로 정하면 된다. 매번 모든 이메일을 끝까지 처리하는 편이 좋다. 해야 할 일이 있다면 산더미처럼 쌓인 이메일을 처리하느라 그 일에 지장을 받지 말고 이메일은 나중에 처리하라.

늘 이메일을 확인해야 하는 비서 같은 직업이 아니라면 이런 식으로 매주 많은 시간을 절약할 수 있다. 명심하라. 이메일을 처리할수록 처리해야 할 이메일은 더 늘어난다. 이것이 긴 휴가를 마치고 돌아와 밀린 이메일을 적어도 사흘간은 처리해야 하리라 예상하지만, 막상 메일함을 열어서 해 보면 몇 시간밖에 걸리지 않는 이유다. 대부분의 일은 우리 없이도 이미 처리된 상태이기 때문이다.

12   SNS를 하는 시간과 사용 제한시간을 정한다(혹은 아예 SNS를 끊는다)

마찬가지로 SNS도 블랙홀이다. 도구로서는 좋지만, SNS를 그냥 도구로만 사용하는 사람은 극히 드물다.

나는 일 때문에 SNS를 해야만 한다(그렇다. 반드시 해야 하는 것은 아니다. 하지만 나는 글쓰기를 사랑한다. 그리고 지식 산업에 종사하는 많은 사람들처럼 내 작업 결과물을 홍보해야 한다. 그래서 트위터를 한다. 하지만 솔직히 트위터는 싫다. 미묘한 뉘앙스를 살려 깊은 생각을 표현하고 예의를 원한다면 트위터는 적합하지 않다). 그래서 이메일처럼 일주일에 한 번만 SNS를 한다. 휴대폰에 SNS 앱을 깔지는 않고, 사무실 노트북에서 로그인해서 모든 트윗에 답하고(나의 트위터 답변은 일주일씩 늦기로 악명이 높다) 다음 글들을 올린다.

나는 인스타그램을 즐긴다. 친구들을 팔로우할 수 있고 시각적이기 때문이다. 하지만 인스타그램도 하루에 한 번 이상 들여다보지 않는다. 그렇지 않으면 그것이 내 시간 그리고 그와 함께 내 기쁨을 잡아먹을 것이기 때문이다. 다행히 스스로 정한 하루 할당량을 채우면 차단되는 앱들이 시중에 나와 있다.

SNS에서 나는 별로 인기가 없다. 하지만 상관없다. 나는 280명 남짓한 우리 성도들을 목회하는 것에 훨씬 더 관심이 많다. 그래서 그들을 위한 설교를 준비하는 데 내 시간을 쓸 것이다.

13   텔레비전을 없앤다

나는 50대를 앞두고 있는데도 텔레비전을 산 적이 없다. 물론 온라인 스트리밍과 전자기기들의 시대에 텔레비전이 예전만큼의 의미는 없다. 그럼에도 텔레비전 시청은 우리의 쉬는 시간 가운데 대부분을 차지한다. 우리는 심지어 SNS보다 텔레비전을 더 많이 본다. 미국인들의 평균 텔레비전 시청 시간은 하루에 5시간, 일주일에 35시간이다(밀레니얼 세대의 경우에는 수치가 내려간다. 하지만 그것은 SNS에 많은 시간을 할애하기 때문일 뿐이다. 밀레니얼 세대는 오히려 엔터테인먼트에 더 심하게 중독되어 있다).[9]

텔레비전은 아직도 사회가 용인하는 중독이다. 요즘 사람들은 최신 드라마를 하루 동안 최종회까지 완주하는 '넷플릭스의 날'을 즐긴다. 안식일이 크게 왜곡된 꼴이다. 넷플릭스에 따르면 그 이용자들은 하나의 시리즈를 평균 "5일" 만에 끝낸다. 수백만 명이 열두 시간짜리 분량을 하루 만에 본다.[10] 아마존 프라임을 비롯한 스트리밍 서비스 신흥 강자들의 도전에 관한 질문에 넷플릭스 CEO 리드 해이스팅스는 어깨를 으쓱하며, 자사의 최대 경쟁자는 "잠"이라고 답변했다.[11]

낭비되는 시간만이 문제가 아니다. 우리는 관심을 쏟는 대상을 닮아 간다. 그 대상이 선하든 악하든 상관없이 말이다. 우리 부모님이 늘 하시던 말처럼 "잘못된 데이터를 입력하면 잘못된 결과가 나온다." 우리가 마음속에 무엇을 넣든 그것은 반드시 우리 영혼에 영향을 미친다.

아름다움이나 연애나 성(性)에 관한 비현실적이고 왜곡된 이미지, 간음, 폭력, 복수, '유머'로 포장된 냉소, 물질주의, 저속한 말로 우리 마음을 채우면 우리 영혼이 어떻게 될까?

솔직히, 요즘 예수님의 도제로서 볼 만한 것은 거의 없다. 인간의 잘됨을 위한 예수님의 비전 중심에는 욕망 없는 삶(마태복음 5장 27-30절 산상수훈을 보라)이 있다. 물론 예술도 좋고 엔터테인먼트도 좋다. 하지만 정욕을 비롯한 온갖 악한 감정을 자극하지 않는 영화는 눈을 씻고 찾아봐도 없다. 1920년대 이후로 할리우드는 성과 결혼을 왜곡시키고 우리 사회가 죄에 무감각하게 만들려는 사탄의 악한 공격에서 선봉에 서 왔다. 왜 그 공격에 쉽게 당하는가? 물론 가끔 경이감이나 맑은 정신, 심지어 지혜를 얻고서 극장을 나올 때가 있다. 하지만 그런 경우는 드물다.

이 폭주 기관차에서 내리는 것이 어떤가? 텔레비전을 없애라. 너무 부담스럽다면 텔레비전 시청을 즐기는 시간을 정하라. 일주일에 2시간? 4시간? 10시간? 최소한 미국 평균인 35시간보다 훨씬 낮게 잡으라. 우리의 시간은 곧 삶이고, 우리의 관심은 우리 마음속으로 들어가는 문이다.

14 싱글태스킹을 한다

내가 스마트폰, 이메일, SNS 등에 바리새인처럼 엄격하게 구는 것은 한 가지 분명한 사실을 깨달았기 때문이다. 그것은 멀티태스킹이 '착각'이라는 사실이다. 오직 하나님만 편재하실 수 있다. 반면 나는 하나의 몸 안에 거한다. 오직 한 번에 한 가지만 할 수 있는 몸. 멀티태스킹은 단지 여러 가지 어려운 일 사이를 재빨리 오가는 능력에 불과하다. 하지만 그래 봐야 한 가지를 잘하는 대신 여러 가지를 형편없이 하게 될 뿐이다. 나보다 '훨씬' 똑똑한 철학자 한병철이 한 말을 들어 보자.

'멀티태스킹'이라고 알려진, 시간과 환경에 대한 태도는 전혀 문명의 진보를 의미하지 않는다. …… 이런 경향은 오히려 퇴보를 의미한다. 멀티태스킹은 들짐승들에게서 흔히 볼 수 있다. 이는 야생에서의 생존에 반드시 필요한 주의력 기술이다. …… 야생에서 동물은 여러 활동으로 주의를 분산시켜야만 한다. 이것이 동물이 사색적 몰입을 할 수 없는 이유다. …… 멀티태스킹만이 아니라 비디오게임 같은 활동은 들짐승의 경계 상태처럼 주의력이 넓지만 낮게 유지되도록 만든다. …… 좋은 삶을 살고 싶은 욕심이 …… 점점 생존에 급급하게 만든다.[12]

이 문제에 관해서 월터 브루그만은 다음과 같이 말했다.

멀티태스킹은 자신보다 더 큰 존재가 되려는 욕심이다. 자신의 능력보다 더 많은 것을 통제하려는 욕심, 자신의 힘과 능력을 확장하려는 욕심이다. 이것은 결국 아무것에도 온전히 집중하지

못하는 분열된 자아를 낳는다.[13]

이렇듯 싱글태스킹을 되살리려는 사람은 나만이 아니다. 더 이상 이메일을 쓰는 동시에 트윗을 쓰는 동시에 휴대폰으로 문자 메시지를 쓰고, 음악을 듣는 동시에 칸막이 하나를 두고 옆에 앉은 동료와 채팅으로 대화하지 말라. (그런데 도대체 어떻게 이것을 할 수 있는가?)

나는 현재에 '온전히' 집중하고 싶다. 하나님, 다른 사람들, 세상의 아름다운 작품들, 내 영혼에 온전히 집중하고 싶다. 이런 것에만 주의를 집중하기도 벅차다. 날씨를 확인하고 인터넷 검색을 하는 것은 나중에 해도 충분하다.

15   천천히 걷는다

가족 이야기를 또 해 보면, 우리 아버지는 나와 같은 유형이다. 어릴 적에 아버지와 나는 빨리 걷는 것을 자랑스러워했다. 우습지만 사실이다. 어느 성탄절에 쇼핑몰에서 아버지와 함께 다른 쇼핑객들을 바람처럼 스쳐 지나갔던 기억이 난다. 모든 쇼핑객을 이기겠다는 승부욕으로 불타올랐다.

내 아내는 느긋한 남미 출신이다. 그래서 천천히 걷는다. 사실, 모든 일을 천천히 한다. 신혼 초에 걷는 속도 때문에 아내와 얼마나 자주 싸웠는지 모른다. 농담이 아니다. '정말 많이' 싸웠다.

하지만 이제 내 삶은 완전히 느려졌다. 계기는 이렇다. 내가 아는 가장 위대한 예수님의 제자들(나보다 나이도 지혜도 많은 영적 스승들)이 하나같이 아주 느리게 걷는다는 사실을 발견했다. 그들이 둔하거나 뚱뚱하거나 호흡기에 문제가 있어서가 아니었다. 그들은 일부러 늦게 걷는다. 그것은 예수님의 도제로서 오랜 세월 쉬운 멍에를 짊어진 결과다.

얼마 전에 샌프란시스코에서 정말 멋진 방식으로 예수님을 따르는 분을 만난 적이 있다. 나보다 나이가 많은 분이었다. 우리는 커피를 마시는 대신 산책을 하기로 했다. 우리는 특별히 어디를 갈 계획 없이 몇 시간 동안 이야기만 나누었다. 그런데 느릿한 그의 걸음 속도에 점점 짜증이 일었다. 걷는 것이라고 말하기도 민망했다. 뭔가 중요한 할 말이 있을 때마다 발걸음을 아예 멈추고서 내 쪽으로 몸을 돌려 아주 천천히 말을 했다.

그때마다 나도 모르게 주먹을 꽉 쥐고 발을 동동 굴렀다. '제발! 어서 빨리!'

그러다 문득 깨달았다. '내가 왜 이렇게 서두르지? 특별히 어디 갈 곳도 없잖아!'

요지는 이렇다. 삶의 전반적인 속도를 늦추기 위한 최선의 방법 중 하나는 '말 그대로' 몸의 속도를 늦추는 것이다. 억지로라도 느긋한 속도로 움직이라. 물론 뉴요커들처럼 대도시를 누비는 사람들은 고개를 갸웃거릴지도 모르겠다. 급히 갈 곳이 있다고 변명할지도 모르겠다.

최근 아내와 산책을 나갔다가 작은 실랑이가 있었다. 진지한 싸움이 아니라 사소한 충돌.

아내가 너무 빨리 걷는다는 이유였다.

16   침묵과 고독만을 위한 시간을 주기적으로 낸다

나는 한 달에 한 번씩 온종일 혼자 있는 시간을 갖는다. 이번에도 역시 율법주의적인 의무로 그렇게 하는 것이 아니다. 때로는 빼먹기도 한다. 하지만 대체로 이 원칙을 지킨다. 주로 아침 일찍 눈을 뜬다. 날씨가 좋으면 소비섬^{Sauvie Island}으로 나간다. 강을 따라 차로 40분을 달리면 소비섬이 나온다. 겨울에는 근처 트라피스트회 수도원에 방 하나를 예약한다. 그곳에서 수사들과 하루를 보낸다.

그날은 느리고 느긋한 하루다. 독서와 기도만 하고 가끔 낮잠도 잔다.

안식일과 비슷하지만 조금은 다르다. 내 마음을 하나로 모으는 시간이다. 내 감정을 점검하는 시간이다. 내가 원하는 삶, 내 신념들과 일치하는 삶을 살고 있는지 확인하는 시간이다. 지난달을 돌아보고, 다음 달 스케줄을 점검한다. 내 인생 계획과 올해 세운 목표들을 점검한다. 내가 얼마나 발전했는지 돌아본다. 하나님의 초대가 느껴지는 대로 일기장에 적는다.

이 침묵과 고독의 훈련이 내 인격에 얼마나 큰 도움이 되는지 모른다. 나는 내향적인 사람이다. 물론 그렇지 않은 사람도 많다.

나는 목사다. 그래서 웬만한 사람들보다 시간이 자유롭다.

하지만 이 활동이 모든 성격 유형에 유익하고, 생각보다 훨씬 할 만하다고 생각한다. 더 많은 사람들이 이런 시간을 가졌으면 좋겠다. 어린 자녀를 둔 엄마들은 한 달에 한 번 토요일에 아이들을 아빠에게 맡기고 이런 시간을 가졌으면 좋겠다(아빠들도 마찬가지). 학생들이 극심한 경쟁 속에서 정신 질환에 걸리고 자살을 선택하지 않도록 이런 시간을 가졌으면 좋겠다. 사업가들이 인생의 대차대조표가 회사의 대차대조표보다 더 나을 수 있도록 이런 시간을 가졌으면 좋겠다. 수칙을 싫어하는 창의적이고 자발적인 MBTI의 P형 사람들이 이 짧지만 귀한 삶을 덧없는 것들에 허비하지 않도록 이런 시간을 가졌으면 좋겠다.

당신도 이런 시간을 가졌으면 좋겠다. 충분히 할 수 있다.

17 일기를 쓴다

나는 일기를 자주 쓰지 않는다. 하지만 삶의 초점을 잃어버리지 않을 만큼, 그리고 책상 위에 놓인 일기장이 무색하지 않을 만큼은 쓴다. 적어도 매달 침묵과 고독의 날에는 그달의 가장 중요한 발전 상황, 내 꿈, 성령의 음성이나 인도하심에 관한 핵심 사항들을 적는다. 인생의 상황을 적는 이 느린 행위는 카타르시스를 줄 뿐 아니라 현대 세상의 허리케인 속에서 영혼을 단단히 붙잡아 주는 닻 역할을 한다.

글쓰기를 싫어한다면 브이로그나 음성 녹음 일기를 쓰라. 그냥 하나님 앞에 앉아서 자신의 인생을 점검해도 좋다. 요지는 자신의 삶을 객관적으로 볼 수 있을 만큼 속도를 늦추는 것이다. 한 그리스인은 이런 말을 했다. "반성하지 않는 삶은 살 가치가 없다."[14]

18 마음 챙김과 묵상을 시도해 본다

"마음 챙김"은 세속 사회에서 사용하는 침묵과 고독의 방법이다. 기도와 비슷하되 가장 좋은 부분은 빠져 있다. 명상 전통에는 기독교식 마음 챙김의 방식들이 있다.[15] 집중이 되지 않고 생각이 사방으로 날뛸 때(안타깝게도 내게는 흔한 일) 나는 몇 분간 호흡에만 집중한다. 아주 기본적인 방식이다. 내 숨이 들어오고 나가는 것을 '관찰' 한다.

그런 다음 내가 성령을 들이마시고 그날의 불안감을 내쉬는 상상을 한다. 그렇게 호흡을 기도로 바꾼다. 한 번에 하나씩 성령의 열매를 들이마신다.

사랑을 들이마신다. 분노를 내쉬고……

기쁨을 들이마신다. 슬픔과 고통을 내쉬고……

평안을 들이마신다. 근심과 내일의 불안감을 내쉬고……

인내를 들이마신다. 분주한 마음을 내쉬고……

마음 챙김보다 더 좋은 것은 뉴 에이지 운동이 거짓으로 속여 빼앗은 기독교의 옛 보물인 명상 혹은 묵상이다. "나마스떼"를 떠올리지 말라. 시편 1편을 생각하라. "복 있는 사람은 …… 그의 율법을 주야로 묵상하는도다"(2절). 히브리인들과 예수님의 묵상은 단순히 마음(소음, 혼란, 걱정 등)을 비우는 것이 아니라 성경, 진리, 성령의 음성으로 채우는 것이다.

묵상이 우리 영혼에 끼치는 유익을 팀 켈러는 다음과 같이 설명했다.

> 묵상하는 사람은 속이 꽉 찬 사람, 즉 상황을 깊이 생각하고 깊은 신념을 지닌 사람, 어려운 개념을 단순한 언어로 설명할 수 있는 사람, 모든 행동을 합당한 이유로 하는 사람이 된다. 많은 사람이 묵상하지 않는다. 그들은 무엇이든 대충 넘어가고, 충동에 따라 선택하며, 자기 행동의 이유를 깊이 돌아보지 않는다. 그들은 자신의 변덕에 따라 피상적인 삶을 산다.[16]

피상적인 문화에서 마음 챙김과 묵상은 우리 삶에 깊이를 더해 준다.

19   가능한 한 긴 휴가를 갖는다

내가 볼 때 요즘 사람들은 그다지 긴 휴가를 갖지 않는다. 기껏해야 주말에 잠깐 야외로 나갔다가 오는 식이다. 혹은 가까운 곳에서 콘서트를 즐기는 것이 전부다. 물론 이런 시간도 좋은 쉼이 될 수 있다. 이런 시간도 꼭 필요하다. 하지만 오히려 전보다 더 피곤해져서 돌아오는 경우가 많다. 내 경험상 영혼의 깊은 쉼까지 이르려면 삶의 속도를 늦춘 상태를 꽤 오랫동안 유지해야 한다.

최근 연구에 따르면 미국인들의 14퍼센트만 2주 이상 휴가를 즐긴다고 한다. 무려 37퍼센트는 1년 동안 휴가에 7일 이하를 쓴다.[17] 중산층의 휴가는 점점 더 '바쁜 활동 중심적'으로 변해 가고 있다. 그래서 너무 짧은 휴가를 마치고 완전히 방전되어서 돌아오는 사람들이 크게 늘었다.

나는 결혼기념일 등 몇 번의 휴가를 정해 놓았는데 대개 휴가를 가면 길게 간다. 사람들은 나더러 정신이 나갔다고 말한다. 하지만 그들이야말로 뭘 몰라서 하는 말이다. 이것이 나의 일하는 리듬이다. 나는 가끔 설교를 쉴 필요성이 있다. 최근 핀란드 탐페레대학교University of Tampere에서 실시한 연구에 따르면, 행복 지수는 휴가 8일째에 정점에 달한 뒤로 그 상태를 유지한다고 한다.[18] 연구가들은 분기마다 일주일씩 쉬어 주라고 추천했다(1년에 4주 유급 휴가라는 사치를 누리는 사람들에게 해당).

이스라엘은 토라에 따라 1년에 세 번의 축제를 일주간의 안식일로 지켰다. 그 어떤 일도 해서는 안 되었고, 쉼과 예배로 이루어진 안식만을 할 수 있었다. 대개 일주일간의 축제는 사실 8일이었다. 앞이나 뒤에 안식일이 붙었기 때문이다. 고대의 지혜가 이제 현대 과학으로 '증명되고' 있다.

많은 사람이 이런 호사를 누리지 못하는 것을 잘 안다. 특히, 가난이나 불의의 굴레에 빠져 있거나 막 사회생활을 시작한 사람들에게는 이렇게 긴 휴가가 힘들 수 있다. 그렇다 해도 최대한 '길게' 그리고 최대한 '자주' 휴가를 보내라고 말하고 싶다. 우리 교회 교역자들은 고용 계약의 일부로 한 가지 수칙에 서명을 한다. 바로 매년 모든 휴가일을 챙기는 것이다. 당신도 이렇게 해 보기를 강권한다.

내게 여름 휴가는 가장 중요한 영적 훈련 가운데 하나다. 그렇다. 휴가는 영적 훈련이다. 예수님과 그 외 성경 속 위대한 영적 스승들은 때마다 몇 주간 에레모스로 나갔다. 내 에레모스는 세 아이들과 뛰놀고 소설책 더미에 파묻히는 것이다.

20   직접 요리를 해서 먹는다

우리 가족은 정말 많이 먹는다. 아내와 나는 매주 한 번씩 저녁 데이트를 즐기지만 온 가족이 외식을 하는 경우는 드물다. 나는 일터에 도시락을 싸서 가져가고, 우리 아이들은 학교 식당의 피자를 부러운 눈으로 보면서 집에서 싸 간 도시락을 먹는다. 대개 저녁에는 온 가족이 집에 모인다. 우리는 채소 위주의 유기농 식단을 추구한다. 이는 직접 요리를 해 먹어야 한다는 뜻이다. 우리는 편의상 같은 음식을 자주 해 먹는다. 매사에 단순함을 추구한다.

패스트푸드fastfood는 빠르기는fast 하지만 음식food이라고 부르기 어렵다. 진정한 음식은 시간이 걸린다. 그리고 우리 가족은 그 시간을 아까워하지 않는다. 우리 가족의 구심점은 식탁이다. 그곳에서 우리는 그날의 좋았던 일과 안 좋았던 일을 이야기한다. 아내와 나는 대화가 자칫 유치한 쪽으로 흐르지 않도록 좋은 질문을 던진다. 가끔 이웃과 공동체도 초대한다. 그런 식으로 아이들에게 이웃 사랑을 가르친다.

저녁 식사 후에는 주로 식탁에 함께 앉아서 성경 한 장을 읽는다. 혹은 '그날의 잠언'을 읽는다. 최근에는 단어를 소개해 주는 새로운 전통을 시작했다. 아이들이 각자 그 단어를 문장에 넣어 올바로 사용해 보게 한다. 그리고 올바로 사용한 아이들에게는 초콜릿 칩을 준다(왠지 나를 비난하는 손가락질이 느껴진다).

지난밤에는 주드가 다음과 같은 문장을 만들었다.

대부분의 숙제의 문제점은 '형식적perfuctory'이라는 것이다.

하지만 창의력 넘치는 여덟 살 모지즈는 아예 이야기를 지어 낸다. 대개는 길고 복잡하고 이상하고 재미있는 이야기고, 주로 '마지막' 문장에서야 해당 단어를 사용한다. 이야기를 다 듣고 나면 나머지 네 사람은 배꼽을 잡고 웃곤 한다. 우리 모지즈는 참 대단한 아이다!

이런 순간은 가족이 정말 '가족'이 되는 순간이다. 그리고 이런 순간은 식탁에서 자주 이루어진다.

이번 장은 쓰는 내내 매우 즐거웠다. 그러니 내 어조를 잘못 읽지 않았기를 바란다. 나는 지금 노려보는 것이 아니라 웃고 있다. 신경질적이고 경직된 얼굴로 당신에게 종교적인 죄책감을 심어 주려는 것이 전혀 아니다. 여기서 소개한 모든 수칙은 내게 생명을 주고 있으며, 심지어 재미도 준다.

이 수칙들은 어디까지나 '참고용'이다. 당신에게 맞지 않을 수도 있다. 당신만의 목록을 만들어 보라. 뭐든 좋으니 목록을 만들어서 실천하라.

속도를 높이는 것이 삶의 전부가 아니다. 삶은 바로 우리 코앞에 있다. 우리가 즐겨 주기만 기다리고 있다. 우리는 삶에서 바쁨을 가차 없이 제거해야 한다. 그리고 게임하듯 이것을 하는 것이 가장 좋다.

최종 목적은
'우리 하나님께 돌아가는 것'

또다시 일요일 밤이다. 꽤 늦은 시각, 설교를 막 마쳤다. 하지만 여섯 번이 아니라 세 번이다.

집까지는 자전거로 금방이다. 늦지 않게 도착해서 아이들이 잠자리에 들기 전 뽀뽀를 해 주었다. 그러고 나서 아내와 가벼운 식사를 했다. 쿵푸 영화는 볼 생각이 없다. 내 정신 건강은 몰라보게 좋아졌다. 〈웨스트 윙〉은 아직 완주하지 못했다. 샘 시본 역할을 맡은 롭 로우가 하차한 뒤로 흥미가 떨어졌다. 오늘은 한 편 봐 볼까?

내일, 피곤할 것이다. 하지만 내 영혼만큼은 느낄 수 있을 것이다.

\\\\\\\\\\\\\\\\\\\\

또다시 멘로 파크에서 존 오트버그와 점심 식사를 한다. 우리는 몇 개월에 한 번씩 이렇게 만난다. 여기서 점심 식사를 한다는 것은 오트버그가 식사를 하면서 말을 하면 나는 주로 들으면서 메모를 한다는 뜻이다.

내가 평소처럼 인사를 한다. "잘 지내셨어요?"

오트버그가 대답한다. "요즘 그날그날 마주하는 좋은 것들을 놓치지 않으려 노력하고 있어요. 매일의 삶에 최선을 다하려고 해요."

나는 그대로 받아 적는다. 그리고 그 의미를 이해하려고 애를 쓴다.

안식일에 집에서 나의 지난 삶을 돌아본다. 바쁨에 굴복했던 세월이 후회스럽다. 하지만 새로운 종류의 삶을 감사하는 마음이 과거를 돌아볼 때 찾아드는 슬픔보다 훨씬 크다.

나를 보면 대번에 행복하다는 것을 알 수 있을 것이다. 그것은 인스타그램이나 로맨틱 코미디에서 볼 수 있는 밝고 화려한 행복이 아니다. 그런 행복을 좇는 것은 바람을 좇는 것과도 같다. 여느 사람들처럼 나도 가끔 그런 행복을 경험한다. 주로 안식일이나 특별한 행사 때 경험한다. 하지만 그런 벅찬 행복감의 순간은 드물다. 그래서 더 특별하다.

나는 '익명의 알코올중독자들A. A.' 모임에서 드린다는 다음 기도문에 깊이 공감한다.

이생에서 적당한 행복을, 내세에 지극한 행복을 (예수님과 함께) 영원히 누리게 해 주십시오.[1]

지금 나는 적당히 행복하다.
적당한 행복으로도 충분하다 못해 넘친다.

몰아치던 일을 그만두고 급행열차에서 몸을 내려 미지의 세계로 가는 비포장도로에 올라선 지 어언 5년이 지났다. 사람들은 바로 어제 일처럼 느껴진다는 말을 자주 한다. 하지만 나는 전혀 어제처럼 느껴지지 않는다. 전혀 다른 시간, 전혀 다른 삶처럼 느껴진다. 그 시간, 그 삶으로 돌아가고 싶은 마음이 눈곱만큼도 없다.

지난 5년은 치유를 경험하는 동시에 끊임없이 갈팡질팡하고, 감정적 즐거움과 동시에 어려움이 가득한 긴 세월이었다. 즐거운 일과 실망스러운 일이 모두 많았다. 하지만 대체로 좋았다.

나는 세 가지 단순한 목표를 중심으로 삶을 재편했다.

1. 속도를 늦춘다.
2. 예수님의 습관들을 바탕으로 내 삶을 단순화한다.
3. '예수님 안에 거하기'를 중심으로 산다.

'거하기'는 내가 늘 사용하는 비유다. 나는 사랑과 기쁨과 평안이라는 굳건한 기초 위에서 살기를 간절히 소망한다.

로렌스 형제로 더 잘 알려진 파리의 수사 니꼴라 에르망은 이런 삶의 방식을 "하나님의 임재 연습"이라고 불렀다.[2] 하나님의 임재에 깨어 있고 집중하는 삶을 살려면 실제로 '연습'이 필요하기 때문이다. 현대 세상에서는 더더욱 그렇다.

내게 이 네 가지 연습 혹은 습관(침묵과 고독, 안식일, 단순함, 늦추기)은 '예수님 안에 거하기'를 기초로 하는 삶으로 나아가는 데 큰 도움이 되었다. 하지만 다시 말하지만, 이 네 가지는 모두 목적을 위한 수단이다.

최종 목적은 침묵과 고독이 아니다. 하나님께 돌아가는 것, 또한 우리 각자의 참된 자아로 돌아가는 것이다.

최종 목적은 안식일이 아니다. 평온한 삶, 느긋하고 경이로움을 느끼며 예배하는 삶, 감사가 넘치는 삶이다.

최종 목적은 삶의 속도를 늦추는 것이 아니다. 하나님과 사람들과 현재 순간에 집중하는 것이다.

그리고 목표는 완벽이 아니라 연습과 발전이다. 나는 하루에 몇 번씩 바쁨으로 돌아간다. 때로는 나를 끌어당기는 바쁨의 중력이 실로 엄청나다. 최근에는 그런 일이 벌어지면 다음과 같은 짧은 문장을 반복해 되뇐다.

늦추라.

숨을 쉬라.

현재로 돌아오라.

좋은 것들을 선물로 받으라.

힘든 것들을 평안으로 가는 길로 받아들이라.

예수님 안에 거하라.

이것이 내 마음과 감정을 원상태로 되돌리는 방법이다. 다시 시작하기 위한 방법이다. 어떤 날은 바로 이 문장들을 외우지만, 어떤 날은 완전히 까먹고 지낸다. 가끔 스트레스가 심한 날은 '종일' 이 말들을 나지막이 속삭인다. 그렇게 이 짧은 문장들을 되뇌면 현재 순간으로 돌아온다.

지금 이 순간이야말로 우리가 하나님, 내 영혼, 내 '생명'을 찾을 수 있는 순간이다. 생명은 '저 멀리 어딘가'에 있지 않다. 다음번 도파민 분비, 다음번 일, 다음번 경험에 있지 않다. 지금 이곳에 있다. 프랭크 루박은 "하나님으로 충만하다면 모든 지금은 영원이다"라는 실로 아름다운 표현을 사용했다.[3]

루박과 동시대를 살았던 C. S. 루이스는 앞서 인용했던 영성에 관한 풍자 소설에서 교활한 악마가 자신의 "원수"(예수님)에 관해 다음과 같이 말하는 장면을 그렸다.

인간들은 시간 속에 살지만 우리 원수는 그들을 영원히 살 운명으로 창조했다. 그래서 내가 볼 때 우리 원수는 인간들이 주로 두 가지에 관심을 기울이기를 바라는 것 같다. 하나는 영원 자체고, 다른 하나는 그들이 현재라고 부르는 지점이지. 현재는 시간이 영원에 닿는 지점이기 때문이다. …… 그래서 원수는 인간들이 계속해서 영원(=원수 자신)이나 현재에 관심을 갖게 만든다. …… 혹은 현재 들리는 양심의 소리를 듣거나 현재의 십자가를 지거나 현재의

은혜를 받거나 현재의 즐거움에 감사하게 만들지.[4]

가장 좋은 모든 것은 현재, '지금'에 있다.

종교든 세속이든, 동방이든 서방이든, 기독교든 아니든 역사상 모든 위대한 지혜자들은 한 가지 사실에 관해 한목소리를 냈다. 그것은 행복한 삶의 공식이 있다면 아주 간단하다는 것이다. 그 공식은 바로 현재에 사는 것이다.

매 순간이 좋은 것들로 '가득'하다. 그런데 왜 그다음 순간으로 그토록 서둘러 넘어가려 하는가? 지금 이곳에도 볼 것이 '정말' 많다. 즐기고, 감사히 받고, 축하하고, 나눌 것이 너무도 많다. 시인 윌리엄 스태포드는 이렇게 말했다. "누가 당신에게 현재보다 더 큰 것을 줄 수 있으랴?"[5]

현재를 즐기라! 시간을 귀한 상품처럼 여기라. 시간은 희소한 자원일 뿐 아니라 감사와 기쁨으로 받아들여야 할 선물이다.

나는 그날그날의 좋은 것들을 놓치지 않기 위해서 노력한다.

또한 궂은 날, 힘든 날, 고통 속에서, 위기 속에서, 실망했을 때, 안 좋은 진단을 받고서, 삶이 뜻대로 풀리지 않아 슬플 때는 다음을 떠올린다. "고난을 평안으로 가는 길로 받아들이기. 이 악한 세상을 내가 원하는 대로가 아니라 (예수님처럼) 있는 그대로 받아들이기."[6] 술을 끊고 싶어 모이는 공동체인 '익명의 알코올중독자들'에서 쓴다는 진리의 말들이다.

고통의 날들은 인격을 쌓는 벽돌이다. 그리스도를 닮게 만들어 주는 제련로다. 나는 아직 그것들을 환영하지는 못하지만(아직 멀었다) 받아들일 줄 알게 되었다. 예수님은 환경이 행복을 만드는 것이 아니라 인격과 교제가 행복을 빚어 낸다고 가르치시기 때문이다.[7]

그래서 좋은 날이든 그리 좋지 않은 날이든 나는 현재 순간을 놓치고 싶지 않다.

'내 평생에 선하심과 인자하심이 반드시 나를 따르는' 것이 사실이라면(시 23:6) 해가 지기 전에 모든 것을 하기 위해 허겁지겁 달려갈 때 내가 얼마나 많은 선하심과 인자하심을 놓치게 되겠는가. 급히 달려가다가는 하루에도 몇 번씩 수시로 찾아오는 인자하심을 다 그냥 지나칠 수밖에 없다.

하나님을 부인하고 영원의 흐름 밖에서 사는 영혼에게는 "관에 들어가서야 비로소 잠을 잔다"라는 표현이 참으로 어울린다. 그러나 나는 더 이상 그러고 싶지 않다. 이제부터 나는 내 삶에서 바쁨을 가차 없이 제거할 것이다. 물론 때로는 실패할 수밖에 없다. 하루에도 여러 번 실패할 것이다. 그럴 때는 어떻게 할까? 다시 시작할 것이다.

늦추라.

숨을 쉬라.

현재로 돌아오라.

이 습관을 몇 년 동안 실천하고 나니 이제 절대 서두르지 않게 되었다고 말할 수 있다면 얼마나 좋겠는가. 바쁨을 완전히 제거했다고 말할 수 있으면 좋으련만. 득도한 사람처럼 늘 사랑과 기쁨과 평안 속에서 살고 있다고 말할 수 있으면 좋으련만.

안타깝게도 나는 당신과 똑같은 세상에서 살고 있다. 바로, 현대 세상. 특권도 많지만 고통도 가득한 세상. 부와 쾌락, 좋은 커피, 도시의 즐거움 한편에는 스트레스, 주의를 흐트러뜨리는 디지털 기기들, 과소비, 등골을 휘게 만드는 요구들이 가득한 세상. 따라서 이 책은 당신 못지않게 나를 위한 책이다.

지난 5년 동안 세상은 조금도 변하지 않았다. 혹시 변했다면 본 궤도에서 더 멀리 벗어났다. 하지만 나는 변했다. 나는 더 이상 이 세상을 예전처럼 경험하지 않는다. 나는 새로운 궤적에 올라 있다. 저 지평선 위에 서 있는 미래의 나를 바라보면 아직 갈 길이 멀고 또 멀었다. 하지만 나는 저 지평선이 좋다. 지금도 나는 현재 속에서 저 미래의 나를 보고 있다. 에드워드 프리드먼이 말한 "걱정하지 않는 존재"를 이룬 내 모습을 본다.[8] 그럴 때면 기분이 정말, 정말 좋아진다. 물론 그러다가도 하루에 몇 번씩 바쁜 삶으로 회귀한다. 정서적 평정을 잃는다. 성령과의 연결이 끊어진다.

그럴 때마다 다시 방향을 설정한다. 다시 시작한다. 이번에는 더욱 천천히.

숨을 쉬라.

현재로 돌아오라.

좋은 것들을 선물로 받으라.

힘든 것들을 선물로 받아들이라.

이 책을 쓰는 내내 즐거웠지만 획일적인 묘책이나 공식 따위는 없다. 네 가지 습관? 말 그대로 습관이다. 목적지에 '도달할' 수 없는 평생의 여행에서 앞으로 한 걸음 더 내딛는 것이다.

나와 같다면 이 여정이 삼보전진 이보후퇴처럼 느껴질 것이다. 이는 지극히 정상이다. 심지어 건강한 상태라고 말할 수 있다. 계속해서 나아가는 것이 열쇠다. 동화에 등장하는 토끼가 아니라 거북이처럼. 실수를 하면 다시 시작하면 된다.

안식년을 마치고 1년 뒤, 나는 바울이 데살로니가교회에 보낸 편지로 설교를 했다. 이 짧은 편지를 연구한 지 3개월, 한 구절이 계속해서 머릿속에 떠올랐다. 그것이 마치 나의 선언문처럼 뇌리에 박혔다.

조용한 삶을 영위하는 것을 여러분의 야망으로 삼으십시오(살전 4:11, NIV).

단어 배치가 놀라웠다. "조용한"과 "야망"을 나란히 배치하다니. 두 단어는 친구가 아닌 적처럼 들린다. "야망"이란 단어를 들으면 대개 '바쁨'과 '서두름'이 떠오른다. 출세를 향해 질주하는 삶이 떠오른다. 영혼을 팔아서라도 성공하려는 기업가들과 전문가들이 상상된다.

하지만 바울은 우리 모두가 크거나 작게 품은 야망 혹은 열정을 전혀 다른 뭔가, 곧 조용한 삶에 쏟으라고 말한다. 성공의 목표는 바로 조용한 삶이다. 바울은 수많은 단어 중에서 "조용한"을 선택했다.

시끄럽지 않게.

거창하지 않게.

강렬하지 않게.

그냥 조용히.

바울의 말은 꾸준히 사람들 입에 오르내리는 로욜라의 성 이그나티우스의 다음 말을 생각나게 한다.

영혼을 항상 평안하고 조용하게 유지하기 위해 노력하라.[9]

이 글을 읽을 때마다 절로 미소가 피어난다. 특히 "노력하라"라는 말이 좋다. 그는 우리가 매일 실수할 줄 알았던 것이 분명하다. 현실에서 가능성까지 나아가는 여정이 얼마나 길고 고된지 알았던 것이 분명하다. 현재의 모습에서 잠재력을 이룬 모습에 이르기까지, "와서 쉬운 멍에를 메라"는 예수님의 초대에서 "나의 떠날 시각이 가까웠다. 나는 선한 싸움을 싸웠다"는 바울의 고백에 이르기까지(딤후 4:6-7). 이 여행은 결코 쉽지 않다.

소음이 가득한 세상에서 조용한 삶을 사는 것은 곧 전쟁이다. 지구력이 필요한 긴 싸움이다. 현재 상태에 대한 조용한 반란이다. 그리고 모든 싸움과 마찬가지로 죽음을 피할 수 없다. 희생이 따른다. 내 경우에는, '위쪽을 향해 달려가는 길에 계속 머물렀다면 이룰 수 있었던 것들'에 대해 죽어야 했다. 지금도 아주 가끔 '계속해서 질주했다면 어떠했을까?'라는 생각을 한다.

현재의 나를 받아들여야 했다. 단점까지도.

시기심, 공상, 암적인 불안감을 떨쳐 버려야 했다.

내 삶을 감사히 받아들여야 했다.

물론 이 과정에 죽음이 있다. 하지만 십자가의 나라에서는 오직 나쁜 것들만 죽는다. 이미지, 지위, 우리가 자랑하는 권리들, 모든 헛된 것들이 죽는다. 하지만 이런 죽음에는 언제나 부활이 따른다.

쉬운 삶을 목표로 삼으면 우리의 실제 삶은 고뇌와 좌절만 가득해질 것이다. 그러나 쉬운 멍에를 목표로 삼으면 존 오트버그의 말처럼 "힘든 일들을 감당하는 능력이 자라날 것이다."[10]

힘든 것은 예수님을 따르는 것이 아니다. 나 자신을 따를 때, 내 삶을 내 뜻대로 살려고 할 때야말로 힘들어진다. 그것은 탈진으로 가는 지름길이다. 예수님을 따라가도 멍에 곧 인생의 무게는 사라지지 않는다. 하지만 예수님이 주시는 멍에는 쉬운 멍에다. 더 좋은 점은 그것을 우리 혼자 질 필요가 없다는 것이다.

하지만 힘든 삶을 감당하기 위한 이 쉬운 멍에는 우리가 싸워서 얻어 내야 하는 것이다. "저런! 나는 싸움을 원치 않아. 휴가를 원한다고!" 하지만 싸움을 피할 수는 없다. 인생은 사투다. 질문은 간단하다. "무엇을 위해 싸우는가? 적자생존을 위해서? 왜곡된 아메리칸 드림을 위해서? 아니면 뭔가 더 좋은 것을 위해서?"

이제 나처럼 결단을 내리기를 바란다. 중년의 위기라는 갈림길이 나타날(반드시 나타날 것이다!) 때만이 아니라 매일 결단을 내리라.

어떻게 살려는가?

앞으로도 세상은 점점 더 빨라질 가능성이 높다. 더욱 바빠지고, 더욱 정신이 없어지고, 더욱 지쳐 갈 것이다. 더욱 많이 "속이기도 하고 속기도 하"게 될 것이다(딤후 3:13). 이 길로 가려는가? 바쁘고 급하고 시끄럽고 물질주의적이고 온갖 선전에 현혹되는 이 지긋지긋하고 창의적이지 못한 길로 계속해서 가려는가? 계속해서 삶을 질주하면서 신앙의 껍데기 몇 가지만 추가할 것인가? 여유가 생길 때만 교회에 얼굴을 비치는 것? 시간이 날 때만 기도하는 것? 평소에는 늑대 떼의 선두에 서기 위해 질주하고?

아니면……

다른 길이 있다는 사실을 기억하려는가? 이 길에서 빠져나와 좁은 길로 들어서려는가? 삶의 속도를 완전히 바꿔 예수님의 쉬운 멍에를 메려는가?

실패해도 다시 시작하면 그만이다. 이번에는 더 천천히.

이 책은 질문인 동시에 답이다. 하지만 무엇보다도 초대다. 초대를 받은 한 사람이 또 다른 사람에게 전하는 초대다.

"내게로 와서…… 영혼을 위한 쉼을 찾으라."

나는 이 초대에 응했다. 당신은 어떻게 하려는가?

자, 여기 쉬운 멍에가 있다.

형제 자매들이여, 권하노니

조용한 삶을 영위하는 것을

여러분의 야망으로 삼으십시오.

-바울, 데살로니가전서 4장 10-11절 (NIV)

감 사 의 말

나의 아내 T, 사랑합니다.

늘 안식일을 손꼽아 기다리는 주드, 모지즈, 선데이.

우리 '사랑 축제' 공동체(노먼즈, 스미츠, 훅스, 피터슨스, 모서스, 팸, 한나).

코머와 자우레구이스 집안 친척들!

내게 인생 최고의 점심 식사 자리를 선사한 존 오트버그.

"크리스와 메릴."

마음을 다루는 닌자, 짐 박사.

금요일마다 불러 주는 데이브 로마스.

깊이 사랑하는 시락 공동체 식구들(데이브, 조니, 피트, 팀, 알, 대런, 토드, 마크, 타일러, 존, 에반). 5월에 봅시다.

내게 글 쓸 시간을 허락해 준(그 외에도 수많은 것에 대해) 브리지타운교회 Bridgetown Church와 교역자들.

G.

누구보다도 나를 격려해 준 베서니.

R.W.P.

마이크 S와 Y&Y 모임 식구들.

이 책이 나올 수 있게 애써 준 워터브룩WaterBrook 출판사의 모든 관계자들.

이들 모두에게 깊이, 더없이 깊이 사랑하고 고맙다는 말을 하고 싶습니다.

주

프롤로그

1. 이 영화는 그가 〈존 윅〉으로 컴백하기 전에 나온 영화다. 내가 〈존 윅〉을 본 것은 아니다. 아마도 전혀 신앙적인 영화가 아닐 것이다.

2. 나는 대형 교회의 '대형'(mega)이라는 단어를 주로 다음과 같이 정의한다. (1) 일요일 중심적이고 (2) 특정 인물이 이끌며 (3) 소비자 지향적인 프로그램. 2,000명이든 200명이든 20명이든 상관없이 이런 식으로 교회를 운영할 수 있다.

3. 이 말은 내 인생과 우리 교회에 깊은 영향을 준 피터 스카지로(Peter Scazzero)가 쓴 책에서 가져온 것이다. *The Emotionally Healthy Church: A Strategy for Discipleship That Actually Changes Lives* (Grand Rapids, MI: Zondervan, 2003), 20. 앞으로 이 책을 꽤 자주 인용할 것이다. 피터 스카지로, 《정서적으로 건강한 교회》(두란노 역간).

4. 포틀랜드 사람들에게 말하자면, 23번가는 원래 근사했다. 옛날 사람처럼 보일지 모르지만 나는 어반 아웃피터스(Urban Outfitters)가 신상 브랜드였던 시절을 기억한다. 정말이다.

5. Byung-Chul Han, *The Burnout Society* (Stanford, CA: Stanford University Press, 2015), 51. 한병철, 《피로사회》(문학과지성사 역간).

6. Gilles Lipovetsky, *Hypermodern Times* (Malden, MA: Polity Press, 2005).

Part 1

Chapter 1

1. 존 오트버그(John Ortberg)의 책은 다 훌륭하다. 하지만 그중에서도 *Eternity Is Now in Session: A Radical Rediscovery of What Jesus Really Taught About Salvation, Eternity, and Getting to the Good Place* (Carol Stream, IL: Tyndale, 2018)와 *Soul Keeping: Caring for the Most Important Part of You* (Grand Rapids, MI: Zondervan, 2014)는 내가 가장 좋아하는 책이다. 존 오트버그, 《인생, 영생이 되다》(두란노 역간). 《내 영혼은 무엇을 갈망하는가》(국제제자훈련원 역간).

2. 지금 이 책을 덮고서 대신 달라스 윌라드(Dallas Willard)의 *Renovation of the Heart: Putting on the Character of Christ* (Colorado Springs, CO: NavPress, 2002)를 사서 읽어도 좋다. 달라스 윌라드, 《젊은 그리스도인을 위한 마음의 혁신》(복있는사람 역간).

3. 어떤 책부터 시작해야 할지 묻고 싶은가? 아, 참 곤란한 질문이다. *The Divine Conspiracy: Rediscovering Our Hidden Life in God* (New York: HarperCollins, 1998) 는 달라스 윌라드의 대표작이다. 달라스 윌라드, 《하나님의 모략》(복있는사람 역간). *The Spirit of the Disciplines: Understanding How God Changes Lives* (New York: HarperCollins, 1988)은 내가 읽은 책 가운데 가장 영향력 있는 책이다. 달라스 윌라드, 《영성훈련》(은성 역간). 하지만 이 둘은 정말 읽기 힘든 책이다. *The Great Omission: Reclaiming Jesus's Essential Teachings on Discipleship* (New York: HarperCollins, 2006)은 그의 책 가운데 가장 쉬우면서도 그의 인생 메시지의 핵심을 잘 담아내고 있다. *Renovation of the Heart*는 그의 신학을 집대성한 책이다. 《젊은 그리스도인을 위한 마음의 혁신》(복있는사람 역간). 이 중에서 골라 보라!

4. 이 질문은 존 오트버그의 역작 *The Me I Want to Be: Becoming God's Best Version of You* (Grand Rapids, MI: Zondervan, 2014)의 제목을 차용한 것이다. 정말, 정말 좋은 책이다.

5. 이 이야기는 존 오트버그의 책 *Soul Keeping* 20페이지에서 발견한 것이다. *Soul Keeping*은 정말 보석과도 같은 책이다. 해마다 여름이면 나는 그 책을 읽는다. 원문의 표현을 조금 바꾸었지만 윌라드의 말은 그대로 옮겼다. 존 오트버그, 《내 영혼은 무엇을 갈망하는가》(국제제자훈련원 역간).

6. Michael Zigarelli, "Distracted from God: A Five-Year, Worldwide Study," Christianity 9 to 5, 2008년, www.christianity9to5.org/distracted-from-god.

7. 마가복음 12장 28-31절을 보라. 이 구절에서 예수님은 두 계명을 인용하신다. 첫 번째 계명은 신명기 6장 4-5절에 기록된 것이고, 두 번째 계명은 레위기 19장 18절에 기록된 것이다.

8. Kosuke Koyama, *Three Mile an Hour God* (Maryknoll, NY: Orbis, 1980), 7.

9. *Merriam-Webster Dictionary*, s.v. "slow."

10. Father Walter Adams, Alan Fadling, *An Hurried Life: Following Jesus' Rhythms of Work and Rest* (Downers Grove, IL: InterVarsity Press, 2013), 94에 인용.

11. Ronald Rolheiser, *The Holy Longing: The Search for a Christian Spirituality* (New York: Random House, 2014), 31–33. 로널드 롤하이저, 《성(聖)과 성(性)의 영성》(성바오로출판사 역간). 이 시리즈의 다음 책인 *Sacred Fire: A Vision for a Deeper Human and Christian Maturity* (New York: Random House, 2014)는 내가 가장 좋아하는 책 가운데 하나다. 30대와 40대 제자도에 관한 책이다. 30대 신자라면 꼭 읽어 봐야 한다.

12. T. S. Eliot, "Burnt Norton," *Four Quartets* (New York: Harcourt, 1943).

13. John Ortberg, *The Life You've Always Wanted: Spiritual Disciplines for Ordinary People* (Grand Rapids, MI: Zondervan, 2002), 38–39. 나는 존 오트버그의 책이 무조건 좋다. 그의 모든 책이 다 훌륭하지만 이 책은 그중에서도 최고라고 생각되는 책 중 하나다. 존 오트버그, 《평범 이상의 삶》(사랑플러스 역간).

14. 이 표현은 피터 스카지로(Peter Scazzero)의 *Emotionally Healthy Spirituality: It's Impossible to Be Spiritually Mature While Remaining Emotionally Immature* (Grand Rapids, MI: HarperCollins, 2017)에서 차용한 것이다. 이 책은 내가 읽은 가장 중요한 책 가운데 하나다. 입이 닳도록 추천하고 싶다. 나는 여름마다 이 책을 읽는다. 피터 스카지로, 《정서적으로 건강한 영성》(두란노 역간).

Chapter 2

1. 《브리태니커 백과사전》(Encyclopaedia Britannica)은 로마인들이 처음 사용한 해시계가 BC 290년에 설치된 것으로 추정한다. 로마인들이 해시계를 직접 설계해서 도시에 설치한 것은 BC 164년경 일이다. www.britannica.com/technology/sundial.

2. 아울루스 겔리우스(Aulus Gellius)의 *The Complete Works of Aulus Gellius: Attic Nights* (East Sussex, UK: Delphi Classics, 2016)에서는 이 시를 로마 극작가 플라우투스의 시라고 소개한다.

3. Carl Honore, *In Praise of Slowness: Challenging the Cult of Speed* (New York: HarperCollins, 2004), 22.

4. Jacques Le Goff, *Time, Work, and Culture in the Middle Ages,* Arthur Goldhammer 번역 (Chicago: University of Chicago Press, 1980), 44.

5. Daniel J. Boorstin, *The Discoverers: A History of Man's Search to Know His World and Himself* (New York: Vintage Books, 1983), 39.

6. Arwen Curry, "How Electric Light Changed the Night," KQED, 2015년 1월 20일, www.kqed.org/science/26331/how-electric-light-changed-the-night.

7. Kerby Anderson, *Technology and Social Trends: A Biblical Point of View* (Cambridge, OH: Christian Publishing, 2016), 102.

8. 나를 변호하자면, 한 연구에 따르면 미국인들은 일본인들보다 1년에 137시간을 더 일하고, 영국인들보다는 260시간을 더 일하며, 프랑스인들보다는 499시간을 더 일한다. Stacy Weckesser, "Americans Are Now Working More Hours Than Any Country in the World," Blue Water Credit, 2015년 7월 21일 https://bluewatercredit.com/americans-now-working-hours-country-world.

9. Lawrence Mishel, "Vast Majority of Wage Earners Are Working Harder, and for Not Much More: Trends in U.S. Work Hours and Wages over 1979-2007," Economy Policy Institute, 2013년 1월 30일, www.epi.org/publication/ib348-trends-us-work-hours-wages-1979-2007.

10. Silvia Bellezza, Neeru Paharia, and Anat Keinan, "Research: Why Americans Are So Impressed by Busyness," *Harvard Business Review*, 2016년 12월 15일, https://hbr.org/2016/12/research-why-americans-are-so-impressed-by-busyness.

11. Andrew Sullivan, "I Used to Be a Human Being," *New York Times Magazine*, 2016년 9월 19일, http://nymag.com/intelligencer/2016/09/andrew-sullivan-my-distraction-sickness-and-yours.html.

12. 2007년 상황과 그 후로 얼마나 변했는지에 관해서 자세히 알고 싶다면 Thomas L. Friedman, *Thank You for Being Late: An Optimist's Guide to Thriving in the Age of Accelerations* (New York: Farrar, Straus and Giroux, 2016)를 보라. 토머스 프리드먼, 《늦어서 고마워》(21세기북스 역간).

13. Nicholas Carr, *The Shallows: What the Internet Is Doing to Our Brains* (New York: W. W. Norton, 2011), 6-7. 니콜라스 카, 《생각하지 않는 사람들》(청림출판 역간).

14. Julia Naftulin, "Here's How Many Times We Touch Our Phones Every Day," Business Insider, 2016년 7월 13일, www.businessinsider.com/dscout-research-people-touch-cell-phones-2617-times-a-day-2016-7.

15. Kari Paul, "Millennials Waste Five Hours a Day Doing This One Thing," *New York Post*, 2017년 5월 18일, https://nypost.com/2017/05/18/millennials-waste-five-hours-a-day-doing-this-one-thing.

16. Michael Winnick and Robert Zolna, "Putting a Finger on Our Phone Obsession: Mobile Touches: A Study on Humans and Their Tech," dscout (blog), 2016년 6월 16일, https://blog.dscout.com/mobile-touches.

17. Robinson Meyer, "Your Smartphone Reduces Your Brainpower, Even If It's Just Sitting There: A Silent, Powered-Off Phone Can Still Distract the Most Dependent Users," *Atlantic*, 2017년 8월 2일, www.theatlantic.com/technology/archive/2017/08/a-sitting-phone-gathers-brain-dross/535476.

18. www.tristanharris.com을 방문하거나 그의 TED talk: "Tristan Harris: Do Our

Devices Control More Than We Think?"를 보라. 2017년 10월 13일, TED Radio Hour, https://wnyc.org/story/tristan-harris-do-our-devices-control-more-than-we-think.

19. Mike Allen, "Sean Parker Unloads on Facebook: 'God Only Knows What It's Doing to Our Children's Brains,'" Axios, 2017년 11월 9일, www.axios.com/sean-parker-unloads-on-facebook-god-only-knows-what-its-doing-to-our-childrens-brains-1513306792-f855e7b4-4e99-4d60-8d51-2775559c2671.html.

20. Kevin McSpadden, "You Now Have a Shorter Attention Span Than a Goldfish," *Time*, 2015년 5월 14일, http://time.com/3858309/attention-spans-goldfish.

21. 이 개념은 세스 고딘(Seth Godin)의 훌륭한 블로그 포스트 "When Your Phone Uses You"에서 얻은 것이다. Seth's Blog (blog), 2016년 9월 30일, https://seths.blog/2016/12/when-your-phone-uses-you.

22. 시티뉴욕교회(Church of the City New York)에서 사역하는 내 친구 존 타이슨(Jon Tyson)의 "Teach Us to Pray—Week 2"를 들어 보라. www.youtube.com/watch?v=Jb0vxXZuqek. 그의 명제: "주의 산만은 환멸로 이어지고, 관심은 예배로 이어진다."

23. 이 인용문은 폴 루이스(Paul Lewis)의 탁월한 글 "'Our Minds Can Be Hijacked': the Tech Insiders Who Fear a Smartphone Dystopia"에서 가져온 것이다. *Guardian*, 2017년 10월 6일, www.theguardian.com/technology/2017/oct/05/smartphone-addiction-silicon-valley-dystopia.

24. "Continuous Partial Attention: What Is Continuous Partial Attention?," Linda Stone, https://lindastone.net/qa/continuous-partial-attention.

25. Cory Doctorow, "Writing in the Age of Distraction," *Locus Magazine*, 2009년 1월 7일, www.locusmag.com/Features/2009/01/cory-doctorow-writing-in-age-of.html.

26. Aldous Huxley, *Brave New World Revisited* (New York: HarperCollins, 1958), 35. 올더스 헉슬리, 《멋진 신세계》.

27. Tony Schwartz, "Addicted to Distraction," *New York Times*, 2015년 11월 28일, www.nytimes.com/2015/11/29/opinion/sunday/addicted-to-distraction.html.

28. Neil Postman, *Technopoly: The Surrender of Culture to Technology* (New York: Vintage, 1993), 185. 닐 포스트먼, 《테크노폴리》(궁리출판 역간).

Chapter 3

1. 내가 알기로 이 이야기는 레티 카우만(Lettie Cowman)의 책 *Springs in the Valley* (Grand Rapids, MI: Zondervan, 1968), 207에서 처음 소개되었다. 하지만 존 오도나휴(John

O'Donohue)의 책 *Anam Cara* (New York: HarperCollins, 1997), 151에 실린 이야기로 가장 잘 알려져 있다. 그 책에는 이렇게 실려 있다. "우리는 이곳에 도착하기 위해 너무 빨리 이동했다. 이제 우리는 우리의 영혼이 우리를 따라잡을 수 있도록 기다려야 한다." 솔직히 이 이야기가 실화인지는 잘 모르겠다. 하지만 실화든 허구든 이 안에 진리가 담겨 있다. 존 오도나휴, 《영혼의 동반자》(이끌리오 역간).

2. Rosemary K. M. Sword and Philip Zimbardo, "Hurry Sickness: Is Our Quest to Do All and Be All Costing Us Our Health?," *Psychology Today*, 2013년 2월 9일, www.psychologytoday.com/us/blog/the-time-cure/201302/hurry-sickness.

3. Meyer Friedman and Ray H. Rosenman, *Type A Behavior and Your Heart* (New York: Knopf, 1974), 33.

4. Friedman and Rosenman, *Type A*, 42.

5. Sword and Zimbardo, "Hurry Sickness."

6. 이 목록은 루스 헤일리 바턴(Ruth Haley Barton)의 책 *Strengthening the Soul of Your Leadership* (Downers Grove, IL: InterVarsity Press, 2018), 104–106에서 빌려온 것이다. 훌륭한 책이다. 바턴의 목록 전체를 소개하면 다음과 같다. "성마름 혹은 과민성", "쉬지 못함", "충동적인 과로", "감정적 마비", "도피주의적 행동", "정체성과 소명으로부터의 분리", "인간의 필요를 돌보지 못하는 것", "에너지를 쌓아두는 것", "영적 훈련의 부재." 루스 헤일리 바턴, 《영혼의 리더십》(IVP 역간).

7. 혹시 낙심하는 사람을 위해 고백하자면 내가 바턴의 테스트를 처음 했을 때는 무려 9점이 나왔다. 지금 당장 나를 힐링 센터에 등록시켜 주면 감사하겠다.

8. "APA Public Opinion Poll: Annual Meeting 2018," American Psychiatric Association, 2018년 5월 23–25일, www.psychiatry.org/newsroom/apa-public-opinion-poll-annual-meeting-2018.

9. Thomas Merton, *Conjectures of a Guilty Bystander* (New York: Doubleday, 1966), 81. 50년도 더 전에 쓰인 책이다.

10. Wayne Muller, *Sabbath: Finding Rest, Renewal, and Delight in Our Busy Lives* (New York: Bantam, 1999), 2.

11. Mary Oliver, *Upstream: Selected Essays* (New York: Penguin, 2016), from "Section One: Upstream." 그녀는 자연에 관한 글 끝 부분에서 이런 말을 했지만 내가 볼 때는 이는 지구, 사람들, 그리고 무엇보다도 하나님까지 모든 관계에 해당하는 말이다.

12. John Ortberg, *The Life You've Always Wanted: Spiritual Disciplines for Ordinary People* (Grand Rapids, MI: Zondervan, 2002), 79. 존 오트버그, 《평범 이상의 삶》(사랑플러스 역간).

13. William Irvine, *A Guide to the Good Life: The Ancient Art of Stoic Joy* (New York: Oxford University Press, 2009), 1-2.

Chapter 4

1. 이 주제를 다룬 책 가운데 내가 가장 좋아하는 책 세 권을 소개한다. Greg McKeown, *Essentialism: The Disciplined Pursuit of Less* (New York: Crown, 2014). 그랙 맥커운, 《에센셜리즘》(알에이치코리아 역간); Joshua Fields Millburn, Ryan Nicodemus, *Essential: Essays by the Minimalists* (Missoula, MT: Asymmetrical Press, 2015); Cal Newport, *Deep Work: Rules for Focused Success in a Distracted World* (New York: Grand Central, 2016). FYI. 칼 뉴포트, 《딥 위크》(민음사 역간).

2. 우리 출판사는 분명 훌륭하다! 내가 사랑하는 책인 피터 스카지로의 *The Emotionally Healthy Church: A Strategy for Discipleship That Actually Changes Lives* (Grand Rapids, MI: Zondervan, 2003)에 바로 그런 제목의 장이 있다. "한계라는 선물을 받아들이라!" 피터 스카지로, 《정서적으로 건강한 교회》(두란노 역간).

3. 그는 자신의 팟캐스트 *The Emotionally Healthy Leader*에서 이렇게 말했다. 내가 절대 빼먹지 않고 듣는 팟캐스트다. Peter Scazzero, "Six Marks of a Church Culture That Deeply Changes Lives: Part 1," 2019년 3월 5일, www.emotionallyhealthy.org/podcast/detail/Six-Marks-of-a-Church-Culture-that-Deeply-Changes-Lives:-Part-1.

4. Anne Lamott, *Operating Instructions: A Journal of My Son's First Year* (New York: Anchor, 2005), 84–85.

5. Henry David Thoreau, *Walden* (Edinburgh, UK: Black & White Classics, 2014), 51. 처음 몇 장은 정말 '황금'과도 같다. 하지만 그 뒤로 계속해서 나무에 관한 이야기다. 내가 아무리 나무를 좋아하긴 하지만……. 헨리 데이비드 소로, 《월든》.

6. Philip Zimbardo, *The Demise of Guys: Why Boys Are Struggling and What We Can Do About It* (self-pub, Amazon Digital Services, 2012). 혹은 그의 연구를 간단하게 정리한 글을 읽으라. Ashley Lutz, "Porn and Video Games Are Ruining the Next Generation of American Men," Business Insider, 2012년 6월 1일, www.businessinsider.com/the-demise-of-guys-by-philip-zimbardo-2012-5.

7. 이 인용문과 이전의 통계들은 찰스 추(Charles Chu)가 *Medium*에 기고한 탁월한 글 "The Simple Truth Behind Reading 200 Books a Year"에서 가져온 것이다. 2017년 1월 6일, https://medium.com/s/story/the-simple-truth-behind-reading-200-books-a-year-1767cb03af20. 재미있는 사실: 미국인들이 소셜미디어와 텔레비전에 쓰는 평균 시간인 3,442.5시간을 독서에 사용한다면 연간 1,600권 이상을 읽을 수 있다. 그냥 그렇다는 말이다.

Chapter 5

1. Anne Helen Petersen, "How Millennials Became the Burnout Generation," BuzzFeed, 2019년 1월 5일, www.buzzfeednews.com/article/annehelenpetersen?/millennials-burnout-generation-debt-work.

2. Dallas Willard, *The Spirit of the Disciplines: Understanding How God Changes Lives* (New York: HarperCollins, 1988), 5. 보석과도 같은 책이다. 나는 주기적으로 이 책을 읽는다. 달라스 윌라드, 《영성훈련》(은성 역간).

3. Eugene H. Peterson, *The Jesus Way: A Conversation on the Ways That Jesus Is the Way* (Grand Rapids, MI: Eerdmans, 2007), 4. 1장의 내용만으로도 책값을 지불할 가치가 있다. 유진 피터슨, 《그 길을 걸으라》(IVP 역간).

4. Frederick Dale Bruner, *Matthew: A Commentary, Volume 1: The Christbook, Matthew 1–12* (Grand Rapids, MI: Eerdmans, 2004), 538. 브루너의 주석서는 걸작이다.

5. 고백: 이 표현은 존 오트버그의 *Soul Keeping: Caring for the Most Important Part of You* (Grand Rapids, MI: Zondervan, 2014)에서 그대로 가져온 것이다. 이 책과 비슷하지만 훨씬 좋은 책이다. 존 오트버그, 《내 영혼은 무엇을 갈망하는가》(국제제자훈련원 역간).

Chapter 6

1. Richard A. Swenson, *Margin: Restoring Emotional, Physical, Financial, and Time Reserves to Overloaded Lives* (Colorado Springs: NavPress, 2004), 69.

중간 휴식

1. 이 외에 몇 가지 점에서 종교개혁자들은 잘못했다. 예를 들어, '은혜'가 모든 종류의 자기 노력과 상충하는 것으로 여기고, '율법'과 '행위'를 유대교의 토라가 아닌 자기 노력 전체로 규정하고, '선한 행위'가 사실상 '나쁜 행위'를 의미하도록 왜곡시킨 것은 분명한 잘못이다. 종교개혁자들이 잘한 부분에 대해서는 깊이 감사하지만 종교개혁은 아직 끝나지 않았다. 하지만 이 이야기는 다른 책에서 해야 옳다.

2. 이 주제에 관한 최고의 책 Dallas Willard, *The Spirit of the Disciplines: Understanding How God Changes Lives* (New York: HarperCollins, 1988)에서 인용. 달라스 윌라드, 《영성훈련》(은성 역간).

Part 3

Chapter 7

1. Kevin McSpadden, "You Now Have a Shorter Attention Span Than a Goldfish," *Time*, 2015년 5월 14일, http://time.com/3858309/attention-spans-goldfish.

2. Andrew Sullivan, "I Used to Be a Human Being," *New York Times Magazine*, 2016년 9월 19일, http://nymag.com/intelligencer/2016/09/andrew-sullivan-my-distraction-sickness-and-yours.html.

3. Ronald Rolheiser, *The Holy Longing: The Search for a Christian Spirituality* (New York: Random House, 2014), 32. 로널드 롤하이저, 《성(聖)과 성(性)의 영성》(성바오로출판사 역간).

4. 역시 나는 유진 피터슨이 아니다.

5. 그의 시 "Entering into Joy"를 보라.

6. Saint John Climacus, *The Ladder of Divine Ascent* (London: Faber & Faber, 1959), 135.

7. C. S. 루이스(Lewis), *The Screwtape Letters*의 인용문 전문은 다음과 같다. (혹시나 해서 말하면, 이 책은 악마 입장에서 말하는 내용이므로 모든 것이 거꾸로다): "음악과 침묵, 이 둘은 정말 싫다! 기껏해야 광년으로 계산하는 인간은 표현할 수도 없을 만큼 오래전 일이기는 하다만, 우리 아버지가 지옥에 들어가신 뒤로 그곳에서는 한 치의 공간이나 찰나의 시간도 저 혐오스러운 힘들에 넘어가지 않아서 얼마나 다행인지 모른다. 지옥에는 소음만 가득하다. 소음은 거대한 힘이지. 소음은 의기양양하고 무자비하고 힘찬 모든 것을 귀에 들리게 표현한 것이다. 오직 소음만이 어리석은 불안감과 절망적인 가책, 불가능한 갈망으로부터 우리를 막아 준다. 우리는 마침내 온 우주를 소음으로 만들어 버릴 것이다. 이미 땅에서는 큰 진전을 이루었지. 천국의 노래와 침묵은 결국 소음에 묻혀 버릴 것이다. 하지만 솔직히 아직 우리는 충분히 시끄럽지 않아. 지금 방법을 알아내는 중이다." C. S. 루이스, 《스크루테이프의 편지》(홍성사 역간).

8. Richard J. Foster, *Celebration of Discipline: The Path to Spiritual Growth* (New York: HarperCollins, 1998), 96. 리처드 포스터, 《영적 훈련과 성장》(생명의말씀사 역간).

9. 대표적인 예외는 십자가의 성 요한(Saint John of the Cross) 등이 말한 "영혼의 어두운 밤"이다. 이것은 우리가 모든 영적 훈련을 실천하면서도 한동안 하나님의 임재를 느낄 수 없는 상황이다. 이런 종류의 어두운 밤에 관심이 있다면 이런 책들을 읽어 보라. Saint John, *Dark Night of the Soul* 혹은 *The Dark Night of the Soul: A Psychiatrist Explores the Connection Between Darkness and Spiritual Growth* (New York: HarperCollins, 2004). 이는 성 요한의 책에 관한 제랄드 메이(Gerald May)의 책이다. 나의 어두운 밤에는 이 책이 더 도움이 되었다. 제랄드 메이, 《영혼의 어두운 밤》(아침 역간).

10. Henri Nouwen, *Making All Things New: An Invitation to the Spiritual Life* (New

York: HarperCollins, 1981), 69, 71. 침묵과 고독, 그 약속과 어려움에 관한 그의 솔직한 책
은 실로 탁월하다. 헨리 나우웬, 《모든 것을 새롭게》(두란노 역간).

11. Henri Nouwen, *Spiritual Direction: Wisdom for the Long Walk of Faith* (New York: HarperOne, 2006), 5. 헨리 나우웬, 《영성 수업》(두란노 역간).

12. 토머스 켈리(Thomas R. Kelly)의 역작 *A Testament of Devotion* (New York: HarperCollins, 1992), 100에서 발견한 표현.

13. Sullivan, "I Used to Be a Human Being."

Chapter 8

1. 롤링 스톤스(Rolling Stones)의 믹 재거(Mick Jagger), "(I Can't Get No) Satisfaction," 1965.

2. Karl Rahner, *Servants of the Lord* (New York: Herder and Herder, 1968), 152.

3. Saint Augustine of Hippo, *The Confessions of Saint Augustine* (New York: Doubleday, 1960), 43. 성 아우구스티누스, 《고백록》.

4. Dallas Willard, *Life Without Lack: Living in the Fullness of Psalm 23* (Nashville: Nelson, 2018). 윌라드가 자신의 교회에서 했던 일련의 설교를 책으로 엮은 그의 최신작 이다(사후 출간). 그의 다른 책들보다 훨씬 읽기 쉽다. 나는 이 책을 작년에 세 번이나 읽었 다. 그만큼 내용이 좋다. 달라스 윌라드, 《부족함이 없는 삶》(규장 역간).

5. Wayne Muller, *Sabbath: Restoring the Sacred Rhythm of Rest* (New York: Bantam, 1999), 10.

6. Walter Brueggemann, *Sabbath as Resistance: Saying No to the Culture of Now* (Louisville, KY: Westminster John Knox Press, 2014), 107. 월터 브루그만, 《안식일은 저항이 다》(복있는사람 역간).

7. A. J. Swoboda, *Subversive Sabbath: The Surprising Power of Rest in a Nonstop World* (Grand Rapids, MI: Brazos, 2018), 5, 그의 책 중에서 내가 가장 좋아하는 책이며, 안 식일이라는 주제를 다룬 책 중에서도 손꼽게 좋아하는 책이다.

8. 혹시 "6일"이라는 말에 흥분한 독자가 있다면 다음 두 책을 추천한다. John H. Walton, *The Lost World of Genesis One: Ancient Cosmology and the Origins Debate* (Downers Grove, IL: InterVarsity, 2009); John H. Sailhamer, *Genesis Unbound: A Provocative New Look at the Creation Account* (Colorado Springs: Dawson Media, 1996). 이 논쟁에 관해 내 가 가장 좋아하는 책들이다.

9. Swoboda, *Subversive Sabbath*, 11.

10. Bob Sullivan, "Memo to Work Martyrs: Long Hours Make You Less Productive," CNBC, 2015년 1월 26일, www.cnbc.com/2015/01/26/working-more-than-50-

hours-makes-you-less-productive.html.

11. Dan Allender, *Sabbath* (Nashville: Thomas Nelson, 2009), 4-5.

12. Eugene H. Peterson, *The Pastor: A Memoir* (New York: HarperOne, 2011), 220; 내가 가장 좋아하는 책. 유진 피터슨, 《유진 피터슨》(IVP 역간).

13. 안식일에 관한 전체 명령은 더 길다. 중간 부분을 건너뛰었다.

14. 이후 내용의 대부분은 Walter Brueggemann, *Sabbath as Resistance*를 참조한 것이다. 정말이지 대단한 책이다. 월터 브루그만, 《안식일은 저항이다》(복있는사람 역간).

15. Alexander Harris, "U.S. Self-Storage Industry Statistics," SpareFoot, 2018년 12월 19일, https://sparefoot.com/self-storage/news/1432-self-storage-industry-statistics. 이 통계들은 2018년의 것이다. 수치는 더 높아졌을 것으로 예상된다.

16. Jon McCallem, "The Self-Storage Self," *New York Times Magazine*, 2009년 9월 2일, https://nytimes.com/2009/09/06/magazine/06self-storage-t.html.

17. 이는 어림잡은 수치다. 정확히 추정하기 어렵기 때문에 이 수치에 관해서는 의견이 분분하다. 이에 관한 한 연구는 수치를 훨씬 높은 4천만 명으로 추정한다. "Global Estimates of Modern Slavery," International Labour Organization and Walk Free Foundation, 2017년, 5, www.ilo.org/wcmsp5/groups/public/@dgreports/@dcomm/documents/publication/wcms_575479.pdf.

18. "Global Wealth Pyramid: Decreased Base," Credit Suisse Research Institute, 2018년 12월 1일, www.credit-suisse.com/corporate/en/articles/news-and-expertise/global-wealth-pyramid-decreased-base-201801.html.

19. Brueggemann, *Sabbath as Resistance*, 101. 월터 브루그만, 《안식일은 저항이다》(복있는사람 역간).

20. Ronald Rolheiser, *Forgotten Among the Lilies: Learning to Love Beyond Our Fears* (New York: Doubleday, 2004), 16.

21. 고백: 이 내용은 대충 얼버무려서 쓴 것이다. 쉼 없음은 롤하이저 글들의 중심 주제다. 이 두 번째 인용문은 내가 가장 좋아하는 그의 책 가운데 하나인 *The Shattered Lantern: Rediscovering a Felt Presence of God* (New York: Crossroad, 2005)에서 가져온 것이다.

22. Brueggemann, *Sabbath as Resistance*, 107. 월터 브루그만, 《안식일은 저항이다》(복있는사람 역간).

Chapter 9

1. 같은 가르침의 맥락에서.

2. 그는 이 표현을 자주 사용한다. 하지만 그의 가장 잘 알려진 저작은 *Simulacra and Simulation: The Body, in Theory: Histories of Cultural Materialism* (Ann Arbor, MI: University of Michigan Press, 1994)이다.

3. 그렇다. 여기서는 좀 재량을 발휘했다. NIV 성경은 "돈"이라고 정확히 번역하고, 그 이전 역본들은 "맘몬"이라고 번역하고 있다.

4. Jeremy Lent, *The Patterning Instinct: A Cultural History of Humanity's Search for Meaning* (New York: Prometheus Books, 2017), 380에 인용. 참고: 이것이 현재는 일반적인 '계획적 진부화'(planned obsolescence)라는 비즈니스 개념의 시작이다. 계획적 진부화는 '당신이 가을마다 새로운 아이폰을 원하는 이유'로도 불린다.

5. Wayne Muller, *Sabbath: Finding Rest, Renewal, and Delight in Our Busy Lives* (New York: Bantam, 2000), 130. 이 인용문과 카우드릭(Cowdrick)의 인용문은 2002년에 공개된 유명한 BBC 다큐멘터리 *The Century of the Self*에서 얻었다. 애덤 커티스(Adam Curtis)가 제작한 이 다큐멘터리는 유튜브에서 볼 수 있다. https://youtube.com/watch?time_continue=9&v=eJ3RzGoQC4s.

6. Margot Alder, "Behind the Ever-Expanding American Dream House," NPR, 2006년 7월 4일, www.npr.org/templates/story/story.php?storyId=5525283.

7. President George W. Bush, 2001년 10월 11일, "Bush Shopping Quote," C-SPAN video clip, www.c-span.org/video/?c4552776/bush-shopping-quote.

8. 이 광고들은 단순히 구글에서 "1800년대 광고"라고 쳐서 찾아낸 것들이다.

9. 그의 이야기를 알고 싶다면 Edward Bernays, *Propaganda* (Morrisville, NC: Lulu, 2017)를 읽거나 BBC 다큐멘터리 *The Century of Self*를 보라. 에드워드 버네이스, 《프로파간다》(공존 역간).

10. Bernays, *Propaganda*, 1. 에드워드 버네이스, 《프로파간다》(공존 역간).

11. 4천 개는 어림잡은 수치다. 각자 텔레비전을 얼마나 많이 보고 휴대폰에 얼마나 많은 시간을 사용하는지에 따라 달라지기 때문에 정확한 수치를 알기는 어렵다. 이에 관해 더 알고 싶다면 Bryce Sanders, "Do We Really See 4,000 Ads a Day?"를 보라. *The Business Journals*, 2017년 9월 1일, www.bizjournals.com/bizjournals/how-to/marketing/2017/09/do-we-really-see-4-000-ads-a-day.html. 정확한 수치는 모르지만 매우 높은 것은 사실이다.

12. Mark Twain, *More Maxims of Mark* (Privately printed, 1927).

13. Gregg Easterbrook, *The Progress Paradox: How Life Gets Better While People Feel Worse* (New York: Random House, 2003), 163. 그레그 이스터브룩, 《진보의 역설》(에코리브르 역간).

14. Jennifer Robison, "Happiness Is Love—and $75,000," Gallup, 2011년 11월 17일,

http://news.gallup.com/businessjournal/150671/happiness-is-love-and-75k.aspx.

15. Richard J. Foster, *Freedom of Simplicity: Finding Harmony in a Complex World* (New York: HarperOne, 2005), p. 215.

16. John de Graaf, David Wann, and Thomas Naylor, *Affluenza: How Overconsumption Is Killing Us—and How to Fight Back* (San Francisco: Berrett-Koehler, 2014). 내가 알기로 어플루엔자라는 단어는 1954년에 처음 등장했고, 1997년 동명의 PBS 다큐멘터리가 방송되면서 널리 알려졌다. https://pbs.org/kcts/affluenza에서 이 PBS 다큐멘터리에 관한 더 많은 정보를 얻을 수 있다. 존 드 그라프, 데이비드 완, 토마스 네일러,《소비중독 바이러스 어플루엔자》(나무처럼 역간).

17. Alan Fadling, *An Unhurried Life: Following Jesus' Rhythms of Work and Rest* (Downers Grove, IL: InterVarsity Press, 2013), 48. 내가 이 책을 발견했을 때는 이미 이 책의 초고를 마무리한 뒤였다. 이 책을 읽고서 얼마나 웃었는지 모른다. 골자는 내 책과 동일하다. 단지 더 똑똑하고 훌륭하다. 내 책이 입맛에 맞았다면 다음에는 패들링의 책도 꼭 읽어 볼 것을 권한다. 앨런 패들링,《느긋한 제자》(국제제자훈련원 역간).

18. 이번에도 Thomas R. Kelly, *A Testament of Devotion* (New York: HarperCollins, 1992), viii.

19. 달라스 윌라드의 *Knowing Christ Today: Why We Can Trust Spiritual Knowledge* (New York: HarperOne, 2009)는 우리 문화에서 도덕적 · 영적 지식이 사라진 현상을 잘 다룬 책이다. 이 책은 우리 문화에서 도덕성과 영성이 어떻게 '지식의 영역'에서 '의견과 느낌의 영역'으로 이동했으며 현실을 바라보는 세속의 시각이 얼마나 잘못되었는지를 이야기한다. 달라스 윌라드,《그리스도를 아는 지식》(복있는사람 역간).

20. Chuck Palahniuk, *Fight Club* (New York: Norton, 1996). 이 책이 저속하고 거칠다는 것을 잘 알고 있다. 그래도 좀 옹호를 해 보자면 포틀랜드 사람이 쓴 책이고 내가 읽은 최고의 책 가운데 하나다. 대신 영화는 보지 않았다. 척 팔라닉,《파이트 클럽》(랜덤하우스코리아 역간).

21. Richard Rohr, *Adam's Return: The Five Promises of Male Initiation* (New York: Crossroad, 2016).

22. 정리 자체를 반대하는 것은 전혀 아니다. 옷장에 쓰레기를 너무 많이 넣어 둔 수많은 미국인들처럼 나도 곤도 마리에의 *The Life-Changing Magic of Tidying Up: The Japanese Art of Decluttering and Organizing* (Berkeley: Ten Speed Press, 2014)을 읽었고, 정말 좋은 내용이었다. 하지만 그 안에 미니멀리즘의 느낌이 살짝 있기는 하지만 딱히 미니멀리즘에 관한 책은 아니다. 그냥 정리에 관한 책이다. 곤도 마리에,《정리의 힘》(웅진지식하우스 역간).

23. Joshua Becker, *Clutterfree with Kids: Change Your Thinking, Discover New Habits, Free Your Home* (2014), 31.

24. Foster, *Freedom of Simplicity*, 8.

25. Mark Scandrette, *Free: Spending Your Time and Money on What Matters Most*

(Downers Grove, IL: InterVarsity Press, 2013), 37.

26. Henry David Thoreau, *Walden* (Edinburgh, UK: Black & White Classics, 2014), 51–52. 헨리 데이비드 소로, 《월든》.

27. C. F. Kelley, *The Spiritual Maxims of St. Francis de Sales* (Harlow, UK: Longmans, Green, 1954).

28. 미니멀리스트 조슈아 필즈 밀번(Joshua Fields Millburn)과 라이언 니커디머스(Ryan Nicodemus)의 *Essential: Essays by the Minimalists* (Missoula, MT: Asymmetrical, 2015). 조슈아 필즈 밀번, 라이언 니커디머스, 《미니멀리스트》(이상 역간).

29. Marie Kondo, *Spark Joy: An Illustrated Master Class on the Art of Organizing and Tidying Up* (Berkeley: Ten Speed Press, 2016).

30. Joshua Becker, *The More of Less: Finding the Life You Want Under Everything You Own* (Colorado Springs, CO: WaterBrook, 2016), 87. 조슈아 베커, 《작은 삶을 권하다》(와이즈맵 역간).

31. Annalyn Censky, "Americans Make Up Half of the World's Richest 1%," CNN Money, 2012년 1월 4일, http://money.cnn.com/2012/01/04/news/economy/world_richest/index.htm.

32. 암송할 만한 구절이다. 최소한 메모지에 써서 잘 보이는 곳에 붙여 놓고 수시로 볼 것을 강권한다.

33. Foster, *Freedom of Simplicity*, 58.

34. 예를 들어 마태복음 5-7장을 보라. 산상수훈 내내 예수님은 각 가르침을 실천 방안으로 마무리하신다. 제단에 제물을 놓고 먼저 화해하러 가라(5:24), 로마 병사와 5리를 더 가주라(41절), 금식할 때는 세수를 하고 머리에 기름을 바르라(6:17) 등.

35. Robynne Boyd, "One Footprint at a Time," Scientific American (blog), 2011년 7월 14일, https://blogs.scientificamerican.com/plugged-in/httpblogsscientificamericancomplugged-in20110714one-footprint-at-a-time.

36. 이 수치들 외에도 많은 충격적인 사실들을 보여 주는 다큐멘터리 *The True Cost*를 보라. Life Is My Movie Entertainment, 2015, https://truecostmovie.com. 우리 교회에서 이 다큐멘터리를 상영한 적이 있다. 이는 여전히 더 큰 관심이 필요한 사회 정의의 한 영역이다.

37. William Morris, *William Morris on Art and Socialism* (North Chelmsford, MA: Courier Corporation, 1999), 53.

38. 데르툴리아누스(Tertullianus). 그의 또 다른 인용문, "너희 로마인들은 아내 말고는 공동 소유하는 것이 아무것도 없도다."

39. 확실히 신앙적인 자료 중에서 가장 강력하게 추천하고 싶은 것은 Mark Scandrette, *Free*이다. 이번 장의 개념들에 관한 실천 방안들로 소개해 주는 탁월한 자료다.

40. Richard J. Foster, *Celebration of Discipline: The Path to Spiritual Growth* (San

Francisco: HarperCollins, 1998), 92. 리처드 포스터, 《영적 훈련과 성장》(생명의말씀사 역간).

41. 이번에도 리처드 포스터다. *Freedom of Simplicity*, 72. 꼭 읽어 보라!

42. 이 놀라운 개념은 달라스 윌라드의 *The Great Omission: Reclaiming Jesus's Essential Teachings on Discipleship* (New York: HarperCollins, 2006)에서 소개된 것이다. 특히 독서를 많이 하지 않는 사람들에게 달라스 윌라드 신학의 좋은 입문서가 될 만한 책이다. 그의 책 중에서 가장 짧다.

43. Arthur M. Schlesinger, *The Cycles of American History* (New York: Houghton Mifflin Harcourt, 1999), 27.

44. 이 표현은 1장 14절에서 시작해서 전도서 곳곳에서 나타난다.

Chapter 10

1. 물론 영적 여행에서 즉흥성과 유연성이 건강하고 유익한 면이 있다. 특히 나이를 먹을수록 그렇다. 그런 의미에서 적극적인 영성과 수동적인 영성, 인생 후반부, 나이 듦에 관한 책을 예고한다. 당장은 아니고 언젠가. 헨리 나우웬이 성숙에 관해 내린 정의는 "스스로 가지 않을 곳으로 이끌려 가는 것"이다. Henri Nouwen, *In the Name of Jesus: Reflections on Christian Leadership* (New York: Crossroad, 1989). 헨리 나우웬, 《예수님의 이름으로》(두란노 역간).

2. Jane McGonigal, *Super-Better: The Power of Living Gamefully* (New York: Penguin, 2016).

3. David Zach, Richard A. Swenson, *Margin: Restoring Emotional, Physical, Financial, and Time Reserves to Overloaded Lives* (Colorado Springs, CO: NavPress, 2004), 112에 인용.

4. 나와 함께 운동을 시작해 보지 않겠는가? 해시태그는 필요하지 않다. 그냥 앞으로 커피자판기 앞에서 지인들과 잡담을 할 때 "요즘 내가 늦추기라는 영적 훈련을 하고 있어"라고 화두를 던져 보라.

5. John Ortberg, *The Life You've Always Wanted: Spiritual Disciplines for Ordinary People* (Grand Rapids, MI: Zondervan, 2002), 83. 존 오트버그, 《평범 이상의 삶》(국제제자훈련원 역간).

6. 예수님은 마태복음 6장에서 영적 훈련에 관해 가르치실 때 세 가지를 명시하셨다. 기도, 금식, 구제가 그것이다. 이는 대부분의 1세기 랍비들이 핵심적인 세 가지 영적 훈련으로 가르쳤던 것이다.

7. 지금은 좀 오래된 글이긴 하지만 여전히 읽을 만한 가치가 있다. Jake Knapp, "My Year with a Distraction-Free iPhone (and How to Start Your Own Experiment)," Time Dorks, 2014년 8월 30일, https://medium.com/time-dorks/my-year-with-a-distraction-free-

iphone-and-how-to-start-your-own-experiment-6ff74a0e7a50.

8. Meena Hart Duerson, "We're Addicted to Our Phones: 84% Worldwide Say They Couldn't Go a Single Day Without Their Mobile Device in Their Hand," *New York Daily News*, 2012년 8월 16일, www.nydailynews.com/life-style/addicted-phones-84-worldwide-couldn-single-day-mobile-device-hand-article-1.1137811; Mary Gorges, "90 Percent of Young People Wake Up with Their Smartphones," Ragan, 2012년 12월 21일, www.ragan.com/90-percent-of-young-people-wake-up-with-their-smartphones.

9. John Koblin, "How Much Do We Love TV? Let Us Count the Ways," *New York Times*, 2016년 6월 30일, www.nytimes.com/2016/07/01/business/media/nielsen-survey-media-viewing.html.

10. Koblin, "How Much Do We Love TV?"

11. Rina Raphael, "Netflix CEO Reed Hastings: Sleep Is Our Competition: For Netflix, the Battle for Domination Goes Far Beyond Which TV Remote to Pick Up," Fast Company, 2017년 11월 6일, www.fastcompany.com/40491939/netflix-ceo-reed-hastings-sleep-is-our-competition.

12. Byung-Chul Han, *The Burnout Society* (Stanford: Stanford University Press, 2015), 12-13. 한병철, 《피로사회》(문학과지성사 역간).

13. Walter Brueggemann, *Sabbath as Resistance: Saying No to the Culture of Now* (Louisville, KY: Westminster John Knox Press, 2014), 67. 월터 브루그만, 《안식일은 저항이다》(복있는사람역간).

14. 소크라테스가 한 말이다.

15. John Mark Comer, "Silence & Solitude: Part 1, The Basics," Practicing the Way, https://practicingtheway.org/silence-solitude/week-one.

16. Timothy Keller, *Prayer: Experiencing Awe and Intimacy with God* (New York: Dutton, 2014), 147. 팀 켈러, 《기도》(두란노 역간).

17. Marilyn Gardner, "The Ascent of Hours on the Job," *Christian Science Monitor*, 2005년 5월 2일, www.csmonitor.com/2005/0502/p14s01-wmgn.html.

18. Sima Shakeri, "8 Days Is the Perfect Vacation Length, Study Says," *HuffPost*, 2017년 9월 17일, www.huffingtonpost.ca/2017/09/15/8-days-is-the-perfect-vacation-length-study -says_a_23211082.

에필로그

1. 이 기도는 '익명의 알코올중독자들'(A. A.) 모임을 통해 유명해졌지만 원래 라인홀트 니부어(Reinhold Niebuhr)의 "Serenity Prayer"의 일부다. "5 Timeless Truths from the Serenity Prayer That Offer Wisdom in the Modern Age," *HuffPost*, 2017년 12월 6일, https: //huffingtonpost.com/2014/03 /18/serenity-prayer-wisdom_n _4965139.html.

2. Brother Lawrence, *The Practice of the Presence of God* (Eastford, CT: Martino Fine Books, 2016). 로렌스 형제, 《하나님의 임재 연습》.

3. 내가 가장 좋아하는 책 가운데 하나인 Frank Laubach, *Letters by a Modern Mystic* (Colorado Springs: Purposeful Design Publications, 2007), 15에서. 사실은 책이라고 보기 어렵다. 겨우 45페이지 분량 정도 되는 그냥 일기와 편지를 모아 놓은 것이다. 시간을 내서 읽을 만한 가치가 있다. 프랭크 루박, 《편지》(생명의말씀사 역간).

4. C. S. Lewis, *The Complete C. S. Lewis Signature Classics* (San Francisco: HarperOne, 2002), 155.

5. William Stafford, "You Reading This, Be Ready," *Ask Me: 100 Essential Poems* (Minneapolis, MN: Graywolf Press, 2014).

6. "5 Timeless Truths."

7. 마태복음 5장 3-12절의 팔복을 보라. "~할 때 복이 있을 것이다"가 아니라 "복이 있나니"다.

8. Edward H. Friedman, *A Failure of Nerve: Leadership in the Age of the Quick Fix* (New York: Church Publishing, 2017), 247. 프리드먼의 책에서 이 표현이 여러 번 나온다.

9. 밀퍼드에 있는 예수회영성센터(Jesuit Spiritual Center). https://jesuitspiritual-center.com/ ignatian-spirituality.

10. John Ortberg, *Soul Keeping: Caring for the Most Important Part of You* (Grand Rapids, MI: Zondervan, 2014), 126. 존 오트버그, 《내 영혼은 무엇을 갈망하는가》(국제제자훈련원 역간).

바쁨에서 해방되는 법

생각은 시작일 뿐이다.

머리에서 몸으로 가지 않으면

생각은 현실로 이루어지지 않는다.

그런 의미에서 네 가지 습관을 시작할 수 있는

실천 사항들을 담은 짧은 워크북을 마련했다.

이곳으로 오라.

johnmarkcomer.com/howtounhurry